PESSOAS FOCADAS NA ESTRATÉGIA

Emílio Herrero Filho

Autor de
*Balanced Scorecard
e a Gestão Estratégica*

PESSOAS FOCADAS NA ESTRATÉGIA

As disciplinas da execução da estratégia

ALTA BOOKS
EDITORA
Rio de Janeiro, 2018

Pessoas Focadas na Estratégia — As disciplinas da execução da estratégia
Copyright © 2018 da Starlin Alta Editora e Consultoria Eireli. ISBN: 978-85-508-0263-3

Todos os direitos estão reservados e protegidos por Lei. Nenhuma parte deste livro, sem autorização prévia por escrito da editora, poderá ser reproduzida ou transmitida. A violação dos Direitos Autorais é crime estabelecido na Lei nº 9.610/98 e com punição de acordo com o artigo 184 do Código Penal.

A editora não se responsabiliza pelo conteúdo da obra, formulada exclusivamente pelo(s) autor(es).

Marcas Registradas: Todos os termos mencionados e reconhecidos como Marca Registrada e/ou Comercial são de responsabilidade de seus proprietários. A editora informa não estar associada a nenhum produto e/ou fornecedor apresentado no livro.

Impresso no Brasil.

Obra disponível para venda corporativa e/ou personalizada. Para mais informações, fale com projetos@altabooks.com.br

Copidesque
Shirley Lima da Silva Braz

Editoração Eletrônica
Estúdio Castellani

Revisão Gráfica
Jayme Teotônio Borges Luiz | Cynthia Gaudard

Produção Editorial
Elsevier Editora - CNPJ: 42.546.531./0001-24

Erratas e arquivos de apoio: No site da editora relatamos, com a devida correção, qualquer erro encontrado em nossos livros, bem como disponibilizamos arquivos de apoio se aplicáveis à obra em questão.

Acesse o site www.altabooks.com.br e procure pelo título do livro desejado para ter acesso às erratas, aos arquivos de apoio e/ou a outros conteúdos aplicáveis à obra.

Suporte Técnico: A obra é comercializada na forma em que está, sem direito a suporte técnico ou orientação pessoal/exclusiva ao leitor.

A editora não se responsabiliza pela manutenção, atualização e idioma dos sites referidos pelos autores nesta obra.

CIP-Brasil. Catalogação-na-fonte
Sindicato Nacional dos Editores de Livros, RJ

H484p   Herrero Filho, Emilio
           Pessoas focadas na estratégia : as disciplinas da execução da estratégia / Emilio Herrero Filho. – Rio de Janeiro : Alta Books, 2018.

           ISBN 978-85-805-0263-3

           1. Planejamento estratégico. 2. Sucesso nos negócios.
           I. Título.

11-6903.   CDD: 658.4012
                                                                    CDU: 658.012.2

ALTA BOOKS
EDITORA

Rua Viúva Cláudio, 291 — Bairro Industrial do Jacaré
CEP: 20970-031 – Rio de Janeiro - RJ
Tels.: (21) 3278-8069 / 3278-8419
www.altabooks.com.br — altabooks@altabooks.com.br
www.facebook.com/altabooks

Para Sílvia, Maria Angélica e João Alberto,
as pessoas engajadas na felicidade de nossa família.

À
Memória de meus pais.

Agradecimentos

Todo livro apresenta um aspecto individual, na verdade quase individual porque o autor se inspira nas obras de outras pessoas que tiveram a generosidade de compartilhar seus conhecimentos e sua visão de mundo. O livro também apresenta um aspecto coletivo, na medida em que o escritor se beneficia da troca de ideias, do trabalho e da experiência de vida de inúmeras pessoas que teve a felicidade de conhecer.

Nesse sentido, gostaria de agradecer às pessoas que contribuíram para o meu crescimento pessoal e amadurecimento profissional. Ricardo Abreu, do Grupo Mahle, pela sua capacidade de perceber o processo de estratégia – da formulação à execução – como uma atividade integrada, que exige o engajamento das pessoas, a definição de indicadores de alta performance e a capacidade de entregar resultados, com o senso de urgência de um mundo em rápida transformação e globalizado.

Agradeço ao Professor Adalberto Fischmann, da FEA-USP, meu primeiro mestre de estratégia no curso de Mestrado, que me ajudou a compreender os princípios essenciais de estratégia e como o estudo contínuo (para toda a vida) é essencial para entender uma disciplina em constante evolução como é a estratégia.

Agradeço a Willian Costa, Secretário da Indústria e Comércio de Francisco Beltrão pela oportunidade de transmitir os conceitos de estratégia (formulação e execução) para empresários, executivos, professores e estudantes, que tem como desafio a constituição de um Centro de Excelência em Estratégia, em Francisco Beltrão, o novo polo de desenvolvimento do sudoeste do Paraná.

Agradeço a Gilmar Lima, da MVC-Polopast, com o qual tive a oportunidade de participar de um projeto estratégico, pela sua liderança na condução do plano estratégico, demonstrando como a estratégia é a arte de criar valor, de forma contínua, o que permitiu à empresa tornar-se uma das principais empresas do setor.

Agradeço a Marco Antonio Canela, meu consultor em livros pela sua contínua indicação para a leitura das melhores obras sobre negócios. Marco Antonio é a melhor representação do significado de livreiro, da pessoa que entende, em profundidade, a relação entre o leitor e o livro. Neste mundo dominado pela tecnologia e pelos novos livros digitais, Marco Antonio, valoriza a personalização do relacionamento e o entendimento das necessidades do cliente – para ele vender um livro é muito diferente de vender, de forma impessoal, um sabonete, um DVD, ou um refrigerante. Agradeço a Fernando dos Santos, o meu novo consultor de livros sobre negócios, que continuamente toma a iniciativa de me indicar os melhores livros para minha atualização pessoal e profissional.

Agradeço a Daniel Porto Soares, da Santa Casa de Misericórdia de Passos, pela oportunidade de participar do planejamento estratégico da instituição. A Santa Casa, sob a liderança de Daniel é um dos melhores exemplos da aplicação das modernas metodologias de gestão numa instituição orientada para a saúde e para a filantropia. As realizações da Santa Casa de Passos mostram como a visão humanista, o direcionamento estratégico e a ética vêm em primeiro lugar – e não os recursos financeiros. São essas pessoas idealistas, que praticam a compaixão e que são comprometidas com os resultados em saúde (resolutividade do tratamento), que serão capazes de atrair recursos e com eles produzir valor e melhoria da qualidade de vida das pessoas.

Agradeço a Ricardo Viana Vargas, um dos maiores especialistas brasileiros em gestão de projetos, autor de vários livros sobre o tema, como Gerenciamento de Projetos, pela troca de ideias a respeito da integração entre a estratégia e a gestão de projetos. Nós acreditamos que a disciplina da capacitação em projetos é essencial não só para o sucesso da execução da estratégia, como também, valoriza em muito o papel do PMP nas organizações.

Agradeço a Carlos Hegg, Cícero Hegg e Roberto Hegg, do Laticínios Tirolez, pela oportunidade de participar do plano estratégico da empresa. A Tirolez, uma das principais empresas do setor, é um exemplo de como utilizar a estratégia (formulação e execução), visando o crescimento sustentável, a longo prazo.

Agradeço a Dirce Alves, da Press & Mídia, pela orientação sobre como construir relacionamento por meio da comunicação empresarial e sobre a importância da comunicação no processo de formulação e de execução da estratégia – a provocação da Dirce sobre a governança em comunicação também tem estimulado nossas reflexões e troca de ideias.

Agradeço a David Kallas, coautor do livro *Gestão da Estratégia*, pela constante troca de ideias sobre gestão estratégica e, principalmente pelo significado do monitoramento da execução da estratégia e das reuniões de gestão estratégica. Agradeço a José Luiz Bichuetti, autor de *Gestão de Pessoas não é com RH*, pelas suas provocações a respeito da importância da estratégia e da governança corporativa para as empresas com elevado potencial de crescimento.

Agradeço a João Alberto Herrero, da Herrero Consultoria Empresarial, por ter me chamado a atenção e pela sua contribuição a respeito da importância dos profissionais da média gerência (os executores da estratégia) no processo da estratégia (formulação e execução) – se esses profissionais não se engajarem a execução não irá acontecer. Também agradeço ao João Alberto pela troca de ideias a respeito da abordagem da governança estratégica.

Agradeço a Marco Antonio Pace, da Campus/Elsevier, pela persistência e paciência em relação ao projeto deste livro. Sem o apoio e a saudável cobrança do Pace, dificilmente nosso livro seria publicado. Agradeço a José Antonio Rugeri, da Campus/Elsevier, pela orientação dada à realização do plano de lançamento e divulgação do livro junto aos leitores. Agradeço a Dal Gomes, da Campus/Elsevier pela concepção e realização de eventos para a divulgação de nosso livro para os leitores. Agradeço a Kátia Alves, da Campus/Elsevier, por aceitar a forma como o texto foi entregue, pelo seu empenho na produção editorial do livro e para que ele fosse lançado na data prevista.

Agradeço a inúmeras pessoas com as quais tive a felicidade de conhecer e conviver, que em diferentes situações foram meus professores sobre os ensinamentos que a vida oferece para todas as pessoas – minha jornada de aprendizagem continua.

Prefácio

Engajar as pessoas é a estratégia em ação

O Centro de Tecnologia da Mahle Metal Leve é responsável pelo desenvolvimento local de todos os componentes de motores fabricados pela MAHLE no Mercosul e tem a competência mundial do desenvolvimento e pesquisa de anéis de pistão, camisas de cilindros, filtros e calibração de motores flex para o grupo Mahle, um dos maiores fornecedores de peças de motores do mundo.

Em 2008 o trabalho de alinhamento estratégico do Centro de Tecnologia foi iniciado no Brasil e depois os conceitos foram estendidos aos demais grupos de desenvolvimento de outras regiões. Essa foi uma experiência insubstituível para todos os profissionais que participaram dela e seus desdobramentos continuam sendo uma fonte de aprendizado diário.

Definir o rumo, acertar o foco, calibrar os esforços a serem despendidos em cada frente de trabalho e aprender a olhar através do emaranhado de informações disponíveis – extraindo o que é realmente importante – é o sonho de quem tem por objetivo trazer ao mercado o produto certo, no tempo certo.

Tudo começou com a materialização da missão, usando como bússola a nossa visão e valores, que é o lastro que cria a linguagem comum entre os participantes e a base perene para revisar, criticar e discutir os objetivos do nosso trabalho. A convergência das ideias através dessas discussões instilou nas pessoas um sentimento de propriedade, impossível de ser obtido de outra forma. O grande desafio é criar naqueles que chegam depois, o mesmo comprometimento e espírito dessa equipe inicial. Para isso, a formulação inicial da estratégia depois tem que se fundir com a execução e criar nos momentos de revisão a oportunidade de participar, encampar os conceitos e compartilhar o aprendizado.

No entanto, se os novos profissionais que entram na empresa, não sentirem que esses princípios pautam as atitudes das pessoas na organização, a chance de sucesso é mínima. Portanto, se não for para vivenciar na prática a visão, a missão e os valores é melhor não implementá-los – é muito trabalho para nada. Depois, os aspectos principais da fase de implementação do alinhamento estratégico foram:

O esforço de convencimento

Criar um plano estratégico de baixo para cima, quando ainda não existe um processo conhecido pelo grupo, é como vender um sonho. Ainda não se tem certeza de como será feito e é preciso convencer os outros que os benefícios irão compensar. O maior desafio é garantir que a aceitação desse sonho pelos outros não é uma capitulação ou falta de vontade de discuti-lo e isso é uma difícil tarefa, que exige determinação de todas as pessoas envolvidas.

O engajamento das pessoas na estratégia tem que ser obtido de forma que a posição hierárquica fique de fora, para que elas assumam o senso de propriedade do ideal negociado. Neste momento a união da liderança faz a diferença, pois ou o sonho se torna coletivo ou nunca se tornará realidade.

O engajamento da liderança

O comportamento do líder tem que ser o daquele que defende ideias mas permite que elas evoluam e se amoldem ao longo das discussões, fazendo com que os envolvidos tenham o sentimento de coautoria. Essa é uma das atividades mais difíceis do processo de alinhamento estratégico. A lição principal dessa fase foi perguntar sempre: "Estamos no caminho correto?" e não ter pudores de voltar ao início se necessário.

A humildade da liderança de aceitar os erros e refazer o processo de convencimento e discussão das mudanças são essenciais. Essa postura tira a imagem pomposa que a palavra estratégia assumiu: um tema para ser discutido somente por especialistas nos altos escalões das empresas.

É preciso simplificar as coisas, sem perder a essência do que se quer com a estratégia: fazer as coisas certas, do jeito certo e na hora certa. Essa simplificação estimula a conversa, a troca de ideias, mas acarreta muito trabalho de orientação, porque as pessoas não estão acostumadas a discutir sobre o futuro e tem receio de fazê-lo. Mas só assim irá se gerar comprometimento.

A quebra da letargia

Era muito mais fácil quando meia dúzia de pessoas se reuniam e decidiam tudo. Se não desse certo era culpa deles e não da equipe. Mas em uma atividade como o desenvolvimento de produtos onde se tem que fazer com que as pessoas queiram pensar e depois suar para atingir resultados extraordinários, como alinhar o potencial criador do grupo sem o envolvimento das pessoas sobre a decisão do que é preciso fazer?

No entanto, apesar de todo discurso moderno da participação e autogerenciamento, tirar pessoas acostumadas com a letargia de serem mandadas, para passarem a fazer parte da decisão, se mostrou mais difícil do que se esperava. Ainda hoje, é necessário não se dar folga ao comodismo, e mesmo assim há pessoas que não irão se enquadrar no espírito da coisa. Essas pessoas terão que sair.

Os indicadores de sucesso

Um ponto crítico é quando vem a pergunta: "E aí, como é que medimos isso? Como é que se sabe que chegaremos lá a partir desses enunciados de boas intenções"? É preciso destacar, que no processo de desenvolvimento de novos produtos, é muito difícil estabelecer metas intermediárias, pois há frequentemente risco da mudança do caminho a ser percorrido para atingir o resultado final.

Além disso, às vezes, a percepção do objetivo final não é a mesma para todos. Se isso não for discutido e fixado claramente a estrutura departamental cria o hábito de fazer "a minha parte" não importando se isso é o necessário para o todo, da forma que todos se entendam.

É importante garantir que as sessões de análise do atingimento das metas sejam objetivas. As metas precisam ser mensuráveis, sem dar margem a desculpas verdadeiras. Criar o compromisso de que, quem participa na decisão tem que fazer acontecer, não importando os obstáculos, é uma evolução de muito valor do processo de alinhamento estratégico.

Daí começa a execução. É necessário respirar fundo....de novo... e estar preparado para repetir, para reforçar mil vezes o sonho, a cada vez que o grupo começar a esmorecer, que as dificuldades aumentarem, que o trabalho gerado pela nova metodologia parecer não compensar o benefício.

Desdobrar o mapa estratégico em iniciativas, ações, definir objetivos concretos e aprender a medir o seu atingimento é um processo dinâmico que já sofreu muitas mudanças. Mesmo que pequenas correções sejam necessárias, deve-se evitar modificações constantes, pois um causador de frustração é a alteração constante dos procedimentos. Aqui, o ótimo é inimigo do bom. Não se deve dar ao processo um valor maior do que ao produto, que é a fixação dos objetivos estratégicos, o resto é acessório. O importante é chegar lá.

A disciplina na execução tem que ser aumentada na medida do grau de amadurecimento do grupo. Certo relaxamento de objetivos no início, diminui a resistência à implementação e as melhorias do processo de planejamento estratégico. Uma vez atingida altura de cruzeiro, exigir o seguimento do plano estratégico e dar destaque a ele na avaliação de desempenho e na concessão de recompensas financeiras foi fundamental para o seu reconhecimento pela equipe.

Eu gostaria de expressar minha satisfação em ver todo esse processo descrito de forma didática e encorajadora neste livro, *Pessoas focadas na estratégia: As disciplinas da execução da estratégia*. Minha sala tem um quadro com a missão, visão e valores da área, mapas estratégicos e planos mestres de desdobramento das iniciativas pelas paredes. Tudo fruto desse trabalho. Pode não ser a melhor decoração, mas são ferramentas úteis e uma constatação da importância deles para a área.

Estou muito feliz em ver que conseguimos colocar em prática os princípios que o Emílio Herrero Filho (apoiado pelo João Herrero) nos apresentou e que estão explicados de forma muito objetiva nesta obra. Tenho certeza de que *Pessoas focadas na estratégia: As disciplinas da execução da estratégia* ajudará a outros a alinhar, implementar e a executar estratégias vencedoras nos seus negócios.

Ricardo Simões de Abreu
Vice-presidente Mundial de Desenvolvimento de Sistemas
e Componentes de Motores do Grupo MAHLE
Diretor Executivo de Tecnologia da MAHLE Metal Leve S.A.

O Autor

Emílio Herrero Filho é consultor de empresas, professor e palestrante sobre estratégia (formulação e execução), balanced scorecard, planos de negócios e governança estratégica. É sócio-diretor da Herrero Consultoria Empresarial, especializada em estratégia empresarial. É autor do livro, *Balanced Scorecard e a Gestão Estratégica* (10ª Edição, 2011), publicado pela Campus/Elsevier e considerado referência brasileira no assunto, sendo utilizado pelas principais empresas do país e adotado pelas principais universidades brasileiras em seus cursos de graduação e pós-graduação.

Desenvolveu projetos em estratégia para grandes empresas nacionais e internacionais como Mahle Metal Leve, Banco Volkswagen, Petrobras, Magal, Pirelli (Cabos), Grupo Estado, Microsoft, Grupo Zema, Laticínios Tirolez, Santa Casa de Misericórdia de Passos, Unimed Campinas, Itaú-Unibanco, Planner Corretora, Telefonica (Telesp), Instituo Ethos, Sebrae e Fiesp, entre outras. Colaborou na elaboração do plano de negócios que, após aprovação do Banco Central do Brasil, possibilitou a abertura do Banco Petra e do Banco Aliança.

Trabalhou como consultor da Arthur D. Little, empresa de consultoria internacional. Atuou como professor convidado do Curso de Pós-Graduação da FIA (Fundação Instituto de Administração), responsável pelo Módulo de Balanced Scorecard do MBA em Gestão do Conhecimento e do MBA em Varejo (Provar).

Realizou palestras em grandes empresas nacionais e internacionais, em universidades, na Expo Management 2011, na Expo Management 2006, na Expo Management 2005, no PMI (Project Management Institute) em 2006 e no Congresso Six Sigma Brasil 2010. Cursou o mestrado em Administração de Empresas pela FEA (Faculdade de Economia e Administração da Universidade de São Paulo), realizou curso de Especialização em Gestão do Conhecimento pela FGV e pós-graduação no APG-AMANA MBA-Executivo Internacional. É graduado em Administração de Empresas (Universidade Mackenzie) e História (USP-Universidade de São Paulo).

Para entrar em contato com o autor:
emilio@herreroconsultoria.com.br
www.herreroconsultoria.com.br

Sumário

Agradecimentos vii
Prefácio xi
O Autor xv
Introdução 1

PARTE I: AS PESSOAS FOCADAS NA ESTRATÉGIA
CAPÍTULO 1
Os estrategistas históricos e suas lições 9
1. A ideia de estratégia na Grécia de Homero 10
2. Sun Tzu: A primeira concepção de estratégia 11
3. Alexandre, o estrategista com visão global 13
4. Maquiavel: A estratégia a serviço do poder 14
5. Clausewitz: Na estratégia como na política, não há receita mágica 17
6. Lenin: A estratégia a serviço da ideologia 19
7. Churchil: A estratégia contra a dominação política 22
8. Gandhi: A estratégia da resistência não violenta 27
9. Nelson Mandela: A persistência da visão estratégica 29

CAPÍTULO 2
Os estrategistas empresariais e suas lições 33
1. Henry Ford: A visão estratégica de um carro universal 34
2. Alfred Sloan Júnior: A estrutura multidivisional a serviço da estratégia 37
3. Thomas Watson: A tecnologia da informação descobre a estratégia 42
4. Jack Welch: A estratégia como uma revolução nos negócios 47
5. Bill Gates: A estratégia como a capacidade de criar o padrão da indústria 54
6. Warren Buffett: A estratégia como uma filosofia de investimentos de longo prazo 60
7. Muhammad Yunus: A estratégia como capital social 67
8. Steve Jobs: A estratégia sai da garagem e se globaliza 73

PARTE II: AS DISCIPLINAS DA EXECUÇÃO DA ESTRATÉGIA

CAPÍTULO 3
O desafio da execução da estratégia — 87
1. A lacuna entre a formulação e a execução da estratégia — 88
2. A interdependência entre a formulação e a execução da estratégia — 95
3. As barreiras organizacionais para a execução da estratégia — 116
4. A formulação e a execução da estratégia exigem competências complementares e integradas entre si — 122

CAPÍTULO 4
Da organização orientada pela estratégia para as pessoas focadas na estratégia — 127
1. A organização orientada pela estratégia — 128
2. O mapa estratégico e o papel das pessoas na estratégia — 132
3. A inclusão das pessoas na estratégia: A Teoria E (de execução da estratégia) — 136
4. O significado de pessoas focadas na estratégia — 140

CAPÍTULO 5
As disciplinas da execução da estratégia — 143
1. As disciplinas da execução da estratégia: Visão geral — 144
2. A disciplina da liderança empreendedora — 153
   I. A liderança empreendedora: Visão geral — 153
      A. Os líderes desafiam o *status quo* — 155
      B. Os líderes criam uma visão compartilhada — 156
      C. Os líderes mostram o caminho para o destino estratégico — 157
      D. Os líderes motivam as pessoas a agir como empreendedoras — 158
   II. A disciplina da capacitação em projetos estratégicos — 162
      A. A disciplina da capacitação em projetos estratégicos: Visão geral — 162
      B. O projeto estratégico ajuda a elevar o valor de mercado da empresa — 174
      C. O projeto estratégico visa superar o gap de desempenho da organização — 177
      D. O projeto estratégico gera o orçamento estratégico — 183
      E. A execução dos projetos estratégicos precisa ser monitorada — 188
   III. A disciplina do design dos processos empresariais — 197
      A. O Design dos Processos Empresariais: Visão Geral — 197
      B. Os processos internos são estratégicos — 205
      C. O design thinking acelera a criação de valor — 213
      D. A cocriação dos processos internos — 222
   IV. A disciplina do engajamento do capital humano — 229
      A. O engajamento do capital humano: Visão geral — 229
      B. O engajamento integra as pessoas aos objetivos estratégicos — 231
      C. Os seguidores executam a estratégia — 237
      D. O desempenho precisa ser recompensado — 245

Referências — 257

Introdução

Quando uma jovem estudante perguntou a *Gene Cernan*, comandante da *Apollo 17* e última pessoa a pisar na Lua (11 de dezembro de 1972), qual foi a parte mais difícil para o sucesso da missão, ele respondeu: *a preparação da tripulação, nosso intenso treinamento sobre o que era preciso fazer*. A resposta de Cernan é semelhante à de inúmeras pessoas que conseguiram feitos extraordinários no campo da ciência, das artes, dos esportes ou dos negócios. O sucesso é precedido por uma excelente preparação, uma grande motivação quanto à missão a ser realizada e um forte engajamento das pessoas nas atividades, que possibilitam a realização dos objetivos compartilhados.

A mensagem de Gene Cernan nos faz pensar por que uma atividade tão importante como a estratégia (formulação e execução) não tem merecido a devida atenção de empresários, diretores, gerentes e colaboradores de uma empresa. Essas pessoas não colocam a estratégia como uma de suas prioridades no trabalho e, nesse sentido, elas podem ser consideradas pessoas não focadas na estratégia.

Nossa motivação para escrever este livro, *Pessoas focadas na estratégia: As disciplinas da execução da estratégia*, resulta de nossa experiência, de mais de 18 anos, como executivo e consultor de empresas em projetos de estratégia, tanto no processo de formulação quanto no de execução. Reflete também as pesquisas que realizamos constantemente sobre gestão empresarial e gestão estratégica. As lições aprendidas com os projetos nos permitiram verificar o que funciona, o que não funciona e, principalmente, quais os maiores desafios associados à estratégia das empresas.

A consciência da importância da preparação nos levou a desenvolver *as disciplinas da execução da estratégia*: *a liderança empreendedora, a capacitação em projetos estratégicos, o design de processos e o engajamento do capital humano*. A finalidade das disciplinas é que funcionem como um *guia* (como um *set-up*) para orientar as pessoas e as organizações em sua aprendizagem no processo da estratégia (formulação e execução), elevando em muito a possibilidade de sucesso em relação à execução da estratégia.

Um aspecto que gostaríamos de destacar é que as recentes metodologias de gestão de negócios como o ***Design Thinking*** e a ***Cocriação de Valor*** ampliam as possibilidades de envolver as pessoas no processo da estratégia, desde o início dos trabalhos, na criação, na execução, na avaliação dos resultados e no aprendizado do ciclo como um todo. Neste livro, essas contribuições são exemplificadas na *disciplina do design dos processos*.

As disciplinas da execução da estratégia também podem ser consideradas uma referência para *a definição do perfil de competências* – conhecimentos, habilidades e atitudes – que as pessoas precisam dominar, num processo de aprendizagem e de experiências significativas, isto é, de reflexão e ação integrada.

Na definição das *disciplinas da execução da estratégia*, além de nossa experiência e nossos estudos, nos beneficiamos dos ensinamentos de muitos especialistas de negócios, relacionados nas referências, mas queremos destacar as contribuições de: Larry Bossidy, Ram Charan, Lawrence Hrebiniak, Gary Harpst, Robert Kaplan, David Norton, Walter Kiechel III, Henry Mintzberg e Richard Rumelt. Todos eles nos fornecem importantes orientações sobre o processo da estratégia (formulação e execução). Nossa intenção foi a de focalizar em quatro disciplinas que, segundo nossa vivência, integram e focalizam o trabalho que precisa ser feito, desde o início da jornada da estratégia das pessoas de uma organização.

Mas como uma pessoa pode se engajar com a estratégia se ela ainda não tem um bom entendimento sobre seu significado? Um caminho para responder a essa questão seria apresentar um conjunto de definições de estratégia dos autores mais consagrados sobre o tema – é claro que também faremos isso.

Entretanto, muitas vezes essas definições não são úteis na prática. Mesmo lendo as definições e as inúmeras metodologias de gestão estratégica sobre como elaborar a missão, a visão, os valores e a proposição de valor para os clientes e sobre como preencher os formulários das cinco forças competitivas, da cadeia de valor, das vantagens competitivas, das competências essenciais e dos objetivos estratégicos – as pessoas não conseguem, depois desse trabalho analítico, criar uma consistente estratégia competitiva.

Nossa proposta, para o melhor entendimento sobre o significado da estratégia (formulação e execução), é aprender com os *estrategistas históricos* e com os *estrategistas empresariais*, e observar como chegaram às suas grandes realizações e ao legado que deixaram. Todos esses estrategistas estavam profundamente sintonizados com a sociedade em que viviam (o *zeitgeist*, espírito da época) e tinham uma concepção e uma ideia sobre como melhorar a vida das pessoas, indo além das possibilidades do momento, superando os obstáculos, engajando os indivíduos que, em conjunto, transformariam a visão em realidade. Dessa forma, o livro também aborda *as pessoas focadas na estratégia*: os líderes, os empresários, os executivos e as pessoas que tornaram possível a concretização dos sonhos de indivíduos, de organizações e da sociedade.

As personalidades, *os estrategistas históricos* e *os estrategistas empresariais* foram escolhidos com a finalidade de servir de exemplo, de inspiração e fonte de conhecimento para melhorar nosso entendimento sobre a estratégia (formulação e execução integradas), indo além das definições abstratas. Os *estrategistas históricos* selecionados foram: Ulisses, Sun Tzu, Alexandre Magno, Maquiavel, Clausewitz, Lênin, Churchill, Gandhi e Nelson Mandela. Os *estrategistas empresariais* escolhidos foram: Henry Ford, Alfred Sloan Jr., Thomas Watson Sr., Thomas Watson Jr., Jack Welch, Bill Gates, Warren Buffett, Muhammad Yunus e Steve Jobs.

Em relação aos estrategistas selecionados como exemplos, nosso interesse consistiu em identificar e explorar *qual era o desafio a ser enfrentado*; *qual era a oportunidade* a ser explorada; *qual era o ponto forte* para explorar a oportunidade; *o que eles fizeram de desconcertante*; e *qual o significado da estratégia* que orientava suas ações. Acreditamos que, ao abordarmos essas questões, o leitor poderá construir o próprio conceito a respeito do significado da estratégia e como ela pode ajudar no crescimento pessoal, da organização e da sociedade. Também temos a clareza, que, nesse elenco de estrategistas, esquecemos inúmeras personalidades que também deixaram importante contribuição para o melhor entendimento do significado da estratégia.

A história da estratégia aplicada aos negócios pode ser considerada relativamente recente, remontando aos anos 1960. Um fato curioso a ser mencionado é que, em 1964, quando *Peter Drucker* enviou o texto de seu livro *Business Strategies*, o título foi recusado pelo editor porque a estratégia estava associada a assuntos militares e política, e não a negócios – o título do livro foi alterado para *Managing for Results*. Somente nos anos seguintes, Drucker retornou ao tema, afirmando que "o objetivo final da atividade da estratégia é identificar negócios, tecnologias e mercados novos e diferentes que a companhia deve tentar criar no longo prazo".

Alfred Chandler foi um dos primeiros especialistas em negócios a propor uma definição de estratégia. Para Chandler (1962), "a estratégia pode ser definida como a determinação das metas e de objetivos básicos no longo prazo de uma empresa, bem como a adoção de cursos de ação e alocação dos recursos necessários à consecução dessas metas".

Neste livro, não é nosso interesse apresentar a evolução dos conceitos de estratégia, mas somente alguns exemplos, para entendermos melhor a questão da execução.

Michael Porter (1985), por sua vez, afirmou que "a estratégia competitiva consiste em ser diferente, em se diferenciar. Isso significa escolher deliberadamente um conjunto diferente de atividades em relação aos concorrentes para fornecer um mix único de valor".

Outro conceito de estratégia que merece ser mencionado é o de *Ikujiro Nonaka* e *Hirotaka Takeuchi* (1997), para quem "a essência da estratégia está no desenvolvimento da capacidade organizacional para adquirir, criar, acumular e explorar o conhecimento". Para eles, a criação e o compartilhamento de conhecimento representavam a fonte das vantagens competitivas. Mais recentemente, *Walter Kiechel III* (2010), apresentando uma evolução do pensamento estratégico, disse que sua pesquisa tinha por finalidade "apresentar a estratégia como o paradigma por meio do qual as pessoas no mundo dos negócios organizam sua compreensão do que uma empresa pode fazer".

E, completando nossa breve lista de exemplos, *Stephen Bungay* (2011) afirmou que "estratégia é um quadro de referência para a tomada de decisões, um guia para a ação ponderada e dotada de propósito". Todas essas definições oferecem boas pistas para o entendimento da estratégia, mas uma questão permanece: E quanto à execução da estratégia?

Enquanto isso, nas organizações os executivos passaram a utilizar a palavra estratégia de forma indiscriminada, através de silos funcionais: estratégia de marketing, estratégia financeira, estratégia de recursos humanos, estratégia de tecnologia da informação, estratégia de produção e assim por diante. Um novo conceito, inclusive, passou a ser usado – a *gestão estratégica* como uma atividade diferenciada e separada dentro da própria organização. Com isso, a fragmentação da estratégia aumentava, o que era agravado pelo fato de a formulação e a execução estarem cada vez mais separadas.

A *questão da execução*, apesar de ser o elo perdido da estratégia, somente foi abordada diretamente em 2002, por Larry Bossidy e Ram Charan, em seu livro *Execução*. Até aquele momento, especialistas em negócios, pesquisadores, empresários, executivos e estudantes de administração tinham como principal preocupação a formulação da estratégia. E a questão poderia ser resumida da seguinte forma: primeiro, a alta administração elabora a estratégia competitiva, depois delega para o nível administrativo logo abaixo a responsabilidade pela execução. Dessa forma, a execução da estratégia era uma tarefa da gerência – a responsabilidade da diretoria consistia em verificar se as metas definidas haviam sido alcançadas.

Felizmente, Bossidy e Charan foram direto ao ponto: a responsabilidade pelo sucesso da execução da estratégia é do presidente da empresa e de sua equipe de diretores, que devem orientar, participar e se comprometer com todo o processo da estratégia, desde a fase de formulação até a execução. Um detalhamento da contribuição de Bossidy e Charan será apresentado mais adiante neste livro.

Basicamente, decidimos propor a ideia de *Pessoas focadas na estratégia: As disciplinas da execução da estratégia* por conta de dois fatos: a crescente fragmentação da estratégia dentro das organizações e o hiato existente entre a formulação e a execução da estratégia.

O baixo nível de consciência do que representam a estratégia e o foco nas metas de suas áreas leva as pessoas a se distanciarem cada vez mais do processo de estratégia de suas empresas, exatamente quando ele se faz mais necessário, devido à globalização, à intensificação da concorrência, às novas aspirações dos clientes, à emergência das novas tecnologias que alteram as fronteiras dos negócios, à crescente interferência do governo na atividade econômica e à liberação dos mercados de capitais.

O foco nas metas e nas operações do dia a dia, ainda que importante, muitas vezes está desvinculado da estratégia e, com isso, eleva o risco e ameaça a sobrevivência das empresas no longo prazo. Por não contarem com um consistente processo de estratégia (formulação e execução), inúmeras empresas operam de forma limitada naquilo que, atualmente, é denominado de baixa performance satisfatória – isto é, as empresas estão atuando bem abaixo de seu pleno potencial de criação de riqueza. Em síntese, ao buscar resultados de curto prazo, as empresas estão sacrificando sua capacidade de gerar maior valor para os stakeholders.

A cada dia, novas pesquisas mostram como é muito baixo o número de pessoas que conhecem a estratégia de suas empresas. As pesquisas são complementadas com a informação de que as pessoas se mostram resistentes às mudanças organizacionais. E, para fechar esse quadro, as empresas enfrentam grande dificuldade na execução de suas estratégias competitivas.

Acreditamos que todos esses fatores estão interligados. Como alguém pode conhecer a estratégia se não foi envolvido desde o início no processo? Como é possível envolver-se com a estratégia se membros da diretoria também não conhecem nem estão engajados com a execução? Como é possível entender em que medida seu trabalho contribui para a execução da estratégia se suas tarefas do dia a dia parecem tão distante daquilo que é considerado estratégico? Como mudar seu comportamento se, além disso, o sistema de recompensas não está vinculado ao atingimento dos objetivos estratégicos?

A finalidade das disciplinas da execução da estratégia – *liderança empreendedora, capacitação em projetos estratégicos, design de processos e engajamento do capital humano* – consiste em apresentar uma contribuição para o aperfeiçoamento do processo de estratégia (formulação e execução), para que a execução da estratégia seja considerada uma competência da organização e esteja integrada à cultura organizacional.

Mas, antes de a execução da estratégia se converter numa competência da organização, é preciso mudar nosso nível de consciência a respeito do que seja o processo da estratégia. Em primeiro lugar, as pessoas devem ser envolvidas no processo desde o início – a estratégia é centrada nas pessoas. Em seguida, é preciso eliminar de vez o hiato existente entre a formulação e a execução da estratégia, uma vez que elas estão integradas entre si, e se reforçam mutuamente, quando as ações são empreendidas. O aprendizado sobre a execução e o teste das hipóteses sobre os negócios aperfeiçoa a qualidade da formulação da estratégia e a exploração de novas possibilidades.

Como veremos, a finalidade da estratégia (formulação e execução) é engajar as pessoas e potencializar o desempenho do capital humano da organização. A inclusão das pessoas no processo de criação de valor da organização e a integração entre a formulação e a execução são inerentes à estratégia. Refletir em conjunto, descobrir novas possibilidades, engajar-se conscientemente, concentrar-se no que é prioritário e produzir resultados para os indivíduos, para a organização, para os stakeholders e para a sociedade, tudo isso passa a fazer parte do dia a dia de trabalho das pessoas – das pessoas focadas na estratégia.

Nossa jornada tem início com a narrativa das histórias vivenciadas tanto pelos estrategistas históricos como pelos estrategistas empresariais, revelando como suas conquistas (transformando o aparentemente impossível em possibilidades reais) e como seu legado (realizações que transformaram a vida das pessoas) podem iluminar nosso entendimento sobre o significado da estratégia – e como ela pode contribuir para a autorrealização das pessoas.

A segunda parte do livro apresenta as disciplinas da execução da estratégia como um meio de aprendizado sobre os negócios e uma forma de realizar um trabalho consciente, orientado para a produção, e obter resultados significativos para as pessoas.

PARTE I

As pessoas focadas na estratégia

A empresa deve liderar a campanha para voltar a unir a atividade empresarial e a sociedade. Líderes empresariais e intelectuais sofisticados já sabem disso, começam a surgir elementos promissores de um novo modelo. Ainda não temos, no entanto, um marco geral para nortear essa iniciativa – e a maioria das empresas continua presa a uma mentalidade de responsabilidade social na qual questões sociais estão na periferia, não no centro.
A solução está no princípio do valor compartilhado, que envolve a geração de valor econômico de forma a criar também valor para a sociedade (com o enfrentamento de suas necessidades e desafios). É preciso reconectar o sucesso da empresa ao progresso social. Valor compartilhado não é responsabilidade social, filantropia ou mesmo sustentabilidade, mas uma nova forma de obter sucesso econômico. Não é algo na periferia daquilo que a empresa faz, mas no centro. E, a nosso ver, pode desencadear a próxima grande transformação no pensamento administrativo.

MICHAEL PORTER E MARK KRAMER,
CRIAÇÃO DE VALOR COMPARTILHADO

CAPÍTULO 1

Os estrategistas históricos e suas lições

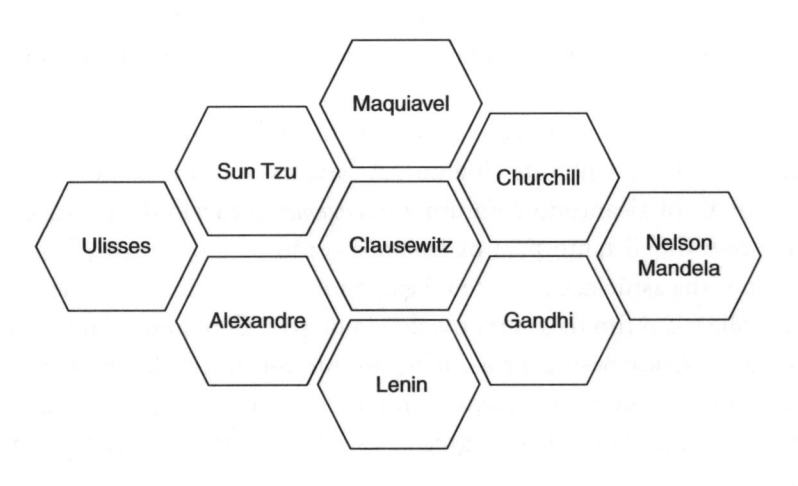

- Maquiavel
- Sun Tzu
- Churchill
- Ulisses
- Clausewitz
- Nelson Mandela
- Alexandre
- Gandhi
- Lenin

1. A ideia de estratégia na Grécia de Homero

Um dos primeiros exemplos históricos de estratégia aparece em *Ilíada*, obra datada do século VI a.C., revelando-nos uma ideia de estratégia muito além da militar. Os heróis gregos, antes de irem para a guerra, passavam por um intenso programa de educação, que visava a formação do caráter, a excelência do pensamento e, acima de tudo, o ímpeto para a ação. Segundo Werner Jaeger, em seu livro *Paideia*, na Grécia Antiga "a educação converte-se, pela primeira vez, em formação, isto é, na modelagem do homem integral", a partir de um conjunto de princípios éticos e estéticos. A educação era realizada por meio de aconselhamento e orientação espiritual dos jovens. Na formação do indivíduo, não era utilizada a palavra *estratégia*, mas ele era educado para refletir sobre determinadas situações, usar sua inteligência para criar circunstâncias engenhosas, que o levariam ao sucesso.

Na narrativa de *Homero*, os gregos têm um objetivo de longo prazo: dominar as rotas de abastecimento de estanho e cobre, fundamentais para a produção de bronze (o que permitiria a confecção de armas e arados) e de outras mercadorias, o que lhes possibilitaria a supremacia militar naquela importante região geopolítica.

O pretexto para a declaração de guerra foi o rapto de Helena (esposa de Menelau) por Páris (filho de Príamo). A batalha durou mais de 10 anos e o objetivo final foi alcançado com um *estratagema*: o cavalo de Troia. Como a vitória estava difícil tanto para os troianos como para os gregos, Ulisses, conhecido por sua astúcia, convenceu Agamenon a deixar um cavalo de madeira, que simbolizaria o fim da guerra e o desejo de paz. O presente foi levado para dentro das fortificações de Troia, mas, no interior do cavalo de madeira, havia um grupo de guerreiros que, durante a noite, abriu os portões da cidade, facilitando a entrada das tropas gregas, as quais, finalmente, conquistaram a vitória.

Embora descrita num ambiente nitidamente militar, a estratégia estava vinculada à ética e aos princípios morais da cultura grega. A estratégia se baseava em valores, não sendo concebível para os nobres gregos vencerem uma guerra, por exemplo, ao privar os adversários de abastecimento de alimentos. A vitória dependia da ação militar, da coragem dos líderes e da excelência dos guerreiros no campo de batalha.

Lições aprendidas com **Ulisses**
O Desafio Enfrentado: vencer um adversário fortemente posicionado.
A Oportunidade: dominar as fontes de abastecimento de cobre e estanho.
O Ponto Forte: um exército muito bem treinado, armado e disciplinado.
O Desconcertante: o cavalo de madeira como um presente pela paz.
O Significado da Estratégia: a estratégia toma a forma de um estratagema quando as forças em confronto são equivalentes e a possibilidade de vitória, remota.

2. Sun Tzu: A primeira concepção de estratégia

Na antiga China, Sun Tzu nos oferece outra importante contribuição para o entendimento do significado de estratégia, a partir de sua interpretação do que ocorreu no período dos Reinos Guerreiros (476-221 a.C.). Seu clássico livro, *A arte da guerra*, escrito por volta de 400 antes de nossa era, é um conjunto de conselhos dirigidos para governantes esclarecidos e generais sábios.

A abordagem de Sun Tzu em relação à estratégia é holística, indo além de preceitos militares: ela é um instrumento de governança política. Nesse sentido, a estratégia é considerada vital para a sobrevivência e o crescimento do estado, devendo ser suportada por valores éticos; conhecimento de si mesmo (forças e fraquezas) e do outro (inimigo); capacidade de análise e adaptabilidade à situação existente, sempre em mudança; planejamento das iniciativas e forte disciplina na execução.

Para Sun Tzu, a estratégia é fruto da imaginação criativa do governante e do general, e é formulada para criar uma vantagem claramente perceptível aos olhos do inimigo. Na essência, a finalidade da estratégia é criar riqueza para o reino (e não destruí-la) e conquistar a vitória sem precisar guerrear. Para Sun Tzu, a estratégia está associada ao sucesso, e somente uma pessoa com a mente clara é capaz de criar uma estratégia. Uma pessoa com a mente confusa não apenas será incapaz de formular uma estratégia, como também aquilo que ela considera ser uma boa estratégia pode ser, de fato, uma estratégia ruim, ameaçando a sobrevivência do reino.

De acordo com Sun Tzu, uma boa estratégia deve ser construída sobre os pontos fortes, criando uma superioridade que desestimule o avanço dos oponentes. Uma boa estratégia deve ser desenvolvida a partir do profundo conhecimento de uma situação, dos desafios a serem superados e confrontados com os recursos disponíveis. Uma estratégia reflete os estados mentais do estrategista, seus insights, sua imaginação e como ele utiliza as informações disponíveis para alcançar a vitória. O estrategista tira proveito da falta de conhecimento dos adversários sobre a situação.

Uma efetiva ação estratégica lançada contra um inimigo despreparado é como atirar pedras em ovos – o exemplo autêntico de uma sólida estratégia agindo sobre o vácuo estratégico. O estrategista sábio usa o mais sólido para atacar o mais vazio. O bom estrategista valoriza o conhecimento, a imaginação e a criatividade para desenvolver a estratégia. Assim, "conhecer o outro e conhecer a si mesmo em 100 batalhas, nenhum perigo. Não conhecer o outro e conhecer a si mesmo: uma vitória para uma perda. Não conhecer o outro e não conhecer a si mesmo em cada batalha, derrota certa", disse Sun Tzu.

Apesar de sua importância, *A arte da guerra* somente chegou ao Ocidente por intermédio de J.M. Amiot, missionário jesuíta que traduziu a obra para o francês em 1772, poucos anos antes da eclosão da Revolução Francesa (1789). Posteriormente, as ideias de Sun Tzu exerceriam grande influência na história da China, sendo fonte de inspiração para Mao Tsé-Tung (1893-1976). Algumas das principais obras de Mao Tsé-Tung, como *Problemas estratégicos da guerra revolucionária na China* (1936) e *Sobre a guerra prolongada* (1938), foram fortemente influenciadas pelas ideias de Sun Tzu. Com a vitória do Exército Vermelho contra os nacionalistas, na guerra civil, a República Popular da China foi constituída em 1949 e Mao Tsé-Tung, proclamado presidente da República.

O legado de Sun Tzu nos mostra como as estratégias clássicas representam importantes ensinamentos para os estrategistas, porém o mais importante de tudo é que uma estratégia tem de ser original.

Lições aprendidas com Sun Tzu
O Desafio Enfrentado: ensinar a estratégia aos governantes.
A Oportunidade: aplicar a arte da guerra na arte de governar.
O Ponto Forte: um exército muito bem treinado, armado e disciplinado.
O Desconcertante: o pensamento estratégico pode transformar-se em força.
O Significado da Estratégia: utilizar o sólido (estratégia) contra o vazio (ausência de estratégia).

3. Alexandre, o estrategista com visão global

Alexandre, o Grande, que viveu entre 356-323 a.C., é considerado um dos maiores estrategistas e governantes de todos os tempos. Suas realizações, inspiradas em uma consistente estratégia, continuam sendo fonte de inspiração para políticos, empresários, executivos e pessoas que buscam realizações extraordinárias. Alexandre assumiu o poder de forma inesperada, aos 20 anos, por conta do assassinato de seu pai, Felipe da Macedônia. Os líderes da monarquia da Macedônia (e dos povos inimigos) questionavam se o jovem rei estava preparado para as responsabilidades do governo. E aqui encontramos novos e importantes ensinamentos sobre o significado de estratégia e das pessoas focalizadas na estratégia.

Felipe, que considerava Alexandre seu sucessor ao trono, escolheu Aristóteles (então responsável pela Academia de Platão em Atenas) para ser tutor e dar continuidade à formação intelectual de Alexandre, quando este tinha 13 anos, em 343 a.C. Felipe acreditava que o jovem deveria ser preparado para resolver as complexas e inesperadas questões políticas, militares e culturais que iria enfrentar quando se tornasse rei. Uma educação convencional, que oferecesse uma visão estreita do mundo, não seria suficiente. Era preciso moldar o caráter, estimular a inteligência e a imaginação e desenvolver a capacidade de tomar decisões rapidamente, quase ao mesmo tempo que surgiam os problemas e os desafios, muitos deles no campo de batalha.

Alexandre, por sua vez, como líder, valorizava a educação e o desenvolvimento de um arcabouço intelectual e cultural, que seriam aplicados em situações reais e em diferentes contextos. Alexandre, em sua educação contínua, foi estimulado a buscar informações que os outros não possuíam, investigar situações sob diferentes pontos de vista e, dentre as várias alternativas possíveis, tomar a decisão com maior impacto para a consecução do objetivo.

Alexandre sabia que não existia resposta perfeita e preexistente para todas as situações que enfrentaria como rei e como militar. Para ele, como a estratégia lidava não apenas com o conhecimento, mas, principalmente, com o desconhecido e com o imprevisível, era preciso superar mentalmente cada problema. Era preciso não se contentar com as condições dadas, mas, sim, criar novas condições e abrir novos horizontes para as realizações.

O legado de Alexandre é um dos primeiros exemplos históricos da utilização de uma visão estratégica do futuro para a conquista de grandes realizações. Na visão de Alexandre, não fazia sentido dividir o mundo entre povos civilizados (os gregos) e povos bárbaros (persas, babilônios e asiáticos). Ele acreditava em um mundo unificado cultural, política e economicamente, como se fosse em uma única comunidade. Em síntese: um único país, um único povo e, é claro, um único rei. Nesse sentido, levou as ideias, a cultura clássica e o estilo de vida dos gregos para os territórios ocupados. Mas também teve a preocupação de respeitar e assimilar a cultura e os costumes dos povos conquistados.

De acordo com Manfred Kets de Vries, em seu livro *Reflexões sobre o caráter e a liderança*, "à medida que construía seu império, Alexandre via a si mesmo como um propagador de ideias, dos costumes e das leis pan-helênicos em novos territórios. Empregando técnicas tanto administrativas quanto militares, ele buscava integrar vários povos que conquistava em um império unificado, projetando formas localizadas de governo em cada região".

Para realizar sua missão de criar um só mundo globalizado, utilizou como instrumento a fundação de cidades, que reproduziam o estilo de vida helênico. Alexandre fundou mais de 60 cidades inspiradas nos ideais da civilização grega (todas elas denominadas de Alexandria), muitas das quais sobrevivem até os dias de hoje. Durante os 12 anos de reinado, Alexandre empreendeu com seu exército uma marcha de mais de 32 mil quilômetros, unificou uma área de mais de 56 milhões de quilômetros quadrados, que se estendia da Grécia, passando pelo Egito e chegando até a Ásia Menor e a Índia. Foi o único estrangeiro a conquistar o Afeganistão. Alexandre jamais perdeu uma batalha.

Lições aprendidas com **Alexandre**
O Desafio Enfrentado: expandir e consolidar o império criado por Felipe.
A Oportunidade: as disputas e o enfraquecimento das cidades-estados gregas.
O Ponto Forte: credibilidade como líder e engajamento nas ações militares.
O Desconcertante: as realizações militares foram precedidas por uma educação humanista.
O Significado da Estratégia: pôr em prática a visão de um mundo globalizado, integrando as culturas de diferentes povos.

4. Maquiavel: A estratégia a serviço do poder

O exemplo de Alexandre, o Grande, e de suas realizações parecia ter deixado bem claro para as pessoas, na Antiguidade e na Renascença, qual deveria ser o perfil de um príncipe ideal: ele precisava ter qualidades morais e intelectuais, ser virtuoso e ser um estrategista político-militar para lidar com os súditos e com as demais nações. Não era bem este o ponto de vista de *Nicolau Maquiavel* (1469-1527). Vivendo numa época de grande instabilidade política nas cidades-estados italianas (Florença, Gênova, Milão, Veneza e Nápoles), Maquiavel tinha como principal objetivo oferecer uma solução política para os príncipes e os governantes. Ele queria simular o exercício do poder por meio das lições históricas dos governantes do passado e do presente.

Com a invenção da imprensa por Johann Gutenberg (1456), surge, na Europa da época, uma série de manuais de conselhos aos governantes sobre como governar bem. Entretanto, o foco de atenção de Machiavel desloca-se das virtudes cardeais (sabedoria, justiça, coragem e temperança) para a questão da política e do poder. Machiavel quer colocar à disposição do príncipe seus conhecimentos sobre a natureza humana, sobre a história, e compartilhar sua experiência como homem público (secretário da Chancelaria da República de Florença) e como estrategista militar (escreveu *Sobre como preparar o estado de Florença às armas*, em 1506, e *A arte da guerra*, em 1521).

Com esses objetivos em mente, Machiavel escreveu *O príncipe* (1513), que pode ser considerado um manual de estratégia política para os governantes. Segundo Machiavel, o príncipe precisa estar atento à realidade dos fatos e responder eficazmente a elas, independentemente das questões morais. Para ele, a natureza humana é essencialmente ruim, prevalecendo a injustiça, a mentira, a traição e o embuste. Não é possível enfrentar essas características com a bondade, a virtude e a justiça – mas apenas com o poder. Além disso, a experiência histórica tem mostrado que a estabilidade política não pode ser conseguida apenas com discursos morais – mas sim por meio da força: os profetas desarmados sempre foram derrotados.

Nesse sentido, a estratégia de Machiavel tem por finalidade ensinar aos governantes como conquistar, manter e fortalecer os principados (o Estado). É aqui que Machiavel dá sua maior contribuição para o entendimento do significado da estratégia, por meio dos conceitos de *virtù* e de *fortuna*. Virtù (virtude) é o que habilita uma pessoa a governar. É o conjunto de qualidades desejáveis ao homem de Estado, que lhe permite conquistar, manter e fortalecer o poder. Como a principal responsabilidade do governante é assegurar o poder, seu comportamento é amoral, devendo ser sempre orientado para atingir esse objetivo.

Para Machiavel, um governante é avaliado pelos resultados que produz, e não por sua bondade. Portanto, é preferível ser temido (produzindo resultados) a ser amado (sem grandes realizações). O governante deve ser orientado para o êxito político, em que a flexibilidade moral é necessária, permitindo ao príncipe escolher um conjunto de alternativas estratégicas, nem sempre voltadas para a bondade, a moralidade e a justiça. Mas o governo de um Estado sempre acontece numa conjuntura política, econômica e social em mutação, o que prejudica a estabilidade. É a *fortuna* (o acaso, a sorte, as circunstâncias ou o desastre) que pode interferir e prejudicar um bom governo. A fortuna (representada como uma deusa caprichosa) pode transformar-se numa boa força ou numa cilada em potencial (ponto fraco) para o governante.

O príncipe incapaz não prepara nenhuma resistência para enfrentar os acidentes da fortuna e se considera uma vítima dos acontecimentos. Ele não é capaz de elaborar nenhuma ação proativa; é refém de outras pessoas e dos recursos (exército) de outros príncipes.

Para Machiavel, *virtù* e *fortuna* são as duas faces de uma mesma moeda. Podem ser representadas pela natureza do leão (força e coragem) e da raposa (astúcia e dissimulação). O governante que sabe agir melhor usa essas qualidades para enfrentar as incertezas do poder e da ação política. Com astúcia, o príncipe previdente deve preparar-se para enfrentar as incertezas da fortuna, praticando a *virtù* e o livre-arbítrio. Caso contrário, perderá o poder e outro governante assumirá o poder. Em síntese, o príncipe deve reunir as qualidades necessárias para a perpetuação de seu principado e de seu poder.

Lições aprendidas com **Machiavel**
O Desafio Enfrentado: ensinar aos governantes como conquistar, manter e fortalecer os estados.
A Oportunidade: o conflito entre as cidades italianas valorizava as pessoas com experiência e conhecimento sobre política e poder.
O Ponto Forte: preparar o governante para enfrentar com sucesso as incertezas políticas.
O Desconcertante: a preservação do poder é o principal objetivo do governante – e não ser amado pelos governados.
O Significado da Estratégia: preparar o governante para enfrentar as incertezas e o acaso, isto é, a *fortuna*, por meio da *virtù*, isto é, a competência para governar.

5. Clausewitz: Na estratégia como na política, não há receita mágica

Se Machiavel estava preocupado com a instabilidade política dos principados italianos durante a Renascença, *Carl von Clausewitz* (1780-1831) estava impressionado com as rápidas vitórias de Napoleão sobre a Áustria, a Prússia e a Rússia entre 1804 a 1806. De acordo com Clausewitz, por meio de uma nova estratégia militar, Napoleão quebrou todas as regras de guerra que prevaleciam no final do século XVIII. O próprio Clausewitz foi uma das vítimas dessa nova estratégia porque participou da Batalha de Auerstadt (14 de outubro de 1806), onde Napoleão derrotou a Exército prussiano. Juntamente com o príncipe Alexandre, Clausewitz foi enviado preso para a França, onde permaneceu durante 10 meses. Nesse período e durante quase toda a sua vida, desenvolveu os conceitos de *Da guerra* (Von Kriege), publicado em 1832, um ano após sua morte.

Os analistas militares da época da Revolução Francesa (1789-1815), em especial o Conde Guibert (1743-1790) e Antoine-Henri Jomini (1779-1869), com seus estudos e métodos, estavam interessados em transformar a guerra e a estratégia numa atividade científica. Nesse sentido, desenvolveram um conjunto de técnicas voltadas para a análise e o planejamento militar que, se bem aplicadas, levariam o exército à vitória.

Clausewitz era um dos maiores críticos da ideia de guerra e da estratégia como ciência. Clausewitz, em *Da guerra*, procurou demonstrar que a guerra é uma expressão e um instrumento da política. É uma síntese entre arte e ciência, em que a incerteza, o imponderável e o acaso eram partes essenciais tanto da guerra como da estratégia. Dessa forma, há uma grande distância entre a estratégia abstrata dos livros, que ocorre em condições teóricas ideais, e a estratégia real, que ocorre no campo de batalha, onde os fatores imponderáveis, como moral, intuição, geografia e sorte exercem grande influência, tornando o resultado final quase sempre imprevisível.

Para Clausewitz, a guerra "é um ato de violência destinado a forçar o adversário a submeter-se à nossa vontade". A guerra é uma tríade formada por estratégia, tática e política. Nesse sentido, "a tática é a teoria relativa à utilização das forças armadas no embate". A estratégia, por sua vez, "é a teoria relativa à utilização dos embates a serviço da guerra". Estratégia e tática estão numa relação dialética entre meios e fins. Do ponto de vista político, a vitória representa o sucesso tático, desempenhando o papel de meio para atingir um fim. Mas o objetivo maior da guerra não é alcançar apenas a vitória, mas sim estabelecer a paz, que é de natureza estratégica.

Dentre as inúmeras contribuições de Clausewitz para o campo da estratégia, merecem destaque o conceito de *coup d'oeil* e de *fricção*, muito importantes para se lidar com a incerteza que influencia a estratégia. *Coup d'oeil* é utilizado no sentido de vislumbre, intuição, perspicácia ou um estalo da mente. É uma qualidade do estrategista que possibilita a descoberta da melhor solução entre informações contraditórias, desvantagem de recursos e o surgimento de surpresas, num contexto de grande pressão emocional e psicológica, superando o estado de dúvida e levando à escolha do melhor curso de ação.

Já o conceito de *fricção* estabelece uma distinção entre a guerra real (e estratégia real) e a guerra abstrata (e estratégia teórica) aquela que podemos ler nos livros, depois dos acontecimentos e dos resultados da batalha. A preocupação de Clausewitz com a noção de fricção é demonstrar que o aparentemente simples é, de fato, complexo. Entre o mundo teórico e o mundo real, existe uma fricção. Na condução da guerra (e na execução da estratégia), as dificuldades e a complexidade se elevam, e isso significa que nunca será possível obter um conhecimento perfeito sobre a realidade.

Numa linguagem moderna, mesmo após uma análise SWOT **(Strenghts, Weaknesses, Opportunities e Threats)**, mesmo conhecendo as ameaças e as oportunidades e os pontos fortes e os pontos fracos, a incerteza e o risco permanecem. A história está repleta de exemplos de estrategistas que, numa situação de complexidade e de caos, ou se tornaram indecisos, ou tomaram a pior decisão. A fricção é a preparação do estrategista para a arte da guerra (ou a arte nos empreendimentos), permitindo a ele encontrar a simplicidade em meio à complexidade.

Mas o líder, para ser bem-sucedido, tanto na estratégia como na guerra, precisa de preparação e de educação. Para Clausewitz o conceito de *arte da guerra* é pertinente quando o objetivo é conquistar *poder*. Já o conceito de *ciência da guerra* é aplicado quando se trata de conduzir a um *saber*. A teoria existe para reunir e integrar conhecimentos acerca da estratégia e da guerra, evitando que o líder tenha de reinventar a roda a todo o momento. No contexto da estratégia, há um confronto entre forças materiais, de um lado, e forças morais e intelectuais, de outro. A educação é importante para preparar o espírito do estrategista e orientar sua autoeducação para lidar simultaneamente com essas forças. Clausewitz nos oferece mais uma importante advertência: a teoria é útil quando aplicada como referencial para se lidar com a complexidade, mas não pode ser considerada uma doutrina, uma receita pronta ou um método de ação. No fim, a falta (ou a presença) de inteligência aparecerá sempre no resultado final.

Lições aprendidas com Clausewitz
O Desafio Enfrentado: sistematizar os ensinamentos sobre estratégia sem que esse conhecimento seja considerado uma ciência.
A Oportunidade: a possibilidade de desenvolver uma teoria sobre estratégia, a partir de sua participação, como militar, numa guerra real.
O Ponto Forte: o conceito de *coup d'oeil*, isto é, intuição para enfrentar a *fricção*, *i*sto é, as incertezas que ocorrem no mundo real.
O Desconcertante: o objetivo da guerra é assegurar o poder político, isto é, a vitória estratégica (para evitar novas guerras), e não apenas vencer uma guerra, isto é, a vitória tática.
O Significado da Estratégia: é a teoria relativa à utilização dos embates a serviço da guerra.

6. Lenin: A estratégia a serviço da ideologia

Uma das principais preocupações de Vladimir Ilich Ulyanov, mais conhecido por *Lenin* (1870-1924), era formular uma estratégia para tomar o poder e implementar um Estado socialista na Rússia, então sob o governo do czar Nicolau II (1894-1917), da família Romanov. O projeto de Lenin se baseava em: uma visão de futuro (uma sociedade socialista), uma ideologia (o marxismo) e uma organização revolucionária (o Partido Comunista). Se os planos de Lenin dessem certo, um sistema alternativo ao capitalismo seria testado.

Entre os estudiosos políticos e os militantes revolucionários, de orientação marxista, havia o entendimento de que o socialismo somente seria possível nos países capitalistas mais avançados da época, como Alemanha, Inglaterra e França. Além disso, o processo revolucionário deveria ocorrer em dois momentos: primeiro, uma revolução democrática que instaurasse uma república e eliminasse os privilégios dos nobres e, em seguida, uma revolução socialista que levasse os proletários ao poder e acabasse com a propriedade privada. O problema era como realizar com sucesso essa transformação política, econômica e social. As tentativas anteriores, principalmente as convulsões sociais que varreram os países europeus em 1848, e a experiência da Comuna de Paris (1871) haviam fracassado.

Lenin dizia ter encontrado a solução. Numa linguagem moderna, ele iria inovar a ação revolucionária. Lenin, que tinha grande capacidade de interpretar o momento histórico, formulou seu plano estratégico a partir das seguintes premissas: a revolução socialista não precisa acontecer nos países capitalistas mais avançados; um país predominantemente rural e com capitalismo incipiente, como a Rússia, poderia ser pioneiro no experimento socialista; o Estado socialista poderia ser implementado de imediato, e não precisaria passar por estágios (revolução democrática, seguida de revolução socialista); e, acima de tudo, a revolução poderia ser executada por meio de uma organização revolucionária, um partido político de orientação socialista liderado por uma elite intelectual.

No projeto de Lenin (além da influência das ideias marxistas e de outros pensadores políticos da época), para o que nos interessa aqui, é possível notar a influência de Machiavel e de Clausewitz. De Machiavel, Lenin assimilou e praticou a ideia de que o fim justifica os meios. Todo projeto, toda iniciativa, devem passar por um crivo: o projeto atende ao objetivo estratégico de se implementar e desenvolver o socialismo? Em caso positivo, era aprovado; caso contrário, era rejeitado. No modelo mental de Lenin, também não havia espaço para as questões morais, democráticas ou de respeito ao outro. Se fosse preciso, a violência e a ditadura seriam institucionalizadas. De Clausewitz, Lenin, a partir de sua experiência como revolucionário, aperfeiçoou o conceito de fricção (o inesperado, o acaso, o emergente) e percebeu, na catastrófica participação da Rússia na Primeira Guerra Mundial (1914-1919), a oportunidade de acelerar o processo revolucionário.

E foi exatamente o que aconteceu. No final de fevereiro de 1917, em meio a manifestações de protestos em Petrogrado, o czar Nicolau II foi obrigado a abdicar. Uma república democrática foi proclamada, sendo formado um Governo Provisório liderado por Kerenski. Lenin, que se encontrava em Zurique (a Suíça era um país neutro na guerra), retornou para a Rússia, organizando e liderando o Partido Bolchevique para a tomada do poder. Em outubro de 1917, o Governo Provisório foi derrubado, estabelecendo-se uma nova administração revolucionária, responsável por fazer a transição para o socialismo.

A tomada do poder pelos partidários de Lenin é um exemplo clássico do hiato que pode existir entre a *Formulação da Estratégia* (neste caso, prevalecendo as rígidas ideias do líder) e a *Execução do Plano Estratégico* (não saber antecipadamente o que fazer, por não estar suportado por projetos). Para superar essas deficiências, foi necessário realizar uma série de experimentos.

As principais questões podem ser assim resumidas: como fazer a transição de uma economia capitalista para uma economia socialista, onde os meios de produção seriam de propriedade do Estado? Como educar a massa de camponeses e de operários não qualificados das cidades para elevar a produção e a produtividade numa economia enfraquecida pela guerra? Como medir os objetivos estratégicos da nova economia num período de transição do capitalismo para o socialismo? Como motivar e recompensar as pessoas e as equipes de trabalho pelos resultados alcançados? O que agravava a situação é que a maioria dos membros do Partido Bolchevista não tinha experiência prévia em gestão; outros eram excessivamente teóricos e intelectuais; e os operários e camponeses não tinham a qualificação necessária para os desafios impostos pelo novo governo. Falta de experiência, baixo nível de qualificação profissional e baixa eficácia em gestão foram compensados pela ditadura e pela violência.

Para Lenin, a essência da economia socialista era a *contabilidade* (registro e mensuração da relação insumo-produto) e a *supervisão* (o atingimento dos objetivos era considerado a principal tarefa dos gestores, e os resultados deveriam ser alcançados de forma implacável).

Do ponto de vista da organização da produção, a ênfase estava na estruturação de grandes unidades de produção em ampla escala, que eram consideradas mais eficientes, enquanto as pequenas unidades produtivas deveriam, paulatinamente, ser eliminadas.

Para melhorar a produtividade, Lenin inspirou-se nos métodos de Frederick Winslow Taylor (1856-1925), considerado um dos fundadores da administração científica. Na recém-criada economia socialista, procurou-se implementar o taylorismo-soviético, uma das inovações mais importantes da produção industrial capitalista. Segundo Lenin, os métodos científicos de organização e racionalização do trabalho, juntamente com a padronização das tarefas e o estudo dos tempos e movimentos, conforme sugeridos por Taylor, eram importantes métodos para a capacitação dos operários (saber-fazer e reduzir a dependência técnica deles em relação aos supervisores) e para a elevação da produtividade (reduzir a ineficiência, o desperdício e a perda de tempo).

A questão da motivação dos trabalhadores e gestores tinha profundo conteúdo ideológico (a recompensa pelo esforço é a construção de uma sociedade melhor para as próximas gerações) e de controle (rígido acompanhamento do desempenho associado a severas punições, inclusive à prisão ou à morte). A introdução da Nova Política Econômica (ou NEP) em 1920-1921 foi outra importante medida política para elevar a motivação e melhorar a eficiência da produção. A NEP restabelecia algumas práticas capitalistas, como permitir que pequenas unidades agrícolas, ou da indústria ou do comércio operassem dentro dos princípios da livre iniciativa.

O modelo de socialismo introduzido por Lenin foi consolidado por Stalin e seus sucessores durante quase todo o século XX, quando aproximadamente um terço da população mundial vivia de acordo com seus princípios. O autoritário regime socialista na União Soviética sobreviveu até 25 de dezembro de 1991, não resistindo à queda do Muro de Berlim (1989), ao esfacelamento dos regimes socialistas do Leste Europeu e às reformas da *Perestroika* (reconstrução) e *Glasnost* (abertura e transparência) introduzidas por Michail Gorbachev, desde 1985, quando assumiu a presidência como sétimo e último chefe do regime socialista.

Lições aprendidas com **Lenin**
O Desafio Enfrentado: implementar uma sociedade socialista, sem a existência de uma experiência histórica sobre como as instituições políticas e econômicas iriam funcionar.
A Oportunidade: o enfraquecimento do governo czarista pela derrota na guerra.
O Ponto Forte: a crença na utopia (visão do futuro) de uma sociedade sem classes.
O Desconcertante: como um partido político relativamente pequeno, conseguiu transformar a insatisfação política numa revolução socialista e assumir o poder.
O Significado da Estratégia: formular uma teoria revolucionária para a prática revolucionária e a tomada do poder político.

7. Churchil: A estratégia contra a dominação política

Contrariando as recomendações de Clausewitz de que *a verdadeira estratégia é a paz* (após a vitória militar), os países vencedores da *Primeira Guerra Mundial* (1914-1919), especialmente a França, o Reino Unido e os Estados Unidos, impuseram à derrotada Alemanha condições completamente desfavoráveis, por meio do *Tratado de Versalhes* (28 de junho de 1919). Pelo tratado, a Alemanha deveria ceder parte de importantes regiões econômicas vitais para seu crescimento, era privada de ter um exército compatível com sua história e era considerada responsável pelo conflito, devendo pagar elevadas indenizações (132 bilhões de marcos-ouro de 1921).

A paz imposta, que representava a perda de soberania, nunca foi aceita pelo povo alemão. Essa paz dos vencedores é considerada pelos historiadores um dos principais fatores que deflagraram a *Segunda Guerra Mundial* (1939-1945), pelas crescentes tensões internacionais geradas. Atento à insatisfação do povo alemão, Adolph Hitler desenvolveu um plano estratégico para derrubar o Tratado de Versalhes e restabelecer a soberania da Alemanha, transformando novamente o país numa das maiores potências do mundo.

As bases desse projeto foram expostas em seu livro *Mein Kampf* (Minha Luta), publicado em 1925, e operacionalizadas por meio da ação política, culminando com a ascensão do Partido Nacional-Socialista ao poder em 14 de junho de 1933, então declarado partido único. No poder, Hitler deu início à formação de um poderoso exército e à implementação de um programa de rearmamento, visando a expansão territorial da Alemanha e a constituição de um novo império.

De forma surpreendente, o evidente projeto político-militar de Hitler, que poderia provocar uma alteração nas relações de poder entre os países europeus, ou ainda, uma nova guerra, não era levado a sério nem pela França nem pelo Reino Unido. Durante os anos 1930, o Reino Unido estava concentrado na recuperação econômica (após a Crise de 1929), na redução do desemprego (que atingiu 22% da população em 1932) e na questão da luta por maior autonomia dos países do império britânico (em especial a Índia). Além disso, o novo Primeiro-Ministro do Partido Conservador, Neville Chamberlain (1869-1940), defendia uma política de apaziguamento e convivência pacífica com a Alemanha, considerando uma insensatez a afirmação de que os alemães estavam se preparando para a guerra.

Entretanto, havia uma voz dissonante, que não se conformava com esse ponto de vista ingênuo e pacifista. *Winston Churchill* (1874-1965), ao fazer uma leitura diferente do cenário político, percebeu claramente quais eram os objetivos estratégicos de Hitler. Em relação a Churchill, é importante destacar que ele se encontrava fora do governo desde 1929. Até então, era considerado um político controvertido e desacreditado, com altos e baixos em sua carreira, cometendo vários erros, como em 1926, quando defendeu a manutenção do padrão-ouro (fortemente criticado por John Maynard Keynes), e na crise de abdicação do Rei Eduardo VIII, que resultou na sagração de George VI como novo rei em 1936. Para muitos políticos da época, Churchill era muito velho, conservador e ultrapassado.

Mas, para aquele momento histórico, Churchill demonstrou ser o líder que o Reino Unido precisava. Retornou ao governo em 3 de setembro de 1939, como Primeiro Lorde do Almirantado e, logo em seguida, com a invasão da França pela Alemanha, em 10 de maio de 1940, tornou-se Primeiro-Ministro do Reino Unido, aos 65 anos. Após a invasão da Polônia, em 1º de setembro de 1939, a Inglaterra e a França declararam guerra contra a Alemanha.

Em contraste com Hitler, que tinha um plano de guerra elaborado, tanto Inglaterra quanto França não contavam ainda com uma estratégia definida. A guerra havia sido declarada, mas durante muito tempo nenhuma iniciativa foi tomada nesse sentido. Esse período compreendido entre setembro de 1939 a abril de 1940 é denominado pelos ingleses de *guerra de mentira* (Phony War), ou seja, não era uma guerra para valer, porque, enquanto os ingleses e os franceses hesitavam, os alemães, decididamente, invadiram a Dinamarca e a Noruega. Logo em seguida, em maio, atacaram a Holanda e a Bélgica. A lição é que, na falta de visão e de estratégia, não é possível determinar quais são os planos de ação considerados prioritários. E, em complemento, apenas a formulação de uma estratégia não é o suficiente se não for acompanhada de sua implementação.

No Reino Unido de 1940, coube a Churchill o desafio de formular e executar uma estratégia político-militar com escopo internacional. Churchill era um profundo conhecedor das ideias de Hitler (conhecer o inimigo e a si mesmo, como recomendava Sun Tzu) e do programa e dos objetivos do Partido Nacional-Socialista. Quando os líderes ficam presos a ultrapassados modelos mentais, quando não conseguem antecipar as tendências ou ainda quando não percebem as transformações que já estão ocorrendo na sociedade, o resultado é a ocorrência de uma crise. Numa situação de crise, como a vivenciada por Churchill em 1940, as opções estratégicas são poucas, sendo a sobrevivência o objetivo mais importante a ser alcançado. Churchill tinha plena consciência dos riscos, das ameaças e das restrições de recursos (equipamentos militares, exército preparado, infraestrutura logística, entre outros fatores). A estratégia político-militar deveria ser desenvolvida e implementada com essas limitações.

Além do mais, a estratégia de Churchill seria confrontada com as estratégias de Hitler e de Stalin, que haviam assinado, em 1939, um pacto de não agressão. A estratégia tripartite pode ser assim resumida: Hitler queria criar um império alemão que dominasse quase toda a Europa; Stálin queria ampliar a esfera de influência do Estado socialista para outros países do Leste Europeu e da Ásia; e Churchill queria preservar o império britânico. Mas, para isso, precisava, primeiro, sobreviver como nação independente. Os Estados Unidos, por sua vez, eram governados por Franklin Delano Roosevelt, e seu partido, o Republicano, defendia uma política de isolacionismo, isto é, de não participação direta no conflito europeu.

Nesse contexto, a Inglaterra de Churchill era o único país que poderia impedir que a Alemanha de Hitler ganhasse a guerra. Para Churchill, o primeiro objetivo era não permitir que a Inglaterra fosse derrotada tão rapidamente e de forma tão surpreendente como a França, a Dinamarca, a Noruega, a Holanda e a Bélgica. A inovadora estratégia militar de Hitler era denominada guerra-relâmpago (*blitzkrieg*) e era conduzida por uma divisão blindada (300 tanques Panzer) que, por meio de uma rápida movimentação de tropas do exército terrestre (*Wehrmacht*), permitia a invasão e o domínio de territórios inimigos.

Para a Inglaterra não ser mais uma das vítimas da *blitzkrieg* alemã, a primeira preocupação estratégica de Churchill foi a de preservar o Exército (Força Expedicionária Britânica) e a Aeronáutica (Royal Air Force). Nesse sentido, em vez de atender ao pedido da França, de enviar tropas para enfrentar os alemães, decidiu pela retirada das tropas na cidade portuária francesa em Dunquerque, no final de maio de 1940, quando 220 mil soldados britânicos e 120 mil franceses e belgas foram resgatados e enviados para a Inglaterra. A primeira etapa da estratégia de Churchill estava realizada: a Inglaterra preservou suas Forças Armadas e não foi derrotada em uma guerra-relâmpago. Se Hitler quisesse vencer a guerra, teria de invadir as Ilhas Britânicas.

Do ponto de vista estratégico, Churchill mudou as bases de como Hitler queria conduzir a guerra: de um confronto terrestre de curto prazo (*blitzkrieg*) para uma campanha de longo prazo, em que seria preciso travar uma guerra em três níveis: naval (em que Inglaterra e Alemanha tinham forças equivalentes), aéreo (em que os ingleses tinham superioridade – a aviação alemã tinha primeiro que atravessar o Canal da Mancha para depois efetuar os ataques) e o terrestre (em que nem Alemanha nem França tinham superioridade). Na verdade, tanto os generais de Hitler quanto os generais de Churchill acreditavam que nenhum dos dois países seria capaz de conseguir uma vitória militar terrestre.

Em seguida, Churchill procurou executar mais um dos projetos de seu plano estratégico: a realização de uma aliança militar com os únicos países que seriam capazes de ajudar a derrotar os alemães – os Estados Unidos, de Roosevelt, ou a União Soviética, de Stálin. Mas, para gerar confiança junto a seus aliados em potencial, precisava demonstrar que a Inglaterra era capaz de resistir à Alemanha.

Nesse sentido, além de ampliar a frota marítima, modernizou sua força aérea com aviões que tinham uma nova turbina a jato e maior capacidade de combate do que os dos alemães. A nova tecnologia do *radar* também permitia a identificação do local exato onde seriam desferidos os ataques aéreos, possibilitando a preparação de ações defensivas. Churchill também dava grande importância aos serviços de inteligência (informação antecipada dos movimentos do inimigo), estimulando as atividades que culminaram com a decodificação da *Enigma*, a máquina de transmissão de mensagens secretas para os generais alemães. Com a quebra do código secreto da Enigma, Churchill sabia antecipadamente onde seriam os próximos ataques do exército inimigo.

Churchill, como notável estrategista, sabia que nenhuma estratégia seria bem-sucedida se não fosse comunicada com grande intensidade para o povo inglês. A inicial inferioridade militar fora compensada pela superioridade na comunicação, que elevou o moral dos ingleses para participar e suportar o longo esforço de guerra. Nesse sentido, realizou uma série de discursos, transmitidos pelo rádio, para informar, orientar e inspirar confiança no povo inglês. Até hoje, a força e o profundo significado de suas mensagens são referências para aqueles que, como ele, enfrentam o grande desafio de promover o alinhamento das pessoas em torno de uma visão do futuro e a implementação de uma nova estratégia.

Toda estratégia acontece num ambiente em constante transformação, e sempre é confrontada com novas informações, novos fatos e acontecimentos inesperados. A resistência dos ingleses diante do Exército alemão começou a produzir resultados. Hitler, ao perceber que dificilmente conseguiria invadir e derrotar a Inglaterra, que agora recebia o apoio militar dos Estados Unidos, resolveu mudar a estratégia. Na verdade, Hitler retornou à sua estratégia original, conforme explicou em *Minha Luta*: a invasão da União Soviética e a destruição do Estado Socialista. Nesse sentido, em 18 de dezembro de 1940, expediu a diretriz explícita nº 18, a *Operação Barbarossa*, destinada a preparar a invasão da União Soviética, o que ocorreria em 22 de junho de 1941.

A invasão da União Soviética fez com que Hitler perdesse o foco de onde concentrar os esforços militares. Ao abrir duas frentes de guerra – a ocidental, contra Churchill, e a oriental, contra Stálin –, passou a correr grandes riscos estratégicos, cometendo o mesmo erro de Napoleão quando foi derrotado pelos russos no final de 1812. Apesar disso, Hitler, coerente com seu modelo mental, acreditava (assim como os analistas militares da época) que a guerra contra a União Soviética seria rápida. Não foi o que aconteceu. Esse fato nos oferece mais uma importante lição: uma estratégia mal formulada, independentemente da qualidade da execução, levará ao insucesso.

Churchill, que alertara Stálin várias vezes sobre a ameaça alemã (ele tomou conhecimento da Operação Barbarossa pela *Enigma*), vibrou com a invasão da União Soviética por Hitler: era o começo do fim do sonho alemão de criar um novo império. Agora, Churchill e Stálin eram aliados de guerra. Um novo parceiro juntou-se a eles: os Estados Unidos, com o ataque aéreo do Japão em Pearl Harbor, no Havaí, em 7 de dezembro de 1941. Churchill vibrou novamente.

Num curto espaço de tempo, entre junho a dezembro de 1941, o processo estratégico acelerou-se rapidamente. Objetivos de curto prazo prejudicaram a visão de longo prazo e a correta formulação e execução da estratégia. A Alemanha, o Japão e a Itália, que acreditavam ter estratégias vitoriosas, acabaram perdendo a guerra. Inúmeros fatores acabaram contribuindo para a vitória dos aliados, que somente aconteceu em 2 de setembro de 1945, com a derrota do Japão. Mas não se pode esquecer que eles também foram derrotados pela clareza, a perseverança e a determinação de Winston Churchill, que, aos 65 anos, foi capaz de formular e executar com sucesso, apesar de todas as adversidades, uma brilhante estratégia.

Lições aprendidas com Churchill
O Desafio Enfrentado: elaborar um plano estratégico, com a guerra em andamento, para que a Inglaterra não fosse derrotada pela Alemanha de Hitler.
A Oportunidade: a guerra simultânea em duas frentes, na Europa Ocidental e na Europa Oriental, surpreendentemente realizada por Hitler.
O Ponto Forte: a força aérea e a frota marinha da Inglaterra, rechaçando várias ações militares realizadas pela Alemanha.
O Desconcertante: para resistir a Hitler, a Inglaterra e os Estados Unidos fortaleceram a União Soviética, antiga aliada da Alemanha.
O Significado da Estratégia: prolongar o confronto militar para se fortalecer, internamente, e explorar prováveis erros do inimigo.

8. Gandhi: A estratégia da resistência não violenta

Enquanto Churchill estava empenhado em travar uma violenta guerra contra a Alemanha, Gandhi procurava liderar a Índia na busca de sua independência política em relação à Inglaterra. Mas a estratégia de *Mahatma Gandhi* (1869-1948) era completamente diferente: baseava-se nos princípios da não violência e da busca de uma solução pacífica para os conflitos.

A estratégia da ação política de Gandhi foi desenvolvida a partir de sua experiência como ativista social, principalmente a partir de 1906, quando participou de inúmeros movimentos sociais, primeiro na África do Sul (contra a segregação racial) e, depois, na Índia, quando foi líder do Partido do Congresso Nacional Indiano e organizador de uma série de manifestações de protesto contra o governo inglês.

Apesar de Gandhi ter sido preso inúmeras vezes, nunca desistiu de suas convicções. Ao refletir sobre essas experiências, percebeu que o nome *resistência passiva* era inadequado para a transformação política e social que pretendia realizar. Não era apropriado para a visão que ele queria tornar realidade, porque passava uma ideia de fraqueza. Gandhi tinha consciência de que a submissão, a passividade e o medo favoreciam o estado de opressão e a prática da violência.

Nesse sentido, Gandhi formulou sua estratégia de ação política com base em dois temas estratégicos: a *satyagraha* e a *desobediência civil*. O termo *satyagraha*, que, para Gandhi, significava a força da vontade e a força do amor, é o fundamento da resistência não violenta. O objetivo estratégico de Gandhi era combater as condições que propiciam a violência. Nesse confronto, utilizou os princípios (valores) da tolerância, da autoconsciência e da autonomia do indivíduo em relação ao poder constituído. O resultado final esperado é a solução pacífica dos conflitos. De uma forma bem explícita, Gandhi afirma que a violência somente será vencida pela força da resistência não violenta e pela ausência de temor. É preferível lutar a ser submisso, propondo que é preferível a violência à covardia, mas a não violência é sempre melhor.

Para Gandhi, a resistência não violenta é um *método político* para solucionar problemas políticos. Para demonstrar às pessoas a eficácia desse método, utilizou a *desobediência civil* como um processo educativo. Antes de combater a violência, quer dizer, antes de executar uma estratégia, é preciso educar-se. A desobediência civil significa parar de cooperar voluntariamente com o opositor que está cometendo alguma injustiça. Segundo Gandhi, o poder dos governantes pode ser muito reduzido se a população recusar sua autoridade. Dessa forma, a desobediência civil é uma forma de rebelião pacífica que possibilita às pessoas a tomada de consciência de uma situação injusta. Não é preciso ser violento; basta dizer não àquilo que é prejudicial para a sociedade.

Um excelente e educativo exemplo de desobediência civil foi dado quando Gandhi pediu aos indianos que desobedecessem abertamente à lei que os obrigava ao pagamento do imposto sobre o sal. Ao mesmo tempo, tomou a iniciativa de propor à população das aldeias da Índia que fabricassem o próprio sal. Organizou, então, a *Marcha do Sal* (entre 12 de março a 6 de abril de 1930), quando percorreu mais de 390 quilômetros em sinal de protesto. Quando Gandhi chegou ao povoado de Dandi (no litoral do Oceano Índico), ele próprio produziu uma pequena quantidade de sal, para dar exemplo a seus seguidores. A Marcha do Sal é um dos grandes marcos do processo que levou à independência da Índia, em 1948. Essa iniciativa mostrou para Gandhi a importância de educar e organizar as pessoas simples do povo para que a ação política produzisse resultados concretos.

Outra importante contribuição de Gandhi, para o entendimento do significado de estratégia, é referente a uma questão ética: *o fim justifica os meios?* Alguns líderes mundiais, como Lenin, Hitler, Stálin e até mesmo Churchill (apesar de não ser um ditador) concordavam com a máxima de Machiavel, o qual afirmava que sim, o fim almejado deve ser conquistado a qualquer preço, inclusive por meio da violência. Gandhi discordava com veemência desse ponto de vista. Para ele, fim e meio estão vinculados por uma relação ética, isto é, o resultado não pode ser conquistado por meio da violência, porque ela se transforma em um fim, em si mesma, gerando mais violência.

De acordo com Gandhi, os meios utilizados devem estar alinhados com o fim que se deseja. De acordo com suas palavras, "os meios são como a semente, e o fim, como a árvore. A relação é tão inevitável entre o fim e os meios como entre árvore e semente. Colhemos exatamente aquilo que semeamos". Em síntese, a visão de futuro (o fim), que se pretende construir no longo prazo, não pode ser sacrificada pelos meios (iniciativas de curto prazo), que podem nos afastar e desvirtuar do objetivo pretendido.

Lições aprendidas com **Gandhi**
O Desafio Enfrentado: lutar pela independência da Índia em relação à Inglaterra.
A Oportunidade: utilizar a cobrança de impostos para demonstrar como a Inglaterra dominava a Índia.
O Ponto Forte: a credibilidade como instrumento para mobilizar e enganar as pessoas nos movimentos sociais e de independência.
O Desconcertante: a desobediência civil como fator de transformação social.
O Significado da Estratégia: o fim desejado (visão de futuro) não pode ser sacrificado pelos fins, principalmente se tiverem um alcance de curto prazo.

9. Nelson Mandela: A persistência da visão estratégica

A história de Nelson Rolihlahla Mandela é um exemplo vivo da estratégia como um processo de longo prazo e, ao mesmo tempo, como uma atividade presente no dia a dia dos líderes. Nelson Mandela iniciou sua carreira de ativista político em 1943, com 25 anos, quando se filiou à Liga da Juventude do Congresso Nacional Africano. O CNA (Congresso Nacional Africano) foi fundado em 1912 para defender os direitos e a liberdade dos negros sul-africanos. O CNA era um partido político pacifista e inspirava-se nos princípios de satyagraha e nas ideias de resistência não violenta de Mahatma Gandhi (que viveu na África do Sul entre 1893 a 1914).

Em lado oposto, encontrava-se o Partido Nacional organizado pelos *africânderes* (descendentes de colonos europeus, principalmente holandeses, franceses e alemães), que assumiu o poder na África do Sul em 1948, defendendo uma política de segregação racial e de apartheid. Com o apartheid, a população da África do Sul foi segregada em quatro categorias de raças: branca, negra, mestiça e asiática. A política do apartheid institucionalizou no país o preconceito racial e privou os não brancos sul-africanos de seus direitos civis; por exemplo, os negros não podiam ser proprietários de terras, não podiam ter participação política, eram obrigados a viver em bairros separados dos brancos e o casamento e as relações sexuais entre brancos e negros eram proibidas.

A política de apartheid gerou forte resistência civil interna, destacando-se a Campanha da Desobediência (1952), a Carta da Liberdade (1955) e o protesto contra as Leis do Livre Trânsito (1960), quando a polícia atirou contra os manifestantes, matando 69 pessoas e ferindo outras 180, no episódio que ficou conhecido como o Massacre de Shaperville. A violação dos direitos civis e a contínua repressão junto à população negra sul-africana geraram forte desaprovação internacional, quando o regime do apartheid foi condenado pela Organização das Nações Unidas (ONU) em 1962.

Foi nesse contexto político e num longo caminho de amadurecimento que Nelson Mandela desenvolveu sua visão estratégica. Para Mandela, os princípios éticos vinculados a uma correta interpretação da realidade determinam a estratégia. Mais ainda, o estrategista não podia cair na armadilha da ilusão, formulando uma estratégia irreal. Para Mandela, a estratégia está associada a grandes ideias, a grandes propósitos, e precisava liberar grande energia das pessoas, tanto dos líderes como dos seguidores. O ideal de Mandela era construir uma sociedade livre, democrática e não racial, em que a população viveria em harmonia, com inúmeras oportunidades de realização para as pessoas. Para Mandela, o propósito da liberdade é que ela é criada para os outros, para a sociedade como um todo.

Para Mandela, a concepção de uma correta estratégia (ou de uma estratégia incorreta) determina, já no começo da luta, o sucesso ou o fracasso da revolução. A estratégia, para ser executada, necessita de um plano geral para as operações do dia a dia. Não se pode cair na armadilha da ação pela ação. Cada um dos responsáveis pela implementação do plano deve estar alinhado com os princípios da estratégia e ter objetivos específicos, sendo responsável pelos resultados.

O êxito de uma grande causa – quer dizer, ter formulado a estratégia correta – não pode ser medido apenas por se ter atingido o objetivo final, mas, principalmente, se houver uma mudança de mentalidade, em que as pessoas passam a viver de acordo com os sonhos, os ideais e as expectativas do início da revolução. Por esse motivo, Mandela afirma literalmente que a primeira tarefa de um líder é criar uma visão. A segunda é formar um quadro de seguidores que serão responsáveis pela implementação da visão e pelo monitoramento do processo, com o apoio de equipes eficientes. O líder também é responsável pela comunicação da estratégia, educando os seguidores continuadamente, convencendo as pessoas de que os objetivos estão a serviço da revolução.

Mandela, que estudou os estrategistas históricos (como Sun Tzu, Clausewitz e os pensadores marxistas), também estabeleceu uma importante distinção entre estratégia e tática. A estratégia é o ideal que os revolucionários estão buscando tornar realidade – nesse caso, uma sociedade democrática sem discriminação racial. A tática são os meios utilizados para se implementar a estratégia e deve ser traduzida em objetivos. Segundo Mandela, os planos táticos devem ser governados pela estratégia e retratar as mudanças que ocorrem na sociedade, não só pela própria ação dos revolucionários, como também pela reação do governo.

Devido a essa concepção de estratégia, Mandela foi refinando sua ação política. Num primeiro momento, concordava com a orientação do Congresso Nacional Africano, que pregava a resistência não violenta. Mandela, revoltado com os acontecimentos do Massacre de Shaperville, abandonou a tática da resistência passiva e passou a adotar uma nova tática, a luta armada. Com esse objetivo em mente, Mandela, em 1961, com alguns membros mais radicais do CNA, fundou a organização revolucionária *Umkhonto we Sizwe* (Lança da Nação, ou organização MK), a fim de realizar ações militares contra o governo. Mandela passou a viver na clandestinidade, fez treinamento militar, praticou atentados políticos e foi preso pouco tempo depois, em 1962, condenado à prisão perpétua em 1967.

Na prisão, Mandela, refletindo sobre suas experiências políticas e sobre as mudanças que estavam ocorrendo na África do Sul e no mundo, refinou a visão estratégia. Chegou à conclusão de que era preciso mudar novamente a tática para realizar o ideal de uma sociedade democrática e não racial. Mandela aproveitou as pressões internacionais para sua libertação e propôs, em 1989, um novo diálogo com o Partido Nacional, agora liderado por Frederick de Klerk.

Mandela afirmou que, desde o início de sua militância política, acreditava na não violência como uma tática. Se fosse possível alcançar o resultado político desejado (democracia e fim do apartheid) sem o uso da violência, era isso que ele e os membros de sua organização revolucionária fariam. Entretanto, onde as condições políticas exigissem o uso da luta armada, era essa a alternativa. Mas, após quase 20 anos de prisão, em 1986, percebeu que havia novas condições políticas e decidiu mudar para a *tática da negociação* com o governo sul-africano (na ocasião, presidido por P.W. Botha).

Nas negociações – que se desenvolveram entre 1986 a 1990 –, Mandela definiu um conjunto de objetivos estratégicos que precisariam ser atingidos; caso contrário, não haveria acordo: a democracia institucional, o fim do apartheid, a legalização do CNA, a libertação de todos os presos políticos (inclusive ele próprio) e o fim da violência política. A maioria dos analistas políticos da época (tanto do Partido Nacional como do Congresso Nacional Africano) considerava impossível alcançar esses objetivos. Além disso, essas pessoas achavam que Mandela estava equivocado e sendo iludido.

Mandela sintetizou a possibilidade de seu plano de ação ser bem-sucedido da seguinte forma: os líderes (e as pessoas de um modo geral) são estimulados para *esperar o inesperado*, a se preparar e a se contentar com o resultado menos provável e abaixo do objetivo proposto. Mas também é preciso que as pessoas se preparem para *esperar o esperado* e ter sabedoria para realizar todo o seu potencial.

E a estratégia esperada aconteceu. Nelson Mandela foi libertado em 11 de fevereiro de 1990, a democracia foi instituída, as eleições foram realizadas e Mandela foi eleito presidente da República em 10 de maio de 1994, governando o país até 1999. Numa perspectiva histórica, Mandela nos mostrou a importância de uma visão estratégica de longo prazo e os perigos da impaciência em relação a um futuro imaginado. Nem sempre o mais importante é a velocidade da decisão se as pessoas estiverem imaturas em relação à estratégia e ao desafio a ser superado. A concentração em objetivos de curto prazo pode impedir que as pessoas conquistem algo mais valioso se tiverem persistência e compromisso com a visão estratégica de longo alcance.

Lições aprendidas com **Mandela**
O Desafio Enfrentado: acabar com a segregação racial na África do Sul.
A Oportunidade: novas condições políticas favorecem a proposta e a negociação para a instauração de um regime democrático e não racial.
O Ponto Forte: a dignidade, a credibilidade e o amadurecimento político para acabar com o apartheid.
O Desconcertante: o longo período de gestação da estratégia política e o rápido período para assumir a presidência do país.
O Significado da Estratégia: torna o que parece impossível em possibilidades reais.

CAPÍTULO 2

Os estrategistas empresariais e suas lições

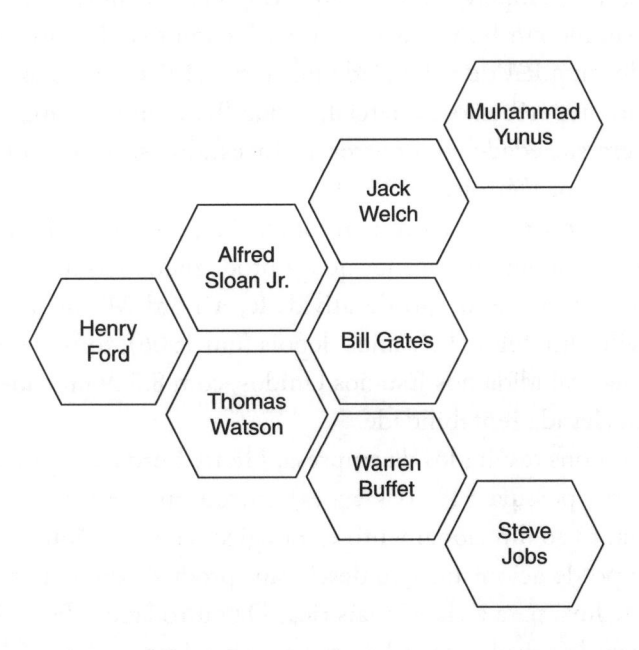

- Muhammad Yunus
- Jack Welch
- Alfred Sloan Jr.
- Henry Ford
- Bill Gates
- Thomas Watson
- Warren Buffet
- Steve Jobs

1. Henry Ford: A visão estratégica de um carro universal

Enquanto as personalidades históricas mundiais estavam preocupadas em criar um império para seus países, defender a nação contra uma ameaça estrangeira ou ainda promover uma revolução, os empreendedores de novos negócios, os líderes empresariais e mesmo os altos executivos estavam interessados em transformar a sociedade por meio de uma nova estratégia de negócios.

Um dos exemplos mais notáveis é dado por Henry Ford (1863-1947), que, desde jovem, sentiu-se atraído pela fabricação de automóveis, realizando vários experimentos antes de ser bem-sucedido. Em 1886, Ford produziu seu primeiro automóvel, denominado de quadriciclo (usava rodas de bicicleta), que foi vendido por US$200, para financiar novos protótipos do novo produto. Nessa época, Ford também desenvolveu automóveis de corrida, vencendo duas importantes competições em 1901. Logo em seguida, em 1902, com o *Modelo 999* (nome em homenagem a uma locomotiva de corrida), estabeleceu o recorde mundial de velocidade em terra (147km/h). Essas conquistas tiveram grande repercussão comercial, o que lhe permitiu captar os recursos necessários, em sociedade com outros 11 investidores, para formarem a *Ford Motor Company* em Detroit, em 1903.

A Ford Motor, quando entrou em operações, teve de enfrentar a concorrência de 75 fabricantes americanos que já produziam mais de 4,2 mil veículos por ano. Em seu primeiro ano de atividade, a Ford Motor produziu 1.708 Modelos A (Fordmobile). Três anos depois (em 1906), tornou-se a marca de automóveis mais vendida nos Estados Unidos, com 8.729 unidades comercializadas e uma elevada rentabilidade.

Apesar dos bons resultados da empresa, Henry Ford (que, juntamente com James Couzens, possuía 51% das ações) entrou em conflito com os outros acionistas quanto ao direcionamento estratégico da Ford Motor. De um lado, havia um grupo de acionistas que desejavam produzir diferentes modelos de automóveis de luxo para a classe mais rica. De outro lado, Henry Ford defendia a produção de veículos mais baratos e padronizados. Ao final da disputa, Ford saiu vitorioso com a compra das ações dos outros sócios. Ele estava livre para desenvolver sua visão estratégica.

Henry Ford queria fazer um automóvel para a grande multidão. Um veículo leve, forte, confiável e, acima de tudo, barato e acessível para o consumidor médio. A visão tornou-se realidade com o lançamento do Modelo T. A estratégia de um carro universal era suportada por três temas estratégicos: preço baixo, produção em massa e o maior salário por dia da indústria automobilística para os empregados da Ford Motor.

O comprometimento de Henry Ford com o tema estratégico preço baixo foi demonstrado com o lançamento do Modelo T por US$825, em outubro de 1908 (o equivalente a cerca de US$20 mil de hoje). O automóvel podia ser comprado nas cores preto, vermelho, verde, cinza e branco. O sucesso de vendas foi imediato, atingindo a marca de 10 mil carros vendidos no primeiro ano após o lançamento. Com o aumento da produção e da produtividade, Ford pôde reduzir o preço do Modelo T ano após ano. Em 1912, quando o preço do Modelo T atingiu US$575, o automóvel custava menos do que o salário médio anual vigente nos Estados Unidos. Em 1924, quando o volume acumulado de produção atingiu 10 milhões de unidades, o Modelo T era vendido por US$290. Dessa forma, entre 1908 e 1924, o preço do automóvel apresentou uma redução de 64,8%, o que equivale a uma queda média de 9,3% ao ano. O objetivo de tornar o automóvel um produto barato e acessível ao grande público havia sido alcançado.

O tema estratégico *produção em massa* está associado às inovações tecnológicas e ao redesenho dos processos de produção de automóveis, introduzidos por Henry Ford entre 1909 a 1920. Até aquele momento, o automóvel era uma atividade quase artesanal, realizada por mecânicos especializados que imprimiam no veículo estilo e design pessoal. Nesse sistema a produção em massa não era possível. Henry Ford, por sua vez, estava criando uma série de inovações, como o uso de peças padronizadas intercambiáveis, a linha de montagem e a linha de produção, tudo isso eficientemente integrado na moderna fábrica de Highland Park, no estado de Michigan, inaugurada em 1910.

A nova fábrica permitiu aumentar a velocidade de produção para indicadores nunca imaginados: enquanto as fábricas de automóveis dos concorrentes demoravam entre 12 a 14 horas para montar um carro, a da Ford Motor apenas 90 minutos. Com as inovações contínuas no sistema de fabricação de automóveis, os indicadores de performance da Ford melhoraram acentuadamente a cada ano. Em 1914, enquanto a indústria automobilística americana utilizava 66.350 trabalhadores para produzir 286.770 veículos (4,3 unidades por empregado por ano), a Ford Motor necessitava de 13 mil operários para fabricar 260.720 veículos (20,1 unidades por empregado por ano). Apesar desses excelentes resultados, uma meta muito mais ousada foi estabelecida: produzir um automóvel por minuto, o que foi concretizado em 1920. Nessas condições, a Ford aumentava cada vez mais sua participação de mercado, atingindo a marca de 60% em 1921.

O tema estratégico *o maior salário da indústria para os empregados da Ford* foi solucionado pela combinação de dois fatores: preocupação social (motivar e recompensar os empregados pelos resultados), de um lado, com uma questão pragmática (reduzir a rotatividade da mão de obra e superar a baixa qualificação da força de trabalho). A introdução do modelo de produção em massa por Ford gerou uma série de críticas, principalmente no que se refere à desumanização do trabalho. O retrato do trabalho desumanizador e embrutecedor na linha de montagem foi mostrado, posteriormente, por Aldous Huxley, em seu livro *Admirável mundo novo* e por Charles Chaplin em seu filme *Tempos Modernos*.

Henry Ford encontrou uma engenhosa ideia para solucionar os problemas associados à desumanização do trabalho e à alta rotatividade dos trabalhadores. Em janeiro de 1914, Henry Ford anunciou o novo salário de US$5 por uma jornada de 8 horas de trabalho, além de um plano de participação nos lucros. A remuneração paga pela Ford era bem superior às praticadas pela indústria automobilística, que eram de US$2,38 por 9 horas de trabalho. A iniciativa *Five-Dollar Day* causou impacto de longo alcance na indústria automobilística: contribuiu para a retenção da força de trabalho (reduzindo significativamente os custos de treinamento dos operários), elevou a produtividade da fábrica e ainda facilitou a compra do Modelo T pelos trabalhadores da empresa, transformando-os em consumidores.

Parecia impossível superar as vantagens competitivas da Ford Motor. A Ford contava com a produção mais eficiente da indústria; era líder incontestre de mercado, vendendo 90% do total dos carros populares; a rentabilidade era atrativa e a geração de caixa era evidente, chegando a acumular US$1 bilhão como lucros retidos. Entretanto, a partir de 1924, as transformações que estavam ocorrendo no negócio de automóveis se tornaram evidentes. Essas novas tendências foram identificadas pela alta administração da Ford Motor, mas Henry Ford continuava preso a seu antigo modelo mental, recusando-se a mudar sua estratégia competitiva. O novo cliente da indústria automobilística desejava novos modelos; os concorrentes, em especial a General Motors, introduziam importantes inovações e aumentavam rapidamente sua participação de mercado; e um novo modelo organizacional, a estrutura multidivisional, estava a serviço da execução da estratégia competitiva.

A inflexibilidade estratégica de Ford não conseguiu sobreviver diante das emergentes forças de mercado. As vendas de automóveis declinaram rapidamente, cerca de 400 mil veículos, entre 1924 a 1926 e, em 26 de maio de 1927, emblematicamente, Henry Ford fez dois importantes anúncios: a produção do Modelo T número 15 milhões e, ao mesmo tempo, o fechamento da fábrica em Highland. O carro universal da Ford, o Modelo T, o Tin Lizzie, não seria mais fabricado. Os operários entraram em férias coletivas, não para esperar a adaptação tecnológica da fábrica ou para serem treinados para produzir um novo modelo, mas sim porque não havia um novo modelo disponível. O projeto do Modelo A, desenvolvido por Edsel Ford, filho do fundador da empresa, não estava ainda concluído; seria lançado somente em dezembro de 1927. O novo Modelo A tornou-se um novo sucesso, mas a Ford Motor perdera sua posição de mercado, e o novo líder era a General Motors.

Lições aprendidas com **Henry Ford**
O Desafio Enfrentado: produzir um automóvel universal.
A Oportunidade: a produção em massa de um automóvel padronizado de baixo custo.
O Ponto Forte: o volume e a velocidade de produção.
O Desconcertante: tornar o automóvel um bem da classe média, e não apenas dos ricos.
O Significado da Estratégia: a combinação de três temas estratégicos: preço baixo, produção em massa e o maior salário por dia da indústria automobilística.

2. Alfred Sloan Júnior: A estrutura multidivisional a serviço da estratégia

A evolução da indústria automobilística nos Estados Unidos, entre 1908 e 1927, nos mostra como uma estratégia de negócios tem prazo de validade, apesar de sua aparente vitalidade. Revela também que, num empreendimento emergente, a transformação de sucesso em fracasso e, inversamente, de fracasso em sucesso pode ocorrer de uma forma mais rápida do que a imaginada. Foi o que aconteceu primeiro com Henry Ford e, depois, com Alfred Sloan Jr.

Em 1908, a indústria automobilística americana, com uma produção de 65 mil veículos, era dominada pela Buick Motor Company (revitalizada por Will Durant), que produziu 8.487 unidades, seguida pela Ford Motor (com 6.181 Modelos T) e pela Cadillac Automobile (criada por W. Murphy, ex-sócio de Henry Ford), com 2.380 veículos. Entretanto, nos 19 anos seguintes, a indústria automobilística seria dominada pela Ford com sua vitoriosa estratégia de um carro universal: o Modelo T chegou a vender aproximadamente 2 milhões de unidades em 1925, detendo cerca de 70% do mercado americano de automóveis no segmento de baixo preço.

Porém, alguns sinais de mercado, ignorados por Henry Ford, prenunciavam o surpreendente desfecho estratégico em 1927, quando ele decidiu (na verdade, foi obrigado) encerrar a produção do Modelo T. Para a compreensão dos fatos, é preciso retornar a 1918, quando Alfred Sloan Jr. (1875-1965) tornou-se vice-presidente da General Motors, que fora fundada por William Durant em 1908.

Alfred Sloan Jr., ao se tornar um dos principais executivos da General Motors (chegando à presidência em 1923), deu continuidade ao projeto de consolidação organizacional desenvolvido por Durant, para tornar um conjunto de empresas isoladas numa eficiente companhia multidivisional. De acordo com o modelo criado por Durant, a General Motor era uma corporação (em linguagem moderna) formada por cinco Unidades Estratégicas de Negócios: a Chevrolet, a Oldmosbile, a Pontiac, a Buick e a Cadillac.

Em 1923, a General Motors tinha a estrutura organizacional mais avançada da época, era descentralizada e contava com um excelente sistema de controle financeiro. A empresa tinha um bom conceito de gestão, mas não possuía um conceito de negócio: mais especificamente, qual deveria ser sua estratégia competitiva? Em especial, seria possível enfrentar a todo-poderosa Ford e seu campeão de vendas, o Modelo T? O tamanho do desafio era enorme: naquele ano, o consumidor americano havia comprado 2,1 milhões de Modelos T, contra 454,4 mil unidades do Chevrolet, a qual fora adquirida pela General Motors em 1918. Para os analistas da época, era praticamente impossível enfrentar a Ford no segmento de veículos de baixo preço. Nenhuma empresa participante da indústria automobilística havia descoberto como concorrer com a Ford.

Para os participantes da indústria automobilística, o desafio pode ser resumido da seguinte forma: era preciso encontrar um novo espaço competitivo, criar uma nova proposição de valor para os clientes e explorar novas oportunidades. Alfred Sloan Jr., que tinha como principal objetivo transformar a General Motors em líder de mercado, imaginava ter encontrado o caminho para aproveitar uma nova janela de oportunidade. Sloan, diferentemente de outros empresários do setor, era formado em Engenharia Elétrica pelo MIT e um estudioso e defensor da administração científica. Em 1919, havia escrito um relatório intitulado "Organization Study" (Estudo de Organização), que seria utilizado como referência para o desenvolvimento da *política gerencial* e da *política de produtos* da General Motors nos anos seguintes.

A estratégia da General Motors foi construída peça a peça, como o engenhoso trabalho de um artesão. Em primeiro lugar, era preciso fazer uma leitura diferente do cenário dos negócios. No início dos anos 1920 (*Roaring Twenties*, os loucos anos 1920, na linguagem dos sociólogos), a sociedade americana, com um perfil mais urbano, apresentava um poder aquisitivo mais elevado e um estilo de vida mais sofisticado. Era bem diferente daquela de 1908, com uma população predominantemente rural, que era considerada segmento-alvo do Modelo T, e que deu início à revolução do automóvel como um eficiente meio de transporte.

Agora, a população tinha facilidade de acesso aos novos aparelhos elétricos, aos utensílios domésticos, às roupas prontas, podia realizar suas compras em lojas de departamentos a preços atrativos e obtinha crédito. A frota de automóveis de passeio nos Estados Unidos crescia rapidamente, atingindo a marca de 11,9 milhões de veículos em 1923, com uma produção de 3,6 milhões de unidades. Era um mercado em transformação. Os consumidores de automóveis ansiavam por novidades.

Em segundo lugar, a nova estratégia competitiva precisava levar em consideração que o sistema de produção da Ford e a força do Modelo T, no segmento de baixo preço e produto padronizado, não poderiam ser atacados de frente. Era preciso perceber quais eram as vulnerabilidades da liderança da Ford no mercado e, mais especificamente, encontrar qual era o ponto fraco, que estava associado a seu ponto forte. Sloan que descobriu, o ponto fraco estava no conceito de um veículo universal, produzido em grande escala, com um modelo de automóvel sem variações (estático), a um preço cada vez mais baixo e para um mercado de massa. Em síntese, para Sloan, a estratégia inflexível da Ford, que lhe possibilitara supremacia de mercado desde 1908, estava levando a empresa para uma armadilha conceitual e tecnológica.

Em terceiro lugar, era preciso aproveitar os pontos fortes da General Motors como uma corporação, em especial a amplitude de sua linha de automóveis produzidos pelas Unidades de Negócios: a Chevrolet (454,4 mil unidades), a Buick (200,7 mil), a Pontiac (35,8 mil), a Oldmosbile (35,7 mil) e a Cadillac (22 mil), em 1923. Entretanto, isso somente seria possível se a General Motors desenvolvesse uma nova política de produtos. A hipótese era que a indústria automobilística entraria numa nova fase, em que o consumidor seria conquistado por uma linha de carros de melhor qualidade, com um amplo escopo de valor, indo do modelo básico ao modelo de classe e com uma diversidade crescente de produtos.

De acordo com Sloan, "a essência da política de produtos está em seu conceito de produzir em massa uma linha completa de carros de graduação crescente em qualidade e preço". Nesse sentido, as Unidades Estratégicas de

Negócios iriam oferecer ao consumidor uma ampla linha de carros, traduzidas em seis modelos-padrão, com uma faixa crescente de preços que iria variar de US$450 (um Chevrolet) a US$3.500 (um Cadillac), de acordo com o perfil do cliente.

A nova política de produtos da General Motors não visava enfrentar diretamente o forte posicionamento competitivo da Ford no segmento de preço baixo; ela apresentava um alcance muito maior: diferenciava nitidamente a General Motors dos demais fabricantes de carros. As Unidades Estratégicas de Negócios posicionariam seus automóveis no limite superior de preços, com uma qualidade (valor percebido) que pudesse atrair os clientes da faixa de preço-valor imediatamente abaixo. Dessa forma, um cliente que havia comprado um Chevrolet (seu primeiro carro) seria estimulado a comprar um Buick, subindo na escala até ter a possibilidade de adquirir um Cadillac. A ideia era fortalecer a imagem de marca da General Motors, com uma amplitude maior de veículos, oferecendo mais para os clientes do que a Ford, pelo capital investido.

Alfred Sloan Jr. definiu a nova estratégia competitiva da General Motors de uma forma simples e clara: um carro para cada bolso e cada finalidade (*a car for every purse and purpose*). Essa estratégia apresentava um forte contraste com a famosa afirmação de Henry Ford, de que "o consumidor pode escolher o carro na cor que quiser, desde que seja preto". O confronto entre duas culturas estratégicas, completamente diferentes entre si, seria decidida pelo cliente entre 1923 e 1927.

O que chama a atenção nessa situação é que nenhum dos fabricantes de carros dos Estados Unidos adotou uma estratégia de imitação dessas duas alternativas estratégicas, por dois motivos: de um lado, nenhum dos concorrentes tinha a coragem de enfrentar a estratégia vitoriosa e clássica da Ford e, de outro, nenhuma empresa automobilística acreditava que a inovadora estratégia da General Motors iria funcionar.

A estratégia de negócios da General Motors, sintetizada na frase um carro para cada bolso e cada finalidade, foi elaborada tomando-se por base quatro temas estratégicos: a venda a prazo, o carro usado como parte do pagamento, a carroceria fechada e o modelo do ano. Esses temas estratégicos refletem a grande transformação por que passou a indústria automobilística americana e representam um divisor de águas entre o antigo formato do negócio de carros (que predominou até meados dos anos 1920) e o novo formato, que estava em sua fase inicial de desenvolvimento.

O **tema estratégico venda a prazo** estava relacionado com a facilidade de acesso ao crédito pelos clientes não só comprar seu primeiro automóvel, mas principalmente pela possibilidade de comprar um carro de maior qualidade, melhor estilo e mais sofisticação. Vender automóveis com oferta de crédito tornou-se um importante fator de diferenciação e de alavancagem das receitas. Para aproveitar melhor essas oportunidades, foi criada uma nova Unidade Estratégica de Negócios, a GMAC (General Motors Acceptance Corporation), que tinha por finalidade financiar não só os clientes da empresa, mas também a rede de revendedores. Dessa forma, gradativamente os clientes passaram a ter maior interesse em financiar suas compras e, em 1925, a venda de automóveis a prazo já representava 65% do total.

O *tema estratégico carro usado como parte do pagamento* estava relacionado com o objetivo de estimular os proprietários de automóveis a utilizar seu veículo usado como parte do pagamento de um automóvel novo ou de uma classe superior de preço e estilo. Os proprietários de carros usados se transformaram num novo e importante segmento da indústria automobilística. Até aquele momento, como a indústria automobilística ainda estava em fase de crescimento de seu ciclo de vida, praticamente só existia o segmento de compradores do primeiro carro. Uma importante consequência desse fato foi o surgimento de um mercado de trocas de carros usados que estimulou o crescimento do número de revendedores do setor.

O *tema estratégico carroceria fechada* estava associado ao objetivo de expandir o uso do automóvel durante todo o ano (independentemente da estação climática) e torná-lo mais confortável, com melhor estilo e maior potência. A introdução da carroceria fechada e sua rápida aceitação pelos consumidores (em 1927, esse segmento já representava 82% dos carros de passeio vendidos) provocaram forte impacto nas vendas do Modelo T, que era um projeto de carro aberto e chassis leve. A introdução da carroceria fechada na linha de produtos da General Motors favoreceu principalmente o Chevrolet, que passou a ser mais competitivo que o veículo da Ford. As vendas do Chevrolet evoluíram de 293,8 mil unidades em 1924 para 940,3 mil em 1927, ano em que, surpreendentemente, o Modelo T saiu de produção.

O *tema estratégico modelo do ano* estava associado ao objetivo estratégico de incorporar aos automóveis novas características, novas tecnologias e novos estilos, praticando preços competitivos. O conceito do modelo do ano era um contraponto ao modelo estático da Ford. A mudança anual de modelos exigia elevados investimentos no projeto de engenharia, no estilo e em tecnologia. Além disso, elevava o risco do negócio, uma vez que o novo modelo poderia não atender às expectativas e aos gostos dos consumidores, sempre em transformação, o que comprometia o retorno sobre o investimento.

Os quatro temas estratégicos selecionados pela General Motors (venda a prazo, carro usado como parte do pagamento, carroceria fechada e modelo do ano) ilustram como a estratégia competitiva é um conjunto de atividades que devem se reforçar mutuamente, conforme proposto por Michael Porter. Outra importante lição é o comprometimento de Alfred Sloan Jr. (presidente da corporação), da diretoria da General Motors e da equipe de colaboradores no processo de formulação e de execução da estratégia. Finalmente, ao mudar as bases da competição do negócio de automóveis, de um modelo estático (Modelo T) para a mudança anual de modelos (linha de produtos das Unidades de Negócios), a General Motors assumiu a liderança mundial na produção de automóveis, posição que manteve até 2007, quando a Toyota conseguiu assumir a primeira posição, executando com sucesso sua inovadora estratégia competitiva.

Lições aprendidas com **Alfred Sloan Jr.**
O Desafio Enfrentado: criar uma linha de produtos para os diferentes segmentos da sociedade.
A Oportunidade: o surgimento de uma classe média urbana com elevado poder aquisitivo.
O Ponto Forte: a estrutura multidivisional de produção.
O Desconcertante: encontrou um ponto fraco no conceito de carro universal da Ford, com uma estratégia de preços diferenciados, modelos mais inovadores e luxuosos.
O Significado da Estratégia: criar um carro para cada bolso e cada finalidade.

3. Thomas Watson: A tecnologia da informação descobre a estratégia

A história da **IBM** nos permite compreender dois importantes momentos da evolução da estratégia dos negócios: o primeiro vivenciado por Thomas Watson Sr. (1874-1956), que fundou a empresa com uma ambiciosa visão estratégica: explorar as demandas do futuro, principalmente no processamento de dados, criando novos produtos para atender a novos campos de atividade. O segundo momento é representado pelo filho do fundador da IBM, Thomas Watson Jr. (1914-1993), que direcionou a empresa para a tecnologia da informação (computação digital).

A origem da **IBM** remonta a 1896, quando Herman Hollerith (1860-1929) fundou a Computing Tabulating Recording (CTR), que tinha como missão desenvolver o negócio de processamento de dados, utilizando cartões perfurados e máquinas elétricas. Thomas Watson Sr., que possuía uma excelente reputação no mercado como vendedor e motivador de equipes comerciais, entrou na CTR em 1914 como principal acionista e na função de presidente. Em pouco tempo, com o lançamento de novos produtos e com forte ação comercial, as vendas da empresa dobraram, atingindo US$20 bilhões no início da década de 1920. Thomas Watson Sr., vislumbrando o grande potencial do negócio de processamento de dados, mudou o nome da empresa para **International Business Machine** em 1924. Nascia a **IBM**.

Nos dias de hoje, muitos empresários, executivos e empregados perguntam se vale a pena dedicar esforços para definir qual é o negócio ou qual é a missão de uma empresa, em seu processo de planejamento estratégico. Para Thomas Watson Sr. (e depois para seu filho), a resposta era evidente: uma boa definição de negócio, além de dar foco à organização, permitiria o aproveitamento das melhores oportunidades e a conquista dos principais clientes muito antes dos demais concorrentes. Com essas ideias em mente, Thomas Watson Sr. definiu que o negócio da IBM era o processamento de dados.

O negócio de processamento de dados beneficiava os clientes de duas formas: em primeiro lugar, a tecnologia e os produtos da IBM possibilitariam cortar os custos de atividades não produtivas e melhorar o controle das informações da organização; em segundo lugar, reduziriam o trabalho das pessoas nas atividades de coletar, processar e organizar as informações, liberando boa parcela de tempo dos empregados, para que dedicassem às atividades que criavam maior valor para o negócio.

Thomas Watson Sr. também teve a preocupação de criar uma ideia unificadora que possibilitasse o alinhamento dos empregados em torno da visão estratégica da IBM. A ideia-guia escolhida foi **Think** (Pense), que logo se transformou na marca registrada da empresa. Think tornou-se uma importante mensagem de vendas e um importante fator de união da empresa. Think não estava associado a uma teoria ou a um pensamento abstrato; ao contrário, simbolizava uma máquina de pensar, uma tecnologia que processava dados e realizava complexos cálculos com rapidez, economizando trabalho não produtivo.

A máquina de fazer negócios, que era a IBM, foi muito favorecida pelas mudanças que ocorreram no ambiente regulatório dos Estados Unidos. Com a promulgação da Lei de Seguridade Social (1935) e a Lei do Salário-Hora (1937), as empresas passaram a ter a necessidade de realizar uma grande quantidade de cálculos para atender à legislação (a força de trabalho atingia

26 milhões de trabalhadores), o que gerou uma grande demanda para as máquinas de tabular e de cartão de ponto da IBM. Para as empresas e instituições americanas, qualquer erro na contabilidade gerencial ou atuarial poderia traduzir-se em elevados custos. Para minimizar esse risco, era melhor comprar ou – o que parecia mais vantajoso – fazer o leasing de uma IBM.

Como a maioria dos empresários e executivos focados na estratégia, Thomas Watson Sr. também estava preocupado em desenvolver uma cultura organizacional baseada em alguns princípios. Nesse sentido, desenvolveu as Crenças Básicas da IBM (Carta de Valores), assim resumidas: Excelência em tudo que fazemos; Serviços aos clientes de qualidade superior; e Respeito pelo indivíduo. Como veremos, esses valores foram fundamentais para o desenvolvimento da IBM, que, na década de 1940, já era um ícone norte-americano, com um faturamento de US$40 milhões. Entretanto, na década de 1980 esse credo foi considerado por Louis Gerstner Jr, presidente da empresa a partir de 1993, um dos principais fatores que dificultaram a adaptação da empresa ao novo mundo dos computadores pessoais.

Do ponto de vista estratégico, a IBM também pode ser considerada um excelente exemplo da sucessão familiar dentro das organizações. Quando o fundador da empresa resolve se aposentar, o comando deve ir para a pessoa (ou grupo de indivíduos) com as competências necessárias para formular e executar uma estratégia que possibilite o crescimento sustentável do negócio, no longo prazo. O indivíduo não deve ocupar o principal cargo da empresa apenas por herança, mas sim pela sua visão estratégica e capacidade de liderança. Foi exatamente o que aconteceu na IBM quando o Watson Jr. assumiu a presidência da empresa no lugar de seu pai, em 1956. Nesse ano, as receitas da IBM atingiram US$734,5 bilhões, com um lucro de US$68,8 milhões. A empresa ocupava a 48ª posição no ranking das 500 Maiores da revista *Fortune* e detinha 65,3% de participação do mercado mundial de computadores.

Thomas Watson Jr., que retornou à IBM em 1947, foi preparado durante muitos anos para se tornar o presidente da companhia, sendo seu coaching Charles Kirk, um talentoso profissional de vendas, considerado o executivo número 2 da empresa. Watson Jr., em flagrante contraste com seu pai, percebeu que o mercado de tabulação e processamento de dados estava mudando. Uma nova empresa estava chamando a atenção do mundo empresarial: era a Remington Rand, pioneira no mercado de computadores, com sua máquina Univac (Universal Automatic Computer, lançada em 1952), a nova grande ideia de negócios (*the next big thing*, como chamam os empreendedores do Vale do Silício).

Curiosamente, James Rand, fundador da Remington Rand, desenvolveu o negócio de computadores, principalmente porque não conseguiu entrar no mercado de tabuladores devido ao quase-monopólio da IBM nesse setor de atividade. O Univac foi o primeiro computador a receber instruções via fita magnética de alta velocidade, em substituição aos cartões perfurados.

Nesse novo contexto empresarial, a IBM precisava redefinir seu negócio, mas ainda estava tão focada em seu modelo de negócio tradicional que não havia percebido as novas oportunidades no mercado. Isso pode ser demonstrado pela famosa frase do fundador da IBM: "Acho que, no mercado mundial, há lugar talvez para cinco computadores."

Entretanto, Watson Jr. tinha consciência de que a IBM deveria redefinir seu negócio como de computadores. Numa linguagem moderna, o filho do fundador da empresa formulou uma estratégia para criar um oceano azul no emergente mercado de computadores. Contrariando as previsões do fundador da IBM, havia nos Estados Unidos mais de 5 mil computadores em 1960, um mercado mil vezes maior do que ele havia previsto. A entrada da IBM no novo negócio ocorreu em 1953, com o lançamento do computador 701, também denominado Calculadora da Defesa e rapidamente considerado superior ao Univac. O computador 701, de acordo com a política comercial da IBM, era alugado pelo valor de US$24 mil por mês. Com a nova família de computadores, a IBM crescia cada vez mais, fortalecendo seu posicionamento competitivo no mercado. Mas o ponto de ruptura foi o desenvolvimento do computador mainframe System/360, lançado em abril de 1964.

Para os analistas do setor de tecnologia da informação, o lançamento do computador mainframe System/360 pela IBM foi considerado, para utilizar a manchete da revista *Fortune*, "uma aventura de US$5 bilhões e talvez o negócio mais arriscado dos últimos anos". De acordo com os especialistas, o investimento da IBM para o desenvolvimento do System/360 foi superior ao que os Estados Unidos fizeram no Projeto Manhattan, para o desenvolvimento da primeira bomba atômica.

Essa decisão da IBM pode ser considerada emblemática e capta perfeitamente a natureza de uma estratégia (formulação e execução integradas) de negócios:

- A estratégia representa uma inovação cognitiva para os clientes, para os concorrentes e para os investidores, que ficam surpreendidos com o movimento estratégico.
- A estratégia oferece um novo valor excepcional para os clientes.

- A estratégia estimula o desenvolvimento de uma tecnologia disruptiva e é por ela fortalecida.
- A estratégia representa uma hipótese de elevado risco em relação ao futuro, combinando imaginação e inovação com uma profunda análise das tendências da sociedade e dos negócios.
- A estratégia promove alinhamento das pessoas e das diferentes áreas da empresa.
- A estratégia representa uma ruptura com as preocupações essencialmente operacionais e de curto prazo.
- A estratégia exige que os líderes da organização não tenham medo de investir no futuro, desenvolvendo novas tecnologias, que, inclusive, ameaçam seu portfólio de produtos.

Além disso, a nova estratégia competitiva da IBM exigiu que ela desenvolvesse novas competências para suportar suas vantagens competitivas em hardware, software, vendas e serviços. De acordo com Louis Gestner Jr., com o mainframe System/360, a IBM introduziu no mercado a primeira família de computadores e periféricos completamente compatíveis. O computador foi construído com os inovadores circuitos internos de alto desempenho. Essa característica tornaria a máquina mais poderosa, mais confiável e menos cara do que qualquer outra disponível no mercado (o System/360 pesava 400 quilos, sua configuração original era de 7 megas de memória física e 128 kb de memória RAM).

Outro fator associado à nova estratégia competitiva da IBM foi a elevada relação entre risco e retorno. A nova família do System/360 tornava praticamente obsoleta a maioria das linhas de produtos da empresa, isto é, canibalizaria seus próprios produtos. Uma vez anunciado no mercado, o System/360 provocaria paralisação das vendas dos atuais produtos e serviços. Se o novo produto não tivesse sucesso, o futuro da empresa estaria completamente ameaçado.

Como Watson Jr. e a alta administração da IBM esperavam, o System/360 foi um grande sucesso. As receitas da IBM cresceram rapidamente, atingindo US$2,4 bilhões em 1965, com um lucro de US$333 milhões (rentabilidade de 13,8%) e com uma participação de 65,3% do mercado de computadores, muito superior ao segundo colocado, a Sperry Rand, com 12,1% do mercado. Em 1979, quatro anos após Bill Gates e Paul Allen fundarem a Microsoft e dois anos após Steve Jobs e Steve Wozniac terem introduzido o Apple II, o faturamento da IBM cresceu para US$9,4 bilhões, com lucros de US$3 bilhões (rentabilidade de 32,3%) – um feito espetacular. Parecia que o principal desafio da IBM era continuar aumentando as vendas e os lucros, e aparentemente no horizonte não havia nenhum concorrente capaz de disputar sua posição de liderança.

> **Lições aprendidas com Thomas Watson Sr. e Thomas Watson Jr.**
>
> **O Desafio Enfrentado:** usar a tecnologia para eliminar o trabalho improdutivo, liberando tempo para as atividades com maior valor agregado.
>
> **A Oportunidade:** uma boa definição do negócio possibilita a exploração de novos espaços competitivos (tabulação de dados e tecnologia da informação).
>
> **O Ponto Forte:** a inovação de produto e a equipe de vendas.
>
> **O Desconcertante:** o valor do investimento para o desenvolvimento do computador System/360, estimado em US$5 bilhões.
>
> **O Significado da Estratégia:** explorar as demandas do futuro.

4. Jack Welch: A estratégia como uma revolução nos negócios

Uma das principais lições aprendidas com Jack Welch no comando da General Eletric, entre 1981 a 2001, é que a principal responsabilidade de um presidente de empresa é a de formular e executar uma estratégia para revolucionar a empresa. Quando Welch, aos 45 anos, assumiu o poder, em 1º de abril de 1981, a GE era uma das empresas mais lucrativas e mais admiradas dos Estados Unidos. Era uma corporação que, aparentemente, não precisava ser consertada – afinal, o faturamento havia evoluído de US$14,1 bilhões, em 1975, para US$27,2 bilhões em 1981, com um crescimento médio de 11,6% ao ano. Os lucros, por sua vez, cresceram de US$688 milhões para US$1,65 bilhão, no mesmo período, com um crescimento médio de 24,6% ao ano. Ao mesmo tempo, o número de empregados cresceu apenas 6,3% no período, alcançando 404 mil pessoas.

A General Electric, fundada por Thomas Alva Edison em 1879, era um ícone nacional e uma das empresas mais admiradas do mundo. Entretanto, ao olhar para a GE, os analistas, os observadores externos e mesmo os acionistas, em contraste com Welch, não enxergavam a mesma realidade. Onde os de fora da corporação viam forças, Welch via as fraquezas da organização. Para os de fora, a GE era uma empresa inovadora; para Welch, era uma corporação burocrática; para eles, a GE tinha o melhor staff de planejadores dos Estados

Unidos; para Welch, os planejadores inibiam as iniciativas e assumiam as responsabilidades sobre a gestão dos negócios no lugar dos executivos da linha de frente. E, enquanto para o grupo de fora, a GE seria uma das empresas de sucesso do século XXI, para Welch a corporação não estava suficientemente preparada para enfrentar a concorrência global com seu então portfólio de negócios.

Em síntese: a GE não era uma corporação de classe mundial nem possuía uma estratégia competitiva que lhe permitisse alcançar esse objetivo. Jack Welch, como líder da GE e uma pessoa focada na estratégia, nos oferece uma das melhores ilustrações sobre qual é o significado da estratégia no mundo dos negócios.

De acordo com Welch, o ponto de partida de uma estratégia é a criação de uma visão de futuro da corporação, a partir de ideias revolucionárias e de uma aguçada leitura da realidade (cenário dos negócios), de acordo com o que ela é hoje (e irá se tornar no futuro), e não de acordo com aquilo que os executivos desejam que seja. Para Welch, a visão é o despertar de uma nova consciência sobre o potencial de criação de riqueza de um negócio. É também o pontapé inicial de uma revolução organizacional que irá liberar a imaginação, a energia intelectual e as atitudes das pessoas que trabalham na organização.

Para Welch, a principal responsabilidade de um líder é a criação de uma visão, de um projeto para o futuro da organização, que possa ser comunicado de forma simples, focado no cliente e entendido claramente por todos os empregados da corporação. Porém, é preciso não confundir visão estratégica com os números do negócio. Muitos executivos caem na armadilha de mensurar tudo na organização, mas entendem muito pouco a respeito da natureza dos negócios. Não é possível motivar e alinhar as pessoas falando apenas dos números que refletem os resultados do negócio, ou melhor, da atual estratégia em curso, seja ela explícita ou apenas tácita.

Nas palavras de Welch, "o pior de todo esse discurso sobre números é que eles têm pouco a ver a criação de uma visão ou a realização de uma missão, não instilam valores nos corações e mentes dos funcionários e não fornecem muita ajuda para se viver de acordo com aqueles valores ou executar a visão. Em suma, não se trata de uma filosofia gerencial, mas apenas de um modo de agitar a equipe".

Entretanto, essa *coisa* da visão não é algo que o líder possa tirar da cartola do mágico e mostrar às pessoas. A visão também não é o último modismo de negócios a ser aplicado mecanicamente na empresa. Ao contrário, a visão da qual a estratégia é construída precisa ser elaborada a partir de algumas poucas ideias, simples e profundas ao mesmo tempo, que possam ser tangibilizadas e interiorizadas pelos empregados da empresa. Quando os analistas de mercado de Wall Street perguntaram a Welch para onde a General Electric estava indo, o que seria a corporação no futuro e qual seria a estratégia competitiva, ele respondeu: "O fator que integrará e enriquecerá os muitos planos e as iniciativas descentralizadas dessa empresa não será uma *estratégia* central, mas uma *ideia* central – algum conceito básico simples que orientará a General Electric na década de 1980 e governará nossos diferentes planos e estratégias."

A busca e o foco de Welch em ideias centrais, ou temas abrangentes, têm como fundamento sua crença de que a estratégia é criada por ideias revolucionárias (e também pelo instinto visceral do empreendedor). Mais precisamente, a estratégia representa ideias revolucionárias em ação, as quais, por sua vez, acionam o motor econômico e de criação de valor do negócio. Foi com essas premissas em mente que Welch passou a liderar uma corporação com um portfólio de 350 negócios, agrupados em 43 Unidades Estratégicas de Negócios.

As ideias centrais, ou temas estratégicos, que Welch escolheu para revolucionar a GE e torná-la a empresa mais competitiva do mundo, são aparentemente simples (ele usou a inteligência para tornar o complexo em simples):

- Preservar os negócios em que a GE fosse a Número 1 ou Número 2, em termos de participação de mercado.
- Recuperar, fechar ou vender os negócios com baixa participação de mercado e baixo crescimento.
- Criar uma corporação com ausência de fronteiras, mais ágil e mais enxuta.
- Colocar no comando dos negócios líderes, e não administradores burocratas.
- Implementar um modelo de gestão que reconheça o lado intangível do negócio: a cultura, os valores, as atitudes e o aprendizado individual e coletivo.

Ao identificarmos as fontes em que Welch se inspirou para a escolha de suas ideias centrais, observamos uma preocupação central com a estratégia. Em primeiro lugar, temos os ensinamentos de Clausewitz (a estratégia não é uma ciência, nem pode ser reduzida a uma única fórmula) e principalmente os de Helmuth von Moltke (1848-1916). Welch, ao fazer uma nova leitura de Moltke, compreendeu que "a estratégia não é um longo plano de ação. É a evolução de uma ideia central em meio a circunstâncias em mutação contínua". Na visão de Welch, é por não ter compreendido nem respeitado esses princípios que muitas empresas de sucesso no passado estão fracassando no presente. Mais precisamente, em um mundo de competição globalizada, com rápidas transformações, a velocidade e a agilidade com que a empresa se adapta ao novo ambiente são fatores críticos para a sobrevivência e o sucesso.

Em segundo lugar, Welch reconhece o valor da troca de ideias com Peter Drucker, mais precisamente a pergunta muito difícil que ele formulava para empresários e executivos: "Se você ainda não estivesse no negócio em que está conduzindo, entraria nele hoje"? Se a resposta fosse negativa, Drucker complementava com mais uma árdua questão: "O que você vai fazer a esse respeito"? Welch encontrou uma desafiadora resposta: iria fechar, recuperar ou vender esses negócios. Welch recomendou aos líderes da GE que avaliassem os negócios a partir de três diretrizes estratégicas: os negócios precisavam apresentar um retorno real sobre os investimentos bem acima do mercado; precisam possuir (ou construir) uma vantagem competitiva distinta; e apresentar uma alavancagem a partir dos pontos fortes específicos da corporação.

Em terceiro lugar, Welch se inspirou nas metodologias analíticas da McKinsey (Matriz de Atratividade do Negócio *versus* Força Competitiva) e da Boston Consulting Group (Matriz de Participação de Mercado *versus* Crescimento). Para Welch, o fato de a GE ter forte presença nos negócios de eletrodomésticos de pequeno porte, ar-condicionado central, televisão e áudio, cabos, estações de rádio, semicondutores, entre outros, de nada adiantaria se eles não fossem atrativos para a realidade de negócios no século XXI. Além disso, um negócio considerado hoje vaca leiteira (elevado market-share, baixo crescimento e geração positiva de caixa) poderia transformar-se rapidamente num negócio abacaxi (pequena participação de mercado, baixo crescimento e déficit na geração de caixa). Welch também orientava os executivos para avaliarem os negócios a partir de três importantes medidas: satisfação do cliente, satisfação do empregado e geração de caixa.

Com essas ideias em mente, Welch criou o conceito dos três círculos para a melhor visualização da estratégia, isto é, uma síntese do portfólio de negócios que a GE precisava ter para ser a empresa mais competitiva do século XXI: no primeiro círculo, estavam os negócios centrais da GE; o segundo círculo continha os negócios de alta tecnologia; e, no terceiro círculo, foram colocados os negócios relativos aos serviços. Esse conjunto de negócios seria cultivado. Já os negócios fora dos círculos seriam desativados.

Welch executou essa estratégia de desinvestimento rapidamente e de forma surpreendente: a GE se desfez de 117 negócios, no valor estimado de US$9 bilhões. Essas iniciativas foram complementadas com uma estratégia de aquisição de novos negócios, que totalizaram US$16 bilhões. O lado dramático dessa estratégia foi a forte redução da força de trabalho da GE, que passou de 404 mil empregados, em 1981, para 229 mil empregados em 1985, com a demissão de mais de 175 mil pessoas, complementada por uma reestruturação dos níveis organizacionais, que passaram de 9 para 4 no mesmo período. E o mais curioso nesse processo de downsizing foi a eliminação da quase totalidade do burocrático staff de planejamento estratégico.

Welch era incansável na comunicação da estratégia da GE, sempre dando destaque ao que era prioritário. A troca de ideias era contínua. Na avaliação do potencial de um negócio em gerar valor para a corporação, Welch estimulava os líderes das Unidades de Negócios a darem respostas para as seguintes perguntas:

1. Como está o ambiente competitivo global de minha Unidade de Negócios?
2. O que meus concorrentes conseguiram realizar nos últimos três anos que agitou a dinâmica global?
3. O que a minha Unidade de Negócios fez em relação a eles nesse mesmo período?
4. Como os concorrentes podem me atacar no futuro?
5. Quais os planos de minha Unidade de Negócios para superar a concorrência?

A capacidade de síntese de Welch sobre a dinâmica dos negócios e sobre o foco na estratégia pode ser resumida na frase que proferia constantemente: "Minha função é decidir onde alocar recursos, investir capital e estimular ideias. O que faço como presidente se resume a isso." Tudo que o afastava das questões estratégicas da GE o aborrecia. Certa vez, numa entrevista coletiva, um analista de negócios lhe perguntou qual seria o impacto da flutuação do preço do cobre sobre os resultados da GE. Welch ficou furioso. Respondeu ao analista que isso era irrelevante, e que a pergunta certa a ser feita era qual o novo rumo (direcionamento estratégico) que o presidente daria para a corporação.

A rápida transformação do ambiente competitivo e a necessidade de se adaptar ao mundo da globalização convenceram Welch da necessidade de se investir na educação dos líderes e da GE. Os líderes precisavam criar novas ideias, conhecer melhor os clientes e enfrentar a burocracia. A corporação precisava elevar a produtividade, estimular a simplicidade e elevar a autoconfiança das pessoas. A GE se tornaria uma empresa sem fronteiras, removendo as barreiras existentes entre funções, níveis hierárquicos e áreas geográficas. Melhor ainda: a GE se transformaria numa organização que aprende, orientada para a aprendizagem estratégica.

A organização que aprende seria desenvolvida em Crotonville, o centro de educação da GE que dava treinamento avançado para cerca de 10 mil executivos da corporação por ano. Em Crotonville (uma das primeiras universidades corporativas do mundo), os líderes e empregados seriam capacitados para executar a estratégia da corporação e assimilar os novos valores da GE. A metodologia utilizada seria o aprendizado pela ação, em que as pessoas eram desafiadas a enfrentar e resolver os importantes problemas empresariais da companhia. O objetivo era maximizar o intelecto da organização, estimulando todos os empregados a tomar a iniciativa de apresentar novas ideias.

Para estimular e fertilizar as novas ideias na GE, Welch introduziu o Programa denominado Work-Out, isto é, uma iniciativa para eliminar o trabalho desnecessário, as tarefas absurdas e a burocracia na organização – e de forma rápida. Líderes e subordinados ficavam frente a frente e avaliavam como eliminar os procedimentos que não faziam sentido, as atividades que consumiam tempo excessivo e aquelas que agregavam pouco valor. Numa palavra, o Work-Out eliminava todas as atividades e estruturas que não geravam valor percebido pelo cliente.

Na GE liderada por Welch, o capital humano tinha como responsabilidade executar a estratégia da corporação. O capital humano também era considerado a principal fonte de vantagem competitiva. Por essas razões, a capacitação das pessoas, suas atitudes no trabalho e sua capacidade de produzir resultados eram fatores considerados cruciais. Para Welch, somente os clientes conquistados poderiam garantir os empregos. Nesse sentido, Welch introduziu um rigoroso sistema de avaliação de desempenho dos líderes e dos empregados, em que a força de trabalho era classificada em três categorias: A, B e C.

O profissional tipo A é aquele capaz de cumprir ou superar as metas da corporação. É alinhado com os valores da GE e apresenta alto potencial de desenvolvimento; a empresa tem interesse em cultivá-lo e incentivá-lo. O profissional tipo B nem sempre é capaz de atingir as metas, apresentando um desempenho mediano. Como esse perfil de empregado, está alinhado com os valores da empresa e será mantido, recebendo novas oportunidades para demonstrar sua competência. Já o tipo C é o empregado que não consegue atingir as metas e também não compartilha com os valores da GE. Esse perfil de profissional não tem lugar na corporação e deverá ser desligado.

As ideias centrais de Welch, a estratégia construída a partir das oportunidades emergentes de mercado e a organização orientada para a aprendizagem produziram resultados no período em que Welch foi o principal líder da GE. A trajetória de Welch é um dos melhores exemplos de como o valor de uma estratégia competitiva pode ser mensurada. Isso será feito pela comparação entre receita total, lucro, valor de mercado e produtividade (vendas por empregado) da GE entre 1981 e 2001, conforme mostra o quadro a seguir.

Valor criado pela estratégia de Welch na General Electric

Item de Comparação	1981: quando assumiu a empresa	2001: quando se aposentou
Receita Total (US$ bilhões)	27,2	129,8
Lucro Líquido (US$ bilhões)	1,6	12,7
Valor de Mercado (US$ bilhões)	12	407
Número de Empregados (Milhares)	404	341
Produtividade (US$ milhões)	67,4	380,6

Quando Jack Welch assumiu a presidência da General Electric, em 1981, teve dificuldade para apresentar aos jornalistas especializados de Wall Street qual seria a estratégia competitiva da corporação. Sua mensagem foi considerada muito abstrata, conceitual e com poucos números e gráficos. Algumas de suas afirmações, como querer tornar a GE a empresa mais competitiva do planeta, ou criar uma empresa sem fronteiras, ou ainda de ser a número 1 ou a número 2 em todos os mercados em que atuaria, pareceram genéricas demais. Os jornalistas saíram frustrados da reunião. Em 1982, logo após a onda de demissões na GE, a revista *Newsweek* o apelidou pejorativamente de Jack Nêutron, o executivo que eliminava as pessoas, mas preservava os prédios. Anos mais tarde, os resultados apareceram e, finalmente, os números apresentados pela estratégia de Welch ganharam visibilidade. Em 1999, a revista *Fortune* considerou "Jack Welch o Administrador do Século", um reconhecimento pelo cumprimento da missão de uma pessoa focada na estratégia.

Lições aprendidas com **Jack Welch**
O Desafio Enfrentado: formular e executar uma estratégia da GE para o século XXI, para que ela seja cada vez mais competitiva em um mundo cada vez mais globalizado.
A Oportunidade: a GE era uma das melhores empresas do mundo, com grande capacidade de geração de caixa e, por isso, com várias opções estratégicas para explorar.
O Ponto Forte: ser uma empresa de classe mundial com uma equipe gerencial altamente capacitada.
O Desconcertante: a formulação e execução de uma estratégia, aparentemente simples, orientada para a liderança de mercado e o desinvestimento de negócios tradicionais com baixo valor agregado.
O Significado da Estratégia: ser o número 1 ou número 2, ou então recuperar, fechar ou vender negócios abaixo desses parâmetros.

5. Bill Gates: A estratégia como a capacidade de criar o padrão da indústria

A história de Bill Gates (nascido em 28 de outubro de 1955) mostra a diferença entre uma estratégia criada pelo personagem central da revolução que ocorreu no setor dos computadores pessoais e uma estratégia elaborada por burocratas distantes das mudanças que estão ocorrendo no mundo real. Era a revolução dos jovens da contracultura, dos hackers (como Bill Gates e Steve Jobs) que se interessavam pelos novos brinquedos da tecnologia da informação, contra os executivos maduros, dos ternos azuis, que produziam computadores de verdade.

Bill Gates, desde a adolescência, interessava-se pela recém-criada linguagem BASIC, um conjunto de instruções para os principiantes em computação. Bill Gates e Paul Allen, seu colega de infância, sentiram-se tão atraídos pelos primeiros microcomputadores que decidiram desenvolver aplicações do BASIC e venderem para as primeiras empresas de informática. Como resultado desses esforços, criaram a Micro-soft (derivada das palavras *microcomputer* e *software*) em 4 de abril de 1975.

Ao se envolver cada vez mais com os microcomputadores, Gates percebeu a nova oportunidade que se descortinava com a possibilidade de criar e vender softwares. Numa linguagem atual, Gates desenvolveu uma inovação disruptiva ao antever que o aumento do poder de processamento de um chip (que dobraria a cada ano, segundo a Lei de Moore) viabilizaria o desenvolvimento de softwares cada vez mais rápidos. Contrariando a sabedoria convencional predominante no negócio de computadores, segundo a qual o valor do negócio residia no hardware, Gates apostou que o software era o negócio do futuro. Era a oportunidade (*the new big thing*) imperdível. Em suas palavras, "participar da revolução da microinformática desde os estágios iniciais parecia minha grande oportunidade, e eu não deixei que escapasse".

De acordo com Robert Kaplan e David Norton, os criadores do *Balanced Scorecard*, a estratégia é uma hipótese sobre o futuro, principalmente sobre como um novo negócio pode criar valor. Então, qual era a hipótese estratégica de Bill Gates? Era que o custo da computação poderia ser cada vez mais baixo e, em decorrência, haveria uma grande disseminação do uso de microcomputadores. Nesse novo contexto, o posicionamento estratégico da Microsoft era bem claro: iria desenvolver softwares para os fabricantes de computadores, aproveitando o contínuo barateamento da capacidade de computação. Dessa forma, Gates estava criando um *oceano azul*, uma *inovação de valor*, e iria fazer algo que ninguém estava fazendo.

A visão estratégica de Gates era de grande alcance e simplicidade: "Um computador em cada mesa e em cada casa." Essa visão do futuro começou a se tornar realidade quando, em julho de 1980, Jack Sams, executivo da IBM, procurou a Microsoft para o desenvolvimento de um novo software (e de um sistema operacional) para um computador pessoal que a Big Blue havia decidido lançar no mercado em menos de um ano.

A IBM, apesar de todo seu domínio no mercado de mainframes (os computadores de grande porte), em que produzia tanto hardware quanto software, não conseguia transferir suas competências essenciais em criação de softwares para a nova linha de computadores caseiros que desejava introduzir no mercado. Na verdade, a IBM estava atrasada em relação aos seus principais concorrentes, como Apple, Digital Equipaments, Compaq, Wang e Tandy, entre outras.

Apesar de ser um mercado de pequeno porte, comparado com o de mainframes, a IBM não poderia ficar fora do negócio de microcomputadores, que, aliás, ela já havia identificado na década de 1960. Em 1980, as receitas da IBM atingiram US$26,9 bilhões, com um lucro de US$3,4 bilhões. De acordo com W. Chan Kim e Renée Mauborgne, no mesmo ano, "cerca de duas dúzias de empresas venderam 724 mil computadores pessoais, gerando uma receita superior a US$1,8 bilhão. No ano seguinte, 24 outras empresas entraram no mercado e as vendas dobraram para 1,4 milhão de unidades, com uma receita de quase US$ 3 bilhões".

A solução encontrada para a IBM apressar sua entrada no negócio de computadores pessoais, reduzindo o atraso em relação aos concorrentes, foi terceirizar parte dos componentes do novo aparelho, junto a pequenas empresas que não iriam ameaçar a posição de liderança da IBM. Essa decisão também foi tomada devido à paralisia estratégica da elite intelectual da IBM. Ela não era capaz de enxergar ou entender um mundo diferente dos mainframes. A alta administração da IBM estava completamente envolvida com as questões organizacionais internas. Além disso, seu poder de barganha junto aos clientes e ao mercado possibilitaria a venda dos produtos que ela considerava importante para eles. Afinal, como dizia o jargão da época, "nunca ninguém havia sido demitido por comprar um computador IBM".

No início da década 1980, a nascente indústria de microcomputadores era muito fragmentada. Cada um dos inúmeros participantes de mercado tinha o próprio produto (hardware, software e componentes integrados) e eles não eram compatíveis entre si. Isso significava que, quando um cliente comprava um computador de determinada marca, ficava preso àquela arquitetura tecnológica, porque os aparelhos não tinham uma linguagem comum entre si. Os altos preços dos computadores introduziam mais um ingrediente para complicar a tomada de decisão dos clientes. Em consequência, os consumidores ficavam muito confusos a respeito de qual microcomputador comprar, o que, por sua vez, inibia o crescimento do mercado.

Bill Gates viu na falta de um padrão dominante na indústria de microcomputadores uma grande oportunidade. A oportunidade materializou-se com uma situação de negócio, quando a IBM decidiu usar um sistema aberto para a produção de seu computador pessoal e contratou a Microsoft para o desenvolvimento do novo software e do sistema operacional. Outra decisão da IBM que gerou forte impacto no desenvolvimento posterior da indústria de computadores foi a contratação da Intel para fornecer os microprocessadores de seu novo aparelho.

A estratégia de Bill Gates era transformar o software da Microsoft padrão da indústria de computadores. O objetivo estratégico de Gates era vender o novo software para a IBM a um preço baixo e, por outro lado, ter a liberdade de comercializar o produto para os outros participantes do mercado. Dessa forma, Gates definiu que o negócio da Microsoft era a criação de softwares – e não a produção de hardwares. E o mais importante: à medida que a IBM fosse conquistando, cada vez mais, participação de mercado, um volume maior de softwares da Microsoft seria vendido. A hipótese era que o PC (Personal Computer) da IBM seria a referência de mercado, e os demais fabricantes iriam produzir computadores compatíveis com o da IBM. Nesse caso, o padrão da indústria estaria estabelecido, com a Microsoft assumindo posição dominante no mercado.

A estratégia da IBM, por sua vez, era primeiro entrar e, logo em seguida, dominar rapidamente o mercado de computadores caseiros, como já acontecia com o de mainframes. O objetivo estratégico da IBM era comprar um software ao preço mais baixo possível, para melhorar a rentabilidade de seu microcomputador. A hipótese estratégica da IBM era: o maior valor (e o valor a ser apropriado) estava no hardware, onde estava seu domínio – e não na criação de softwares. Além disso, a IBM tinha 80% de participação de mercado de computadores, então não fazia sentido concentrar sua atenção naquilo que representava apenas 20% de mercado. Essa pequena concorrência poderia ser saudável para os negócios e para os clientes.

Para o melhor entendimento da intensidade da concorrência na indústria de computadores no início da década de 1980, podemos afirmar, de forma simplificada, que uma de suas principais características era a disputa pelo mercado entre as estratégias de uma empresa líder de mercado (a IBM) e de novos entrantes (Apple e Microsoft):

a) **A estratégia competitiva da IBM:** tinha como foco a produção de hardwares e softwares para mainframes e, de forma complementar, a transferência de tecnologia proprietária e de processos na produção de microcomputadores. A criação de softwares e outros componentes do microcomputador era terceirizada porque não eram considerados críticos para o sucesso do negócio.

b) **A estratégia competitiva da Apple:** tinha como foco a produção integrada de microcomputadores (hardwares e softwares) de alta qualidade, design estético, facilidade de utilização e uma experiência gratificante no uso do aparelho. A Apple utilizava um sistema proprietário fechado e não compatível com outros microcomputadores oferecidos no mercado – nesse sentido, era uma estratégia semelhante à utilizada, no passado, pela IBM no negócio de mainframes (em especial, a família System/360).

c) **A estratégia competitiva da Microsoft:** tinha como foco a criação de softwares e sistemas operacionais, numa arquitetura aberta, compatível com a maioria dos computadores produzidos no mercado. A ideia era produzir em larga escala e se transformar no padrão de mercado. As pessoas comprariam um PC compatível com o da IBM e teriam acesso à informação na ponta dos dedos com um software da Microsoft.

O lançamento do PC da IBM (modelo 5150) ocorreu em 12 de agosto de 1981. Finalmente, o Projeto Xadrez (codinome da IBM para seu projeto estratégico do computador pessoal), liderado por Don Estridge, chegava ao mercado. O sucesso do PC da IBM foi um sucesso imediato. A meta da IBM de vender 200 mil computadores pessoais em três anos foi superada rapidamente – esse número foi alcançado em 1982 (na época, a IBM vendia cerca de 25 mil mainframes por ano). Para se ter uma ideia do impacto que o computador pessoal provocou na vida das pessoas, basta lembrar que a revista *Time* considerou o computador a Personalidade do Ano de 1982.

O sucesso da IBM era demonstrado pelos indicadores de performance: em 1984, o faturamento da empresa atingiu US$46 bilhões, o lucro era de US$6,6 bilhões e a IBM se tornou a empresa mais valiosa do mundo, com US$72 bilhões de valor de mercado. No entanto, os analistas de mercado não prestaram muita atenção no fato de que, nos PCs da IBM (e das demais empresas de computadores), o sistema operacional era o **MS-DOS (Microsoft Disk Operating System)**. Quanto maior o número de computadores pessoais compatíveis com o IBM vendidos no mundo, maior o ganho da Microsoft.

Após se posicionar como o padrão da indústria de computadores, o direcionamento estratégico da Microsoft foi elaborado tendo em vista duas estratégias que se fortaleciam mutuamente.

A primeira era uma **estratégia de imitação,** em que Gates copiou, sem nenhuma crise de consciência, o software da Apple Macintosh, que Steve Jobs lhe mostrara em 1981. Ao tomar conhecimento da interface gráfica, da facilidade de uso do mouse e da simplicidade de interação do usuário com o computador, Gates, como o arquiteto-chefe de software da Microsoft, vislumbrou com muita clareza que a próxima fase da indústria seria a computação gráfica. Dessa forma, a Microsoft precisaria desenvolver um novo produto parecido com o da Apple, o qual foi denominado de Windows. Apesar das dificuldades para sua criação, com a nova interface gráfica do MS-DOS, o Windows foi lançado em agosto de 1993 e rapidamente se tornou o novo padrão da indústria de microcomputadores.

A segunda era uma **estratégia de diversificação de produtos,** com a ampliação da família de softwares, lançamento de novos produtos além do Windows, como um processador de textos (o Word), uma planilha eletrônica (o Excel), um programa de edição e exibição de apresentações gráficas (o Power-Point), bem como ferramentas de programação. Na ampliação de sua linha de softwares, a Microsoft não se preocupa em ser a primeira, ou a mais inovadora, mas sim em como identificar e adquirir novos conhecimentos e transformá-los em produtos.

A estratégia de imitação e a estratégia de diversificação de produtos da Microsoft, combinadas com o fato de ser o padrão da indústria de microcomputadores, permitem que a empresa desenvolva uma estratégia de Lock-in, isto é, uma estratégia em que a Microsoft aprisiona seus clientes em relação ao sistema Windows. Por meio da estratégia de Lock-in, a Microsoft, sem ter necessariamente o melhor preço, a melhor solução total ou o produto mais inovador, é capaz de tornar seu produto dominante no mercado.

Esse fato pode ser exemplificado com o surgimento da Internet e o atraso da Microsoft em perceber o significado da Web, e a demora no desenvolvimento de um produto para a entrada no mercado. A Netscape Communications, fundada por Marc Andreessen e Jim Clark, foi a primeira empresa a perceber a revolução que a Internet desencadearia na sociedade. Nesse sentido, foi pioneira ao introduzir o Navigator, o primeiro browser para acesso à rede, em dezembro de 1994.

Para superar seu *ponto fraco em tecnologia* e a *ameaça que um novo concorrente representava* no emergente negócio da Internet, a Microsoft introduziu o Explorer, seu navegador de acesso à rede, distribuído gratuitamente com o Windows 95. Com a guerra dos browsers decretada pela Microsoft, rapidamente as vendas do Navigator (que chegou a deter 84% do mercado) começaram a declinar, porque não era possível competir com um produto alternativo e gratuito que estava incorporado ao software padrão da indústria. Apesar de ter sido adquirida pela AOL (American On Line) em 2002, a Netscape não conseguiu sobreviver no mercado. Curiosamente, o Navigator deu origem ao Mozilla Firefox, um navegador de acesso à rede com código livre e que pode ser baixado gratuitamente pela Internet. Atualmente, o Mozilla Firefox é utilizado por cerca de 30% dos internautas do mundo.

Analisando a história da Microsoft, é possível observar uma trajetória de crescimento contínuo no negócio de alta tecnologia, no qual muitas empresas, investidores e executivos falharam. Também é possível ver uma pessoa focada na estratégia em ação. É uma personalidade controvertida, mas que ofereceu uma série de lições a serem aprendidas pelas pessoas interessadas em incorporar a estratégia em seu dia a dia de trabalho.

Em 2010, a Microsoft apresentou um faturamento de US$58,4 bilhões, um lucro de US$14,5 bilhões e um valor de mercado de US$260,1 bilhões. Esses indicadores de criação de valor mostram que a Microsoft sempre teve um foco muito claro de atuação. De acordo com Bill Gates, "a Microsoft é projetada para escrever excelentes softwares. Não fomos projetados para ser bons em outras coisas. Apenas sabemos como contratar, como gerenciar e como globalizar produtos de software".

Bill Gates não tem como objetivo estratégico tornar a Microsoft a corporação mais inovadora do mundo. Entretanto, devido a seu conhecimento e competências essenciais em tecnologia da computação, ela, de forma pragmática, assume a posição de seguidora de uma nova tecnologia, é uma organização que aprende e, rapidamente, busca a liderança de mercado. Bill Gates também demonstra muito sensibilidade estratégica – ele sabe como tirar proveito dos erros estratégicos dos concorrentes para fortalecer o posicionamento estratégico da Microsoft.

A experiência de Gates mostra a importância de os empreendedores e executivos entenderem o momento do negócio e, em especial, de perceber como as novas tendências tecnológicas abrem novas perspectivas de negócios. O sucesso da Microsoft – e isso precisa ser destacado – está associado à capacidade de Bill Gates formular e executar estratégias competitivas superiores a seus principais concorrentes de mercado. Em síntese, é a vitória de uma pessoa focada na estratégia.

Lições aprendidas com Bill Gates
O Desafio Enfrentado: participar da revolução da microinformática desde os estágios iniciais.
A Oportunidade: apostar que o software seria o negócio do futuro.
O Ponto Forte: capacidade de transformar o software da Microsoft em padrão da indústria.
O Desconcertante: convencer a IBM a comprar o software da Microsoft e ainda ter a permissão para vender a outras empresas do setor de informática.
O Significado da Estratégia: um computador em cada mesa e em cada casa, com um software da Microsoft.

6. Warren Buffett: A estratégia como uma filosofia de investimentos de longo prazo

Quando Warren Buffett (nascido em 30 de agosto de 1930), um dos maiores investidores da história dos Estados Unidos, foi convidado e não se interessou em entrar no Long-Term Capital Management (LTCM), parecia que ele havia perdido uma grande oportunidade de ganhar dinheiro. O LTCM foi criado em fevereiro de 1994, por John Meriwether, e tinha como diretores renomados pesquisadores como Myron Scholes (professor da Universidade de Stanford) e Robert C. Merton (professor da Univerdade de Harvard), que, posteriormente, ganhariam o Prêmio Nobel de Economia em 1997.

O LTCM era um fundo de arbitragem de ações que seria administrado pelos melhores mestres em finanças e gestores de risco do mundo. O LCTM (the financial technology company) tinha como investidores-alvo pessoas que pudessem aplicar US$100 milhões no fundo, no longo prazo. Em contrapartida, a proposição de valor era de um fundo de investimento praticamente livre de risco e com uma meta de rentabilidade superior a 30% ao ano. E foi o que, a princípio, aconteceu: em 1994, a rentabilidade foi de 28% livre de impostos (em 10 meses de operações); em 1995, o retorno foi de 43%; em 1996, atingiu 41%; e, em 1997, o ganho foi de 17%, já prenunciando a crise que logo viria. O LTCM, apesar de ser gerenciado por sofisticados modelos matemáticos de risco, por ganhadores do Prêmio Nobel de Economia, não suportou a eclosão da crise da moratória da Rússia (o surgimento de um Cisne Negro, nas palavras de Nassim Taleb) e acabou quebrando com um prejuízo de US$3,5 bilhões em outubro de 1998.

Warren Buffett não declinou apenas do convite do LCTM, ele também não confiava nos sofisticados modelos acadêmicos de investimentos. E o mais instigante de tudo: não tinha o menor interesse em investir nas nascentes empresas de tecnologia da informação e de serviços da Internet. Quando ocorreu o boom das chamadas empresas pontocom, entre 1997 a 2000, parecia que ele havia perdido mais uma nova oportunidade de aumentar seu patrimônio financeiro. Mais precisamente, para os analistas de Wall Street, parecia que Buffett estava ultrapassado e perdendo dinheiro: enquanto o valor patrimonial da ação da Berkshire (empresa de investimentos de Buffett) aumentou apenas 0,5%, em 1999, o índice das ações da Nasdaq evoluiu 85,6% no auge das novas empresas da Internet. Por que Buffett não estava aproveitando essas oportunidades?

Entretanto, quando analisamos o portfólio de investimentos de longo prazo de Warren Buffett, verificamos que ele obteve excelentes resultados e construiu uma grande fortuna como investidor. De acordo com Janet Lowe, autora do livro *Warren Buffett: lições do maior de todos os investidores*, no período compreendido entre 1964 e 2006, o valor patrimonial das ações da Berkshire (companhia holding de Buffett) evoluiu 361.156%, com uma média de 21,5% ao ano. Esse desempenho é muito superior ao apresentado pelo índice S&P 500 da Standard & Poor's, que, no mesmo período, cresceu 6.479%, com média de 10,5% ano.

Mas, apesar de haver perdido oportunidades aparentemente óbvias de ganhar dinheiro, qual é o segredo do sucesso de Warren Buffett? O que ele fez, em termos de investimentos, durante todos esses anos para construir seu patrimônio, que o tornou um dos homens mais ricos do mundo? Existe uma fórmula mágica? De acordo com a revista *Forbes* (de 10 de março de 2011), Warren Buffett era a terceira pessoa mais rica do mundo, com uma fortuna estimada em US$50 bilhões, vindo logo após de Bill Gates e de Carlos Slim Helu.

A resposta é aparentemente simples: Warren Buffett, como uma pessoa focada na estratégia, formulou e executou uma filosofia de investimentos baseada em poucos (e profundos) princípios, aos quais ele se manteve fiel ao longo de sua vida. A estratégia de investimentos de Buffett, de tornar simples o complexo, pode ser resumida nos seguintes pontos principais:

1. O investimento de valor é em empresas reais, e não apenas em papéis.
As ações, as metodologias de gestão de portfólios e os índices de risco como o cálculo do *beta* de uma ação são apenas abstrações que podem iludir as pessoas mais ingênuas. Buffett estabelece uma grande diferença entre um *investidor-empresário* e um *especulador* de ações. Buffett adotava rigorosamente a distinção feita por seu mentor, Benjamin Graham, entre investimento e especulação: "Uma operação de investimento é aquela que, após análise profunda, promete segurança do capital investido e retorno adequado. As operações que não atendem a essas condições são especulativas." Buffett, ao investir em determinada empresa, está preocupado em identificar qual é seu valor intrínseco e qual é seu valor potencial no longo prazo.

O valor intrínseco está associado à capacidade de a empresa gerar caixa, a partir da execução de sua estratégia competitiva; à previsibilidade de vendas dos produtos e serviços (o potencial de crescimento, sem sazonalidade); à saúde financeira da empresa em si, e não à sua capacidade de alavancagem financeira; e ao retorno sobre o patrimônio líquido acima da média de mercado (mais precisamente, o lucro por ação em relação ao patrimônio líquido).

O objetivo de Buffett era comprar uma empresa a um preço abaixo de seu valor intrínseco e com duradoura vantagem competitiva, realizando, dessa forma, um bom negócio. Conforme Buffett comentou em um de seus relatórios para os acionistas, "nossa meta como investidores deve ser simplesmente comprar, a preços razoáveis, negócios facilmente compreendidos, cujos lucros serão, com certeza quase absoluta, concretamente mais altos em 5, 10 ou 20 anos". Para Buffett, o lucro acontecia no momento em que a compra da empresa era benfeita.

O valor potencial, por sua vez, está associado ao investimento inteligente nos ativos da empresa; à baixa mudança tecnológica nas operações da empresa, porque, nesse caso, não seria preciso fazer contínuos investimentos em novos ativos; e à capacidade de gestão e de produzir resultados da alta administração da empresa.

Além disso, para Buffett, as pessoas que iriam comandar o negócio deveriam ser éticas e zelar pelo patrimônio dos acionistas da empresa. Melhor ainda: os administradores deveriam comportar-se como se fossem os donos das empresas que dirigem. Em síntese, Buffett se utilizava da inteligência competitiva para realizar um diagnóstico estratégico da empresa a ser adquirida, a fim de identificar a superioridade competitiva dela em relação a seus principais concorrentes.

2. O investimento deve ser feito no círculo de competências do investidor, isto é, nos negócios de fácil entendimento das pessoas, que estejam dentro de sua área de conhecimento financeiro e intelectual, e com evolução da demanda quase previsível. O círculo de competências também está associado à experiência sobre o negócio, acumulada pelo empresário ao longo de sua vida. Para o investidor, pode significar o estudo concentrado em um pequeno grupo de empresas, com elevado potencial de rentabilidade.

De acordo com Buffett, negócios de fácil entendimento incluem: refrigerantes (Coca-Cola), cartão de crédito (American Express), jornais (Washington Post), seguros (Berkshire Hathaway), lâminas de barbear (Gillette), instituição financeira (Wells Fargo), além de empresas de casas pré-fabricadas, carpetes, roupas masculinas, botas, entre outras.

Por outro lado, Buffett considerava as empresas de computadores, de telecomunicações e de tecnologia da informação fora de seu círculo de competências. E, coerente com sua filosofia de investimentos, não comprou, por exemplo, ações da Apple, da Intel, da Microsoft, do Yahoo, da HP e da Texas Instruments. Para Buffett, essas empresas de tecnologia tinham poucos anos de existência, baixa curva de experiência e era quase impossível determinar se elas continuariam sendo atrativas no longo prazo. Segundo Buffett, o sucesso do investidor é tanto uma questão de conhecer um negócio quanto de reconhecer que não sabe a seu respeito, a fim de evitar grandes erros na seleção dos investimentos.

3. A concentração do investimento, num pequeno número de opções, é sempre preferível à diversificação, em várias alternativas. Ao contrário de muitos analistas financeiros, para Buffett diversificar não significa minimizar o risco, mas sim demonstrar desconhecimento sobre o potencial de ganho do investimento a ser realizado. Nas palavras de Buffett, "nós só nos concentramos em algumas excelentes empresas – somos investidores focados". No entendimento de Buffett, colocar os ovos em várias cestas aumenta – e não reduz – o risco. E o pior: não gera maior rentabilidade.

Para Buffett, "diversificação é uma proteção contra a ignorância e não faz muito sentido para aqueles que sabem o que estão fazendo". O investidor inteligente (focado) procura sempre ter acesso a informações relevantes sobre a situação da empresa a ser comprada, ou que irá receber aporte de capital. Buffett, além de investidor, é um grande estudioso das empresas que tem interesse em comprar. Ele lê todos os relatórios da empresa, em profundidade, e busca informações diretamente da fonte, conversando pessoalmente com os gestores, os fornecedores, os distribuidores e até mesmo com os concorrentes da empresa-alvo. Esse trabalho de inteligência competitiva, para a melhor compreensão do negócio, era o que possibilitava a Buffett comprar bons negócios, abaixo de seu valor real, e com uma significativa margem de segurança.

A margem de segurança é um dos princípios fundamentais da filosofia de investimentos de Buffett. A margem de segurança é a diferença entre o valor intrínseco de uma empresa e seu atual valor de mercado. O investidor, ao comprar uma empresa (ou uma ação) abaixo de seu valor intrínseco não só está protegendo seu capital (contra perdas), como também obtendo excelente retorno sobre o investimento. Ao contrário da sabedoria convencional, a margem de segurança mostra que nem sempre o risco está associado à recompensa – quanto maior o risco, maior o retorno. Segundo Buffett, essa mentalidade é um erro, e o investidor somente deve realizar a operação se suas expectativas de lucro forem positivas.

A margem de segurança é o resultado de uma série de fatores: o conhecimento da empresa (a ser comprada ou receber capital) e de suas vantagens competitivas duradouras; a capacidade de avaliar corretamente o valor de mercado da empresa (valor presente dos fluxos de caixa futuros, descontados a uma dada taxa de juros); a aversão de assumir riscos nas decisões de investimentos; o potencial de geração de lucros futuros sobre o patrimônio líquido; e a compra de empresas (ou de ações) atrativas a um preço abaixo de seu valor intrínseco. Buffett resumiu a ideia de margem de segurança da seguinte forma: "O preço é o que você paga, valor é o que você recebe."

4. A oscilação no preço de uma ação depende das condições de mercado e das emoções dos investidores. Buffett considera um equívoco a ideia de que o mercado de capitais é eficiente. Ele não acredita que os diferentes agentes econômicos têm acesso às mesmas informações, ao mesmo tempo, para a tomada de decisões sobre os investimentos. Nem sempre as informações públicas sobre uma empresa estão refletidas nos preços das ações. Para Buffett, as aparências enganam os investidores: afirmar que o mercado é com frequência eficiente é diferente de assumir que o mercado é sempre eficiente. A motivação, a capacidade de interpretação das tendências e a aversão ao risco varia de pessoa para pessoa. Além disso, as emoções do investidor também afetam seu grau de racionalidade.

Visando o melhor entendimento da dinâmica dos investimentos, Buffett recorre à metáfora do **Sr. Mercado**, desenvolvida por seu mestre, Benjamin Graham. O Sr. Mercado é uma espécie de sócio invisível dos investidores, mas que apresenta um comportamento imprevisível, oscilando entre o mais elevado otimismo e o mais acentuado pessimismo. Conforme assinalou Lawrence Cunningham, "o Sr. Mercado é temperamental, propenso a maníacas oscilações de humor, de alegria e desespero. Às vezes, ele oferece preços muito mais altos do que o valor; outras vezes, oferece preços muito mais baixos do que o valor. Quanto mais maníaco-depressivo ele for, maior é a diferença entre preço e valor e, portanto, maiores são as oportunidades de investimentos que ele oferece".

Outra importante contribuição de Buffett para as pessoas focalizadas na estratégia é o conceito de *imperativo institucional*. Ao analisar o comportamento de empresários e presidentes de corporações, Buffett notou que eles, muitas vezes, tomam decisões prejudiciais ao crescimento dos negócios. O imperativo institucional (ou o modelo mental, ou ainda, a sabedoria convencional) é revelado quando a alta administração da empresa toma decisões (ou deixa de tomar) sem nenhuma racionalidade e consistência estratégica. Os exemplos típicos do imperativo institucional são:

- A resistência à mudança ao direcionamento estratégico atual da corporação, mesmo quando os resultados estão abaixo de seu potencial de criação de valor.
- Uma estratégia de imitação cega dos concorrentes, mesmo quando isso pode ser prejudicial à solidez da empresa em curto, médio e longo prazo.
- Uma ansiedade para utilizar os fundos corporativos em projetos com viabilidade duvidosa (valor econômico agregado negativo).
- O apoio cego ao desejo do líder em relação a projetos de expansão, com a formulação de estratégias e a produção de números que justificam artificialmente o retorno sobre o investimento.

Buffett afirmava que tinha sucesso porque desempenhava duplo papel: era empresário e investidor. "Sou bom investidor porque sou empresário, e bom empresário porque sou investidor." Mas também gostava de ressaltar que ter um foco de ação, ser seletivo quanto às alternativas de investimentos e concentrar-se em poucas iniciativas era essencial para a criação de valor. Nesse sentido, Buffett é uma pessoa focada em sua filosofia de investimentos, focada na estratégia de negócios, focada naquilo que conhece e focada em tornar simples o que aparenta ser complexo.

A ***Governança Corporativa*** era outro tema estratégico que estava no centro das preocupações de Buffett. A estratégia de investimentos da Berkshire somente poderia ser realizada se fosse apoiada por uma consistente governança corporativa. Segundo Buffett, o presidente e os diretores de uma empresa deveriam assumir três importantes responsabilidades: pensar como proprietários ao tomar decisões empresariais, ser os guardiões do capital dos acionistas e ter sempre em mente os interesses dos acionistas – e não os interesses do quadro de diretores.

Para assegurar que isso acontecesse, Buffett gostava de afirmar: "Ao avaliar as pessoas, procure três qualidades: integridade, inteligência e energia. Se você não encontrar a primeira, as outras duas o matarão." O desafio do conselho de administração de uma empresa era assegurar que não haveria o chamado conflito de agência, quando os executivos têm interesses próprios e tomam decisões que entram em conflito com os interesses dos acionistas.

Outra preocupação de Buffett era a avaliação do desempenho do presidente da empresa, uma vez que ele não precisava reportar-se a ninguém da estrutura organizacional. Além disso, e o que era pior, muitas vezes o conselho de administração não tinha competência nem coragem para questionar as decisões estratégicas do presidente e da equipe de diretores. Em consequência, muitas empresas apresentavam resultados muito abaixo de seu pleno potencial de criação de riqueza para os acionistas.

Os presidentes e os diretores das empresas, que faziam parte do portfólio de investimentos da Berkshire, eram avaliados como se fossem os únicos proprietários da empresa sob seu comando; como se a empresa fosse o único patrimônio que possuíam; e como se a empresa não pudesse ser vendida num horizonte de 100 anos. Somente assim, seria possível "atuar em negócios que entendemos, administrados por pessoas de quem gostamos e a pelos atrativos em relação a suas perspectivas futuras".

Em 2006, Warren Buffett surpreendeu mais uma vez o mundo dos negócios ao comunicar sua nova estratégia: ele doaria 85% de sua fortuna (cerca de US$37 bilhões na época) para a filantropia. Como estava envelhecendo, afirmou que seu dinheiro teria melhor destino se ele fizesse uma doação de US$31 bilhões para a Bill & Melinda Gates Foundation, porque "ela se dedica a poucas questões sociais extremamente importantes, tem os objetivos corretos e se concentra em melhorar as condições de vida da humanidade ao redor do mundo, sem levar em conta gênero, religião cor ou geografia".

Buffett não só se identificou com a missão da Gates Foundation de "aumentar as oportunidades e igualdade para os mais necessitados", como também acredita que ela pode alcançar objetivos de grande impacto. Os resultados de grande impacto, nesse caso, são: a descoberta de uma vacina contra a Aids, a redução da fome, o tratamento de doenças como malária e tuberculose, além do investimento para a elevação da qualidade de educação nos Estados Unidos.

Lições aprendidas com **Warren Buffett**
O Desafio Enfrentado: criar uma filosofia de investimentos baseada em poucos (e profundos) princípios para criar riqueza.
A Oportunidade: realizar investimentos com alto valor intrínseco por um preço atrativo.
O Ponto Forte: capacidade de identificar excelentes oportunidades de negócios.
O Desconcertante: não realizar investimentos em negócios de alta tecnologia ou nos quais não se consegue entender seu funcionamento.
O Significado da Estratégia: realizar investimentos em empresas reais, e não em papéis.

7. Muhammad Yunus: A estratégia como capital social

Muhammad Yunus, nascido em 28 de junho de 1940, tornou-se banqueiro por acaso. Ele não tinha nem o objetivo nem uma estratégia para se tornar banqueiro. Yunus era professor de Economia na Universidade de Chittagong, localizada na aldeia de Jobra, em Bangladesh, e queria descobrir uma forma de utilizar seus conhecimentos para ajudar as pessoas mais pobres melhorarem sua condição de vida.

A oportunidade surgiu quando ele notou como os agiotas se aproveitavam das pessoas da aldeia que precisavam de um pequeno capital para trabalhar por conta própria – e ganhar seu sustento diário. Os pequenos artesãos, produtores e comerciantes recorriam aos agiotas, pagando taxas que variavam de 10% ao dia, ou por semana, para comprar diariamente as matérias-primas que necessitavam para produzir e vender bens e serviços. Era o ano de 1974, três anos após a independência de Bangladesh em relação ao Paquistão.

Yunus, indignado com as altas taxas de juros cobradas pelos agiotas, primeiro emprestou dinheiro de seu próprio bolso, menos de US$1 por pessoa, ou US$27 para um grupo de 42 pessoas. Em seguida, foi até o banco local para conseguir empréstimos para os moradores da aldeia que possuíam um micronegócio. Após explicar ao gerente do banco quem eram as pessoas que precisavam do dinheiro e o que faziam, recebeu uma resposta negativa: os bancos não emprestam dinheiro para as pessoas pobres, que não sabem ler e escrever, e que não são capazes de oferecer uma garantia real para o empréstimo. Nas palavras do agente do banco, essas pessoas pobres não eram merecedoras de crédito.

Antes de prosseguir com a estratégia desenvolvida por Yunus, que se transformou no banqueiro dos pobres, vale a pena comentar, brevemente, o que ocorreu no mercado de capitais mundial no final da década dos anos 2000. Bem distante de Bangladesh, no outro lado do mundo, nos Estados Unidos, ocorreria algo surpreendente, um verdadeiro cisne negro, denominado de crise financeira de 2008, que, de acordo com Joseph Stiglitz, colocou o mundo em queda livre.

Com o colapso financeiro de 2008, iniciado com a falência do banco Lehman Brothers em 15 de setembro do mesmo ano, uma série de crenças sobre o mercado de capitais foi derrubada: o mito da eficiência dos mercados livres que se autorregulam, não precisando de regulamentação; a ideia de que menos governo é melhor para a atividade econômica; e de que a busca do autointeresse pela elite do sistema financeiro seria suficiente para gerar benefícios para toda a sociedade.

Na avaliação de alguns analistas do mercado, a crise financeira de 2008 foi precedida não só pela falácia desses dogmas econômicos, mas também pela vitória da mentalidade ter ganância é bom, de Gordon Gekko (personagem do filme *Wall Street*), sobre a ideia de que a estratégia cria riqueza no longo prazo, de Michael Porter e de outros especialistas de negócios. Os interesses individuais e o pagamento de elevados bônus por resultados de curto prazo, independentemente de seus negativos efeitos colaterais, prevaleceram sobre a criação de riqueza no longo prazo e a prática da responsabilidade social empresarial.

Na origem da crise financeira de 2008, também não podemos deixar de levar em consideração: a inovação dos produtos financeiros (a securitização de ativos) e a proliferação dos derivativos; a falha na governança corporativa, em que a elevada remuneração dos executivos das instituições pelos resultados de curto prazo entravam em conflito com os interesses dos acionistas no longo prazo; e a negligência na avaliação da qualidade dos empréstimos pelas agências de classificação de risco, que consideraram operações financeiras de alto risco (os empréstimos subprime) produtos atrativos (classificação AAA).

Em síntese, de acordo com Joseph Stiglitz, "os mercados financeiros dos Estados Unidos não cumpriram suas funções essenciais perante a sociedade – administrar o risco, alocar o capital e mobilizar as poupanças, mantendo baixos os custos de transação. Ao contrário – criaram riscos, erraram na alocação do capital, encorajaram dívidas excessivas e impuseram altos custos de transação". Como resultado, o governo dos Estados Unidos foi obrigado a injetar no mercado financeiro grande volume de capital, concedendo elevados empréstimos aos banqueiros e aos dirigentes das instituições financeiras (os bancos eram muito grandes para quebrar), que, segundo o FMI, atingiram US$12 trilhões entre 2008 a 2009.

Retornando a Muhammad Yunus, ele continuava preocupado em como emprestar pequenas quantias para as pessoas pobres da aldeia de Jobra. Yunus tinha uma ideia na cabeça, mas ainda não havia formulado uma estratégia. Decidiu aprender na prática, realizando algumas iniciativas. De imediato, compreendeu que era preciso entender como as pessoas da aldeia viviam, como ganhavam seu sustento e por que eram tão pobres. Yunus, junto com alguns alunos do curso de Economia, começou a visitar a casa de alguns habitantes de Jobra.

Foi a partir dessas visitas aos habitantes da aldeia que Yunus percebeu o que acontecia. As pessoas pobres tinham algumas habilidades e competências que lhes permitiam conduzir micronegócios. Elas produziam de forma artesanal pequenos objetos, alimentos e doces caseiros. Entretanto, as pessoas não tinham o mínimo de capital para comprar, produzir, vender e lucrar com sua atividade econômica. Ao contrário, dependiam de agiotas ou de fornecedores de matérias-primas, que se apropriavam da quase totalidade do valor criado. Era um ciclo vicioso de dependência e pobreza.

Após ter uma compreensão geral da situação econômico-social, da condição de trabalho dos moradores de Jobra e da negativa do banco em realizar empréstimos para as pessoas pobres, Yunus tomou uma decisão: ele seria o fiador do empréstimo das pessoas da aldeia que havia conhecido. Na verdade, o banco emprestaria para Yunus, que depois repassaria para os aldeões pobres.

O gerente do banco ficou perplexo com a aprovação da operação. Yunus, ao contrário, teve sua expectativa realizada: as pessoas pobres, analfabetas e sem condições de oferecer uma garantia pagaram os empréstimos em dia e quitaram suas dívidas.

Essa experiência gerou uma importante lição para Yunus: os pobres não precisam de caridade (dependência de pessoas e governos), mas sim de meios para sobreviver por si próprios (autoexpressão e autoconfiança). Além disso, Yunus teve um novo insight: a experiência dos moradores de Jobra poderia ser expandida para as demais aldeias de Bangladesh. A estratégia sobre como realizar empréstimos para os pobres começava a tomar forma e foi construída com o foco em alguns temas estratégicos:

Tema Estratégico 1: O empréstimo será concedido a um grupo (rede social) de cinco pessoas. Yunus percebeu que o verdadeiro patrimônio dos pobres era seu próprio nome e sua boa imagem junto à comunidade. Para ele, crédito significa confiança. A ideia, ao constituir grupos para a concessão de empréstimos, era que os membros faziam parte uma rede social real (e não virtual) e seriam corresponsáveis pelos empréstimos uns dos outros. A participação em uma rede social provoca no indivíduo a sensação de segurança. Mais importante ainda: os empréstimos seriam realizados para as mulheres como uma forma de assegurar que o dinheiro seria utilizado pela família.

Tema Estratégico 2: A educação financeira como condição para a concessão do empréstimo. Antes de ser aceito no grupo, cada pessoa (mulher) precisava passar por todo um processo de educação e treinamento, para que tivessem melhor consciência sobre a finalidade do empréstimo (em que atividade o dinheiro será aplicado), as condições de pagamento (as parcelas seriam pagas diariamente ou semanalmente) e a corresponsabilidade pelo pagamento. O treinamento também tinha por finalidade mostrar às pessoas qual era a missão da instituição financeira que estava sendo criada.

Tema Estratégico 3: O desenvolvimento econômico em escala individual. A valorização do trabalho do indivíduo autônomo está no centro da concessão do crédito. O objetivo é utilizar os conhecimentos, as habilidades e as atitudes que a pessoa já possui para gerar alguma receita em prol de sua sobrevivência e melhoria das condições de vida. Por esse motivo, o empréstimo é direcionado para atividades que possam gerar retorno imediato para o trabalhador autônomo. Num primeiro momento, o dinheiro não deve ser direcionado para o treinamento e a formação profissional do indivíduo. Ao contrário, o microcrédito é aplicado no capital humano, enquanto o capital social que o indivíduo (pobre) já possui será utilizado, de imediato, para gerar receitas para melhorar sua atual condição de vida.

Tema Estratégico 4: O microcrédito como instrumento para a redução da pobreza. A ideia é que o acesso dos pobres ao dinheiro é o primeiro passo para eles saírem da miséria. E é o microcrédito que desempenha essa função. O microcrédito vem antes da educação, do treinamento profissional, do investimento em infraestrutura e do crescimento econômico para retirar parcelas significativas da população da pobreza. A hipótese é que as pessoas pobres já reúnem algumas habilidades que lhes permitem gerar receitas para melhorar sua condição de vida. O que lhes falta é um pequeno capital para desenvolver suas atividades profissionais. O pobre é um empreendedor em potencial. Porém, está excluído do sistema financeiro exatamente por ser pobre e não digno de confiança para realizar empréstimos.

Uma operação de microcrédito é relativamente simples: o empréstimo é concedido a pessoas que já sabem como aplicar o dinheiro em seu trabalho autônomo; a atividade profissional tem a capacidade de gerar receitas e lucros quase imediatamente; o valor dos empréstimos é pequeno, variando entre US$40 a US$150, podendo ser pago em parcelas diárias ou semanais, e não é preciso oferecer garantia alguma.

A estratégia executada por Yunus, a partir de 1974, produziu um efeito multiplicador na economia das aldeias de Bangladesh. Os excelentes resultados culminaram com a autorização para o funcionamento do Banco Grameen (Banco da Aldeia ou Village Bank), um banco exclusivo para os pobres, em setembro de 1983. Numa linguagem moderna, o direcionamento estratégico do Banco Grameen pode ser sintetizado da seguinte forma:

- A missão do Banco Grameen é "fornecer microcrédito de forma acessível para capacitar financeiramente os empreendedores de baixa renda".
- A visão de futuro é "ajudar a criar um mundo livre da pobreza".
- A proposição de valor é "promover o crédito como um direito humano".
- Os objetivos estratégicos podem ser sintetizados em: facilitar acesso ao crédito para mulheres e homens pobres, eliminar a exploração dos pobres pelos agiotas e criar oportunidades de autoemprego para os habitantes das aldeias de Bangladesh.

Em seus 28 anos de existência, o Grameen conquistou resultados extraordinários: é um banco autossuficiente, todos os seus fundos provêm de depósitos (não recebe doações desde 1995), é uma instituição financeira e social lucrativa, concedeu empréstimos a 8,4 milhões de pobres, 97% dos tomadores de empréstimos são mulheres e o índice de inadimplência é inferior a 2%. Atualmente, o Grameen empresta cerca de US$100 milhões por mês, e o valor médio dos empréstimos é de US$200.

Segundo informações do Grameen, 80% das famílias de Bangladesh já foram beneficiadas pelo microcrédito e aproximadamente 58% das pessoas que receberam empréstimos ultrapassaram a linha de pobreza. De acordo com a definição do Banco Mundial, as pessoas que vivem na pobreza extrema são aquelas que ganham até US$1,25 por dia (equivalente a US$37,50 por mês), enquanto as que vivem em pobreza moderada são aquelas que ganham entre US$1,25 a 2,00 por dia (no máximo, US$60 por mês). Jeffrey Sachs, utilizando informações do Banco Mundial, estimou em 1,4 bilhão as pessoas que vivem em pobreza extrema no mundo e, em 1,6 bilhão aquelas que vivem em pobreza moderada.

O conceito de **negócio social** é outra importante contribuição de Muhammad Yunus para a melhoria da qualidade de vida das pessoas mais pobres do mundo. Para Yunus, "um negócio social se dedica a mudar a situação econômica e social dos pobres ou criar alguma outra melhoria social no mundo". Um negócio social ou empresa social "é projetado e dirigido como um empreendimento, com produtos, serviços, clientes, mercados despesas e receita; a diferença é que o princípio da maximização dos lucros é substituído pelo princípio do benefício social".

Para Yunus, por meio do negócio social, é possível incluir milhões de pessoas na economia local, reduzindo a pobreza e contribuindo para a paz mundial. Segundo Yunus, a relação de causa e efeito entre a redução da pobreza, a busca da paz mundial e a reconquista dos direitos humanos é evidente. A visão de futuro do banqueiro dos pobres e a efetividade da execução de sua estratégia social foram reconhecidas internacionalmente e, em 2006, Yunus e o Banco Grameen foram agraciados com o Prêmio Nobel da Paz.

Muhammad Yunus é outro importante exemplo de uma pessoa focada na estratégia, um idealista que realizou o que era considerado impossível: motivou e alinhou pessoas pobres, analfabetas e desacreditadas socialmente em torno de uma estratégia de criação de valor que levou à melhoria das condições de vida de milhões de pessoas.

Lições aprendidas com **Muhammad Yunus**
O Desafio Enfrentado: ajudar as pessoas mais pobres a saírem da miséria por meio de seu próprio trabalho e espírito empreendedor.
A Oportunidade: conceder empréstimos de baixo valor a grupos de empreendedores informais.
O Ponto Forte: conhecimento do estilo de vida e proximidade com os pobres das aldeias.
O Desconcertante: realizar empréstimos para pessoas que não conseguiam comprovar como pagar.
O Significado da Estratégia: criar um mundo livre da pobreza.

8. Steve Jobs: A estratégia sai da garagem e se globaliza

Há inúmeras definições para o conceito de estratégia, mas, visando a melhor facilidade de entendimento e a valorização da ideia de simplicidade, podemos afirmar que a estratégia é a arte de criar valor. Essa noção pode ser bem visualizada através da trajetória de Steve Jobs (nascido em 24 de fevereiro de 1955), um dos maiores expoentes de uma pessoa focada em estratégia.

Steve Jobs, profundamente sintonizado com as inovações da nascente era da tecnologia da informação, e testemunha ocular dos esforços e frustrações de inúmeras pessoas para a criação do computador, fundou com Steve Wozniak (nascido em 11 de agosto de 1950) a Apple Computer em 1º de abril de 1977. Jobs (que prestava serviços para a Atari) e Wozniak (que trabalhava para a HP) eram os perfeitos representantes da tribo dos geeks (pessoas fanáticas por tecnologia, novas mídias e programação).

Jobs e Wozniak eram membros ativos da Homebrew Computer Club (Clube do Computador Feito em Casa), uma comunidade de pessoas localizada no campus do Centro de Ciências da Computação da Universidade de Stanford, que tinha como hobby trocar peças, placas de circuitos impressos e ideias para montar seu próprio computador. A missão do clube era desenvolver um aparelho do tipo faça você mesmo, que todo mundo pudesse comprar e utilizar, sem gastar muito dinheiro.

Steve Wozniak era um hacker idealista que se divertia com a criação de blue boxes, dispositivos que permitiam acessar a rede de telefonia sem precisar pagar pelas ligações. Ele era conhecido por compartilhar seus conhecimentos sobre o avanço da informática, para que as pessoas pudessem montar os próprios computadores. Wozniak considerava a criação do computador uma diversão, acreditava estar participando de uma revolução e não pensava em transformar o computador em um negócio, como algumas empresas do Vale do Silício. Seu sonho era trabalhar como programador na HP. Em síntese, Wozniak acreditava que os computadores poderiam mudar a qualidade de vida das pessoas – e, para ele, isso já era motivo de autorrealização e de satisfação.

Steve Jobs, ao contrário, tinha uma compreensão completamente diferente do potencial do computador. Para ele, ver o computador como um produto faça você mesmo era uma ideia muito restrita. Nem todas as pessoas que compravam as peças e os componentes tinham tempo e condições para concluir a produção do computador. Ao perceber isso, Jobs chegou a um importante insight: o computador precisava ser um produto já pronto, mais especificamente um produto de consumo doméstico. Nesse sentido, convenceu Wozniak de que as versões iniciais do Computador Cream Soda (primeiro protótipo desenvolvido por Wozniak) precisavam evoluir para um produto comercializável – o que ocorreu com o Apple I, lançado oficialmente no Clube Homebrew.

A Apple Computer tem sua origem no espírito empreendedor da época dos pioneiros do Vale do Silício. Assim como a Hewlett-Packard (fundada em 1939) teve sua origem numa garagem, a Apple foi formada no quarto de Wozniak e no quarto de Jobs (na casa de seus pais), onde eram elaborados os projetos, e na garagem de Jobs para a montagem dos computadores. De acordo com Wozniak, o nome Apple foi sugerido por Jobs após a volta de um retiro espiritual, em Oregon, onde a comunidade ficava nas proximidades de um pomar de macieira (*apple orchard*).

Apesar de estar participando da revolução do computador, a Apple ainda era uma empresa de amadores em termos de gestão de negócios. Nem Jobs nem Wozniak eram capazes, por exemplo, de identificar o potencial de mercado de computadores, elaborar um plano de marketing para levar o computador até as pessoas ou ainda captar recursos para o financiamento do crescimento da empresa. Para superar essa deficiência, Jobs procurou ajuda de Regis McKenna, especialista em marketing de empresas de tecnologia do Vale do Silício, e Don Valentine, fundador da Sequoia Capital, uma empresa de capital de risco (*venture capital*). Foi por intermédio de Valentine que Jobs e Wozniak conheceram Mike Markulla, que desempenharia importante papel como sócio no crescimento e na estruturação da Apple.

Mike Markulla (nascido em 11 de fevereiro de 1942 e com pós-graduação em Engenharia Elétrica) era conhecido por ter feito fortuna com stock options, como diretor de marketing da Fairchild Semiconductor e da Intel. Mike Markulla também era especialista do mercado de capitais e, após uma conversa com Jobs e Wozniak na garagem da Apple, decidiu associar-se à empresa e assumir o risco de investir US$250 mil (US$80 mil em equity e US$170 mil como capital de giro) para financiar a expansão da microempresa, desempenhando o papel de angel investidor.

A visão de Jobs de tornar a tecnologia da informação acessível às pessoas comuns, sem nenhuma formação técnica, começou a se materializar com o lançamento do Apple II em junho de 1977. Mais do que um produto, a Apple estava começando a executar uma nova estratégia competitiva no negócio de computadores, baseada em três conceitos principais:

- Os clientes-alvo da Apple são as pessoas físicas, os consumidores domésticos – e não as corporações.
- A Proposição de Valor é definida pelo melhor design estético, pela simplicidade (na propaganda da Apple, a simplicidade é a sofisticação definitiva), pela facilidade de uso e por uma apaixonante experiência de uso dos produtos.
- A Tecnologia dos Produtos se baseia num sistema fechado, não compatível com outras soluções de mercado, em que o hardware e o software são desenvolvidos internamente.

A execução da estratégia competitiva da Apple foi um grande sucesso, estimulando o lançamento de ações na Bolsa de Valores. Em setembro de 1980, três meses antes da abertura de capital, a Apple possuía um faturamento de US$117,9 milhões, com um lucro de US$11,7 milhões e 130 mil unidades do computador Apple II haviam sido vendidas, o que o tornava o aparelho de maior sucesso do mercado de informática dos Estados Unidos.

A IPO (Oferta Pública Inicial) da Apple foi realizada em 12 de dezembro de 1980, com uma grande procura das ações da Apple pelos investidores, elevando o valor de mercado da empresa para US$1,2 bilhão. A relação entre o valor de mercado e o faturamento da Apple atingiu 10,2 vezes, mostrando como o capital intelectual (capital humano mais o capital estrutural) era valorizado pelos investidores e pelo mercado. Nessa época, a Apple já contava com uma equipe de mil empregados.

Em uma linguagem moderna, Steve Jobs criou um oceano azul, isto é, uma inovação de valor que facilitou o acesso das pessoas ao computador. Grandes corporações americanas como a IBM, a Digital Equipament, a Texas

Instrument e a Data General, com seu modelo mental tradicional, consideravam os pequenos computadores um brinquedo. Eles não enxergaram a nova janela de oportunidade, não perceberam o potencial nem a revolução no estilo de vida das pessoas que os computadores pessoais iriam provocar. Steve Jobs, por sua vez, gostava de afirmar que as pessoas não deveriam confiar em computadores que não pudessem carregar em suas mãos.

A vantagem competitiva da Apple durou cerca de cinco anos (entre 1977 a 1983), devido principalmente à ausência de fortes concorrentes no mercado de computadores. O rápido sucesso da Apple gerou certa acomodação e, principalmente, a arrogância dos acionistas da empresa. A principal lição para Steve Jobs foi a constatação de que uma estratégia competitiva, mesmo vencedora, tem prazo de validade. A Apple não conseguiu fazer a transição de uma pequena empresa para uma grande corporação. O espírito empreendedor dos primeiros anos de existência foi substituído por uma estrutura organizacional burocrática, fragmentada, com um elevado grau de disputa pelo poder entre os executivos das novas divisões. Era um conflito de valores entre a cultura antiga da empresa e a nova Apple.

A miopia estratégica e a arrogância da Apple podem ser ilustradas pelo anúncio, de página inteira, que fez no Wall Street Journal em 12 de agosto 1981, subestimando a entrada da IBM no negócio de computadores pessoais: *"Bem-vinda, IBM. Sério."* Entretanto, o que a Apple não conseguiu perceber foi a mudança das bases da competição no mercado de computadores pessoais. O IBM-PC (modelo 5150) trazia uma novidade para os clientes e uma surpresa para a Apple: era um computador com hardware compatível com outras soluções já existentes no mercado – era uma arquitetura aberta. Essa funcionalidade era uma alternativa atraente para as pessoas e empresas em relação à arquitetura fechada do Apple II.

O novo IBM-PC teve rápida aceitação pelos consumidores e, pouco tempo depois, em 1983, tornou-se líder de mercado de computadores, superando o Apple II. Nem mesmo o lançamento do Macintosh, em janeiro de 1984, foi suficiente para interromper a queda da Apple.

As disputas internas (Divisão Macintosh *versus* Apple II), a ausência de uma nova estratégia competitiva e uma estrutura organizacional mal elaborada contribuíam para o contínuo declínio da corporação. Rosabeth Mos Kanter, da Universidade de Harvard, contratada no início de 1985 para orientar a Apple e o próprio Steve Jobs sobre gestão empresarial, apresentou um nítido quadro do que estava acontecendo na empresa: "O fato é que a Apple atingia limites e restrições que mexiam com seu conceito de horizontes ilimitados.

Mas faltava à empresa um planejamento estratégico de longo prazo. As vendas do Macintosh caíram, e a imprensa perseguia tenazmente a Apple pelo fato de ela não ter uma agenda estabelecida para a próxima geração de máquinas."

Com poucas opções estratégicas à sua disposição, porque havia perdido a percepção da dinâmica do negócio de computadores, Steve Jobs contratou John Sculley (nascido em 6 de abril de 1939), presidente da Pepsi, em abril de 1983, para revigorar a empresa. Pela primeira vez, um executivo de fora seria o presidente da Apple – Jobs foi considerado imaturo para ocupar o cargo.

Entretanto, em pouco tempo, Jobs e Sculley começaram a ter fortes divergências sobre o novo direcionamento estratégico e a reestruturação da Apple. O conflito terminou com a decisão do Conselho de Administração da Apple de afastar Jobs da função de diretor da Divisão Macintosh, sem nenhum poder de decisão sobre os investimentos. Seu novo cargo de presidente do Conselho de Administração era apenas figurativo. Logo em seguida, Jobs, notando uma orquestração para sua demissão da Apple, por Sculley, resolveu sair da empresa em 17 de setembro de 1985. Curiosamente, o fundador da Apple quase foi demitido por um executivo da corporação.

Steve Jobs, ao deixar a empresa que fundara há oito anos, apresentava um inusitado retrospecto: de um lado, era considerado um empreendedor visionário, que criara uma empresa que transformou e enriqueceu a vida das pessoas com os computadores; de outro lado, a imagem de uma pessoa difícil e arrogante que não havia percebido as transformações que estavam ocorrendo na sociedade e na tecnologia da informação. Com esse histórico empresarial, decidiu fazer novas apostas estratégicas.

A primeira aposta estratégica de Jobs foi o investimento de US$250 milhões para a startup e a fundação da NeXT Computer, em setembro de 1985, com a missão de vender computadores avançados para universidades e corporações. A NeXT tinha uma capacidade de produção de 150 mil computadores por ano, mas, apesar de todos os esforços de Jobs, a empresa nunca decolou como ele queria, vendendo um total cerca de 50 mil computadores até 1993, quando desativou o negócio de hardware para sua reposição como uma empresa de software. A estratégia competitiva da NeXT não conseguia fazer frente aos concorrentes mais bem posicionados no mercado, como Sun, Silicon Graphics, IBM, HP e Microsoft. Apesar de todos os esforços e investimentos, parecia que a NeXT não conseguiria sobreviver no futuro.

A segunda aposta estratégica de Jobs foi a aquisição, em 1986, da Pixar Animation Studios, empresa fundada por George Lucas, o criador da saga *Guerra nas Estrelas*. Dessa vez foi Jobs quem desempenhou o papel de angel investor ao aplicar US$5 milhões na aquisição da Pixar, mais uma promessa de investir outros US$5 milhões para a produção de filmes. Na verdade, para assegurar a sobrevivência da Pixar, Jobs investiu um total de US$50 milhões até 2006. A hipótese de Jobs era que o mercado de computação gráfica, em breve, migraria do segmento dos especialistas para se transformar num grande mercado popular. De acordo com Jobs, o mesmo fenômeno que havia ocorrido com os computadores pessoais se repetiria com a computação gráfica.

Apesar das dificuldades da Pixar (a empresa quase foi vendida para a Microsoft, em outubro de 1994), a persistência de Jobs em relação à estratégia de longo prazo do estúdio começou a produzir resultados. Na Pixar, Jobs utilizou um novo modelo de gestão: primeiro, formou uma talentosa equipe em animação, tecnologia e computação gráfica para, depois, elaborar a estratégia. O grupo de criação da Pixar era liderado por Ed Catmull, John Lesseter e Alvy Smith, que iriam trabalhar em associação com os Estúdios Walt Disney.

De acordo com Jobs, o objetivo estratégico da Pixar era o de produzir o primeiro longa-metragem de animação feita por computador. Um filme com essas inovações era considerado uma aposta de alto risco e sem futuro para os analistas de Hollywood. Mesmo assim, a decisão estava tomada e *Toy Story* foi escolhido o primeiro filme de animação por computador. A estreia de *Toy Story* foi marcada para 22 de novembro de 1995. Mas, sutilmente e nos bastidores, Steve Jobs estava preparando mais um lançamento, que surpreenderia o mercado de capitais.

Steve Jobs, confiante na estratégia de longo prazo da Pixar e no sucesso de *Toy Story*, estava preparando a abertura do capital da empresa para 29 de novembro de 1995, uma semana depois da estreia do desenho animado. Jobs queria aproveitar a maciça propaganda em torno de *Toy Story* para vender ações. Mais uma vez, os analistas financeiros de Wall Street discordaram de Jobs: como atrair investidores para uma empresa com um prejuízo acumulado de US$50 milhões e praticamente sem receitas? A IPO seria um fracasso.

Entretanto, para as empresas de tecnologia, a situação era diferente. Com o boom das empresas de Internet, havia muitos investidores interessados em arriscar seu capital nas empresas de alta tecnologia. Um real exemplo foi dado pelo sucesso da IPO da Netscape Comunications, ocorrido em 9 de agosto de 1995. As expectativas de Jobs tornaram-se realidade com a Pixar captando US$139,7 milhões (número superior ao obtido pela Netscape).

Além disso, *Toy Story* tornou-se o maior sucesso de bilheteria de 1995 e ganhou o Oscar de Realização Especial. Onze anos depois, em 2006, após sucessivos sucessos (os *Monstros S.A.*, *Procurando Memo*, *Ratatouille*, entre outros),

Jobs vendeu a Pixar para a Disney por US$7,6 bilhões, tornando-se o maior investidor, depois da família Disney. Mais uma vez, a visão estratégica de Jobs saiu vitoriosa. Era o primeiro sucesso desde que havia deixado a Apple.

Já o investimento de Jobs na NeXT mostrou-se emblemático. A Apple, após uma troca sistemática de presidentes – John Sculley foi substituído por Michael Spindler, que, por sua vez, foi substituído por Gil Aimelio –, estava atravessando uma fase crítica de sua existência. Os produtos da Apple enfrentavam forte concorrência, e sua participação de mercado, que já representara 80%, declinava ano após ano, chegando a 5% em 1996. A Apple demorava para reagir e, segundo os analistas, estava a seis meses da falência. Enquanto isso, estava à procura de um novo sistema operacional e o da NeXT parecia ser a melhor alternativa disponível no mercado. A Apple decidiu comprar a NeXT por US$430 milhões e Jobs retornou à empresa, primeiro como consultor da presidência e, logo depois, como presidente, em outubro de 1997.

Como empreendedor, Jobs enfrentava o maior desafio estratégico de sua vida. Em 1977, ele havia fundado a Apple como uma empresa plena de oportunidades. Agora, 20 anos depois, ele, como pessoa focada na estratégia, precisava reinventar a empresa, numa situação de crise e com resultados negativos. Jobs formulou o plano de reinvenção da Apple por meio de dois projetos estratégicos: o projeto de reestruturação e o projeto de inovação, que seriam executados de forma simultânea.

O projeto de reestruturação foi executado assim que Jobs assumiu o comando. Mas era o plano de um empresário visionário, e não de um executivo especializado em apenas cortar custos. Jobs queria tornar a Apple mais simples e inovadora para dar um novo salto para o futuro. Nesse sentido, eliminou todos os projetos, atividades, pessoas, e despesas que não estivessem alinhados à sua visão de futuro. E o mais importante de tudo: reduziu drasticamente o portfólio de produtos da Apple (computadores, monitores, impressoras e o assistente pessoal digital Newton), eliminando todos aqueles que considerava sem diferenciação ou sem interesse para o consumidor.

Para Jobs, se a Apple quiser sobreviver, "precisa ter foco e fazer as coisas bem". Mostrou o mapa estratégico da Apple do futuro: não uma empresa de US$12 bilhões de faturamento (mas com prejuízo), mas sim uma empresa mais enxuta, com vendas de US$6 bilhões, mas lucrativa. A linha de produtos seria simplificada com dois grandes eixos: no horizontal, os clientes-alvo – Consumidor e Profissional; no vertical, os produtos – Portátil e Desktop. Dessa forma, a nova estratégia de produtos da Apple era focada em apenas quatro equipamentos:

dois notebooks e dois desktops, bem projetados e fáceis de usar, direcionados para os consumidores mais sofisticados e os profissionais criativos.

O plano estratégico da Apple foi executado com metas muito ousadas em termos de lançamento de produtos inovadores. Os objetivos estratégicos eram suportados por projetos estratégicos muito bem definidos por Jobs e sua equipe de profissionais. Em decorrência da liderança e do comprometimento de Jobs, foi possível conquistar a confiança e o alinhamento das pessoas, para o lançamento de uma série de produtos de sucesso:

- O **iMac** ("i" de Internet ou "i" de eu), lançado em 15 de agosto de 1998, foi o primeiro computador projetado para a Internet, não possuía disquetes (uma função indispensável para os computadores tradicionais da época – o que Jobs considerava obsoleto), mas introduzia uma unidade de USB, que possibilitava aos usuários baixar os programas e arquivos de que necessitavam. O **iMac** teve uma grande aceitação junto aos consumidores e foi um sucesso imediato, devido ao design estético inovador, à configuração fácil, ao software amigável aos usuários e às opções de cores (Bill Gates não entendia por que as pessoas compravam computadores coloridos). O iMac tonou-se o computador mais vendido de todos os tempos, com mais de 6 milhões de aparelhos comercializados.
- O **iPod** (*pod* significa casulo), lançado em outubro de 2001, marca o reposicionamento estratégico da Apple, com a ampliação de seu escopo de atuação de fabricante de PCs com a inclusão do negócio de música digital. Jobs foi um dos primeiros a perceber a revolução da música digital entre os jovens. A inspiração para Jobs foi o Napster, site em que os usuários estavam transferindo suas coleções de músicas para o computador (usando o formato MP3), compartilhando os arquivos pela Internet. O iPod não é apenas um tocador de música digital, onde o usuário comanda sua própria seleção musical, ou mais precisamente nas palavras de Jobs, a possibilidade de carregar "Mil músicas em seu bolso". Para Jobs, o iPod, além de enriquecer a vida com música, reflete a nova era do estilo de vida digital, impulsionado por uma séria de aparelhos digitais. Como resultado dessa visão estratégica, em abril de 2007, a Apple já havia vendido mais de 100 milhões de iPods no mundo. O iPod pode ser considerado um dos principais produtos responsáveis pela transformação, pelo crescimento das vendas, pela elevação do lucro e, principalmente, pelo aumento do valor de mercado da Apple. Segundo

os resultados apresentados pela Apple, em 20 de abril de 2011 haviam sido vendidos 9 milhões de iPods no mundo, com a média de 3 milhões de aparelhos comercializados por mês.

- O **iPhone**, lançado em janeiro de 2007, é um telefone celular, ou melhor, um computador móvel, um smartphone, que se conecta à Internet. O iPhone desempenha as funções de um iPod, com câmara digital, mensagens de texto, conexão wi-fi, entre outras características, e a interação com o usuário é feita por uma tela sensível ao toque. O iPhone mudou as bases da competição do negócio de telefones celulares, com a reinvenção do telefone. A proposição de valor para o cliente é explicada pelo design estético, pela facilidade de uso e por oferecer a melhor experiência do estilo de vida digital para as pessoas. Repetindo as origens da Apple, o iPhone também é um aparelho com plataforma fechada, tanto em hardware como em software, permitindo que a empresa controle o relacionamento com os desenvolvedores, o marketing e os serviços on-line. Como resultado de sua estratégia competitiva, a Apple assumiu a liderança mundial da venda de celulares no primeiro trimestre de 2011, superando a Nokia em receitas de vendas. Nesse trimestre, a Apple havia vendido 18,6 milhões de iPhones, com uma receita de US$11,9 bilhões (contra US$9,4 da Nokia).
- O **iPad**, lançado em abril de 2010, é um iPhone expandido, uma nova categoria de computador tablet, uma combinação entre computador e smartphone, que se conecta com uma loja na Internet, possibilitando o acesso a uma série de produtos como e-books, jornais on-line, filmes, revistas on-line, além de jogos. Ele está posicionado para disputar o mercado com os tablets Kindle, da Amazon.com, Galaxy Tab, da Samsung, e Xoom, da Motorola. De acordo com os especialistas, os tablets já estão canibalizando a venda dos netbooks em todo o mundo. De acordo com a IDC, empresa especializada em tecnologia, em 2010 foram comercializados 18 milhões de tablets no mundo, dos quais 14,9 milhões (83% do total) eram iPads. Segundo informações divulgadas pela Apple, no primeiro trimestre de 2011 foram comercializados 4,7 milhões de iPads no mundo.

A visão estratégica de estilo de vida digital de Jobs foi complementada por mais um movimento estratégico: a entrada da Apple no negócio de varejo em 19 de maio de 2001. Mais uma vez, Jobs contrariou as opiniões dos analistas, que consideravam um grande erro uma empresa de alta tecnologia como a

Apple, entrar no varejo – ainda mais num momento de recessão econômica, com a crise das empresas pontocom, inclusive da própria Apple.

Na estratégia de longo prazo da Apple, o tema estratégico presença no varejo fazia todo o sentido. Jobs considerava que as tradicionais redes de varejo, os revendedores da Apple, nem sempre seriam capazes de transmitir aos consumidores o estilo de vida digital Apple. Além disso, via no ponto de venda, quer dizer, no novo espaço digital, uma oportunidade para os consumidores terem uma vivência de como os produtos Apple poderiam enriquecer a experiência de vida das pessoas. A cadeia de lojas da Apple rapidamente conquistou um grande sucesso. A Apple Store é a primeira rede de lojas a atingir US$1 bilhão de faturamento em apenas um ano, superando a marca anterior da GAP.

A visão estratégica de Steve Jobs e a formulação e execução da estratégia competitiva da Apple vêm produzindo novos resultados e continua chamando a atenção dos analistas, investidores e do público em geral. Segundo a revista *Fortune*, em 2010 o faturamento da Apple alcançou US$36,5 bilhões, ficando abaixo das principais empresas de alta tecnologia, como a HP (faturamento de US$114,5), a IBM (US$95,7 bilhões) e a Microsoft (US$58,4 bilhões). Entretanto, em setembro de 2010, o valor de mercado da Apple de US$288,3 bilhões superava amplamente as rivais do setor de tecnologia: a Microsoft (US$223,4 bilhões), a IBM (US$180,1 bilhões) e a HP (US$101,6 bilhões). A Apple também foi considerada a empresa mais admirada dos Estados Unidos em 2010, segundo a revista *Fortune* de março de 2011 (a Microsoft ficou na 9ª colocação e a IBM, na 12ª posição). Surpreendentemente, em agosto de 2011, a Apple tornou-se a empresa mais valiosa do mundo, com um valor de mercado de US$337,2 bilhões), superando a Exxon Mobil, que ficou em segundo lugar, com um valor de mercado de US$ 330,8 bilhões.

Steve Jobs é um dos melhores representantes de uma pessoa com foco na estratégia devido à sua trajetória de vida. Em 1977, era um jovem visionário que percebeu como o computador iria transformar a vida das pessoas. Em seguida, criou uma das maiores empresas de tecnologia do mundo. Em 1985, ainda imaturo, não percebeu que uma estratégia competitiva tem prazo de validade e que é preciso ser um líder genuíno para comandar uma corporação. Cometeu inúmeros erros e foi obrigado a sair da Apple, empresa da qual era um dos fundadores. Durante aproximadamente 10 anos, procurou se reinventar fazendo algumas apostas estratégicas. Em 1997, mais amadurecido, retornou à Apple com a missão de reinventar a empresa – até o presente (maio de 2011), sua visão estratégica e sua capacidade de formular e executar a estratégia competitiva da Apple têm se mostrado um grande sucesso. Ser focado na estratégia vale a pena.

Lições aprendidas com **Steve Jobs**
O Desafio Enfrentado: tornar a tecnologia sofisticada fácil de usar para o maior público possível.
A Oportunidade: explorar o estilo de vida da era digital para a criação de novos produtos e serviços.
O Ponto Forte: design estético, facilidade de uso e extraordinária experiência de compra.
O Desconcertante: o foco na simplicidade e no design para criar produtos que façam diferença.
O Significado da Estratégia: aproveitar a próxima grande oportunidade.

A nossa breve jornada com os estrategistas históricos e os estrategistas empresariais nos oferece uma série de lições a respeito do significado da estratégia. Em primeiro lugar, quer tenhamos consciência deste fato ou não, a estratégia de um governo, a estratégia de uma empresa, a estratégia de um político, a estratégia de um empresário, a estratégia de um analista financeiro, a estratégia de uma instituição de classe, a estratégia de um sindicato, ou ainda, a estratégia de um terrorista pode afetar nossas vidas – agora e no futuro.

O maior risco é que muitos desses agentes sociais não têm uma consistente estratégia – e o que é pior: eles têm apenas interesses individuais (inclusive escusos), independentemente de seu impacto na vida das pessoas, na sociedade e no meio ambiente. Em consequência, os escassos e preciosos recursos da sociedade que deveriam criar valor e riqueza social são mal aplicados, subutilizados, ou ainda destruídos. Dessa forma, para utilizar uma expressão de Michael Porter, a *criação de valor compartilhado* – econômico e social – fica aquém de suas possibilidades e, infelizmente, refém de modelos mentais ultrapassados e anacrônicos para a sociedade pluralista, democrática e humanista, que queremos criar no século XXI.

A segunda lição é que um número crescente de pessoas – e não somente as mais conscientes – precisam compreender e incorporar em suas vidas o significado da estratégia e as surpreendentes possibilidades que ela oferece para a consecução de resultados extraordinários, para a autorrealização e para fazer uma diferença no mundo. Em síntese, a estratégia precisa se democratizar e fazer parte da vida das pessoas quer seja em seu aspecto individual, profissional ou como empreendedor.

A terceira lição, dos estrategistas históricos e estrategistas empresariais, é que não existe um único significado para a estratégia, mas sim inúmeros – a estratégia é um conceito e uma prática em constante evolução – está sempre em construção. A estratégia é criada na mente do estrategista quando ele quer transformar a realidade que o cerca, superando os obstáculos para a transformação do sonho em realidade. A estratégia está intimamente ligada à imaginação, à inovação, à criatividade e à produção de resultados concretos. A estratégia pertence ao imaginário, ao inconsciente coletivo, ao mundo sutil, mas precisa se transformar em realidade. A estratégia é a arte e a práxis de tornar aquilo que era aparentemente impossível, numa determinada forma de ler o mundo, em possibilidades concretas, que criam valor, riqueza e melhoria da qualidade de vida das pessoas.

PARTE II

As disciplinas da execução da estratégia

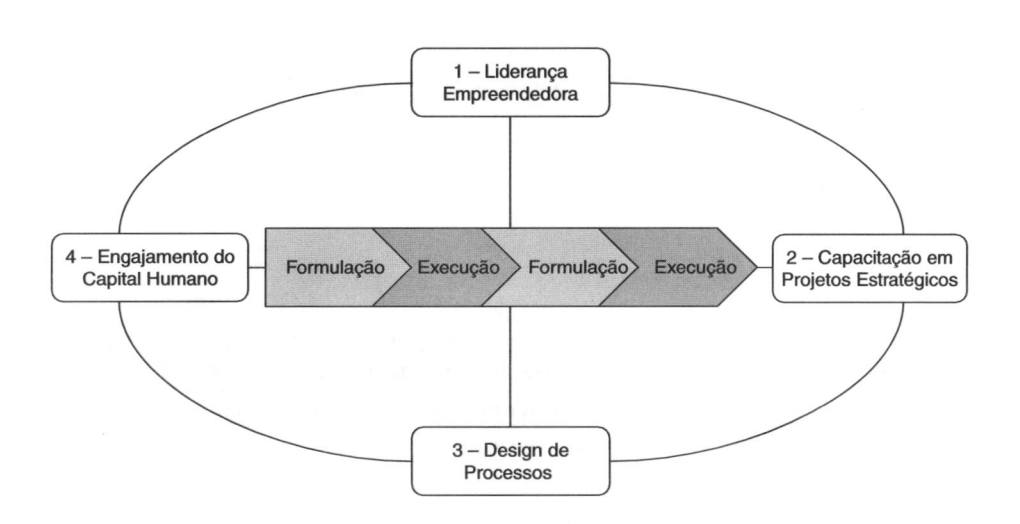

```
                    1 – Liderança
                    Empreendedora

4 – Engajamento do   Formulação > Execução > Formulação > Execução   2 – Capacitação em
   Capital Humano                                                      Projetos Estratégicos

                    3 – Design de
                     Processos
```

CAPÍTULO 3

O desafio da execução da estratégia

Estratégia deve significar uma resposta coesa a um desafio importante. Diferentemente de uma meta ou decisão isolada, a estratégia é um conjunto coerente de análises, conceitos, políticas, argumentos e ações que respondem a grandes desafios.
RICHARD RUMELT

1. A lacuna entre a formulação e a execução da estratégia

Atualmente, a *execução da estratégia* é considerada um dos temas mais importantes da agenda da alta direção das empresas, principalmente pelas dificuldades de realização. De acordo com os estudos de Robert Kaplan, David Norton, Gary Harpst, Lawrence Hrebiniak e Stephen Covey, entre outros, um número reduzido de corporações tem conseguido sucesso com a execução da estratégia (em média, 10% das empresas entrevistadas).

A dificuldade é tão elevada que esses autores chegaram a uma surpreendente conclusão: se apenas poucas organizações têm alcançado sucesso em colocar o plano estratégico em prática, aquelas que sabem como executar a estratégica apresentam o que se poderia chamar de uma *nova vantagem competitiva*.

O desafio da execução da estratégia – mais precisamente, a separação entre formulação e implementação da estratégia – não é recente. Em 1971, Kenneth Andrews, um dos primeiros especialistas em gestão estratégica e criador do modelo de análise SWOT (pontos fortes e fracos, ameaças e oportunidades), já alertava para os perigos da distinção entre a formulação de uma estratégia e sua execução, em seu clássico livro *The Concept of Corporate Strategy*.

O alerta da distinção entre formulação e execução da estratégia também mereceu a atenção de outros autores, como Henry Mintzberg (*Ascensão e queda do planejamento estratégico*), Tom Peters e Robert Waterman Jr. (*Vencendo a crise*), Jeffrey Pfeffer e Robert Sutton (*The Knowing-Doing Gap*), Sumantra Ghoshal e Christopher Bartlet (*A empresa individualizada*). Dessa forma, há mais de 40 anos, os especialistas em gestão vêm chamando a atenção para o abismo existente entre a formulação da estratégia (atividade reflexiva da alta administração) e a execução da estratégia (atividade prática-operacional dos demais níveis da organização).

Contudo, nenhuma nova abordagem surgia para solucionar o problema – o foco dos autores e pesquisadores de gestão de negócios continuava sendo a formulação da estratégia – e a execução era uma questão quase esquecida. Ao mesmo tempo, as críticas dos empresários, diretores e colaboradores da empresa em relação às falhas na execução da estratégia continuavam. As pessoas pareciam não acreditar que, após tanto trabalho, tempo e recursos envolvidos, a estratégia competitiva, tão bem formulada pela alta administração, com o apoio de uma famosa empresa de consultoria, não seria implementada.

Essa preocupante situação gerou uma série de pesquisas, para descobrir quais eram os principais obstáculos à execução da estratégia, merecendo destaque: a pesquisa realizada pela Wharton-Gartner, que foi atualizada por Lawrence Hrebiniak em seu livro *Fazendo a estratégia funcionar* (publicado em 2005); e a pesquisa *Como a hierarquia pode atrapalhar a execução da estratégia*, realizada pela *Harvard Business Review* e publicada em julho de 2010.

Na pesquisa da Wharton-Gartner, foram identificados os seguintes obstáculos para a execução da estratégia:

Os obstáculos ao processo de execução da estratégia

1. Incapacidade de gerenciar efetivamente a mudança ou de superar a resistência interna à mudança.
2. Estratégia vaga ou deficiente.
3. Não ter orientações ou um modelo para orientar os esforços de execução da estratégia.
4. Compartilhamento deficiente ou inadequado de informações entre as pessoas ou unidades de negócios responsáveis pela execução da estratégia.
5. Tentar executar uma estratégia que entre em conflito com a estrutura existente de poder.
6. Comunicação confusa de responsabilidade e/ou obrigação para decisões ou ações de execução.
7. Falta de entendimento do papel que a estrutura e o desenho organizacional exercem no processo de execução.
8. Sensação de distanciamento em relação à estratégia e aos planos de execução por parte de funcionários essenciais.
9. Falta de incentivos, ou incentivos inadequados, para dar suporte aos objetivos de execução.
10. Incapacidade de obter adesão ou de chegar a um acordo em relação a medidas ou ações vitais à execução.
11. Recursos financeiros insuficientes para executar a estratégia.
12. Falta de apoio da alta gerência para a execução da estratégia.

Fonte: Pesquisa Wharton School e Gartner Group, adaptada por Lawrence Hrebiniak.

Na pesquisa realizada pela *Harvard Business Review*, foram entrevistados 1.075 executivos que responderam a inúmeras questões:

> ### Como a hierarquia pode atrapalhar a execução da estratégia
>
> **P1:** Quem define a estratégia? Você concorda com a afirmação: *Em minha empresa, há uma linha divisória imaginária no organograma. A estratégia é criada por gente acima dessa linha e executada por gente abaixo dela.*
> - 38% concordam totalmente com a afirmação;
> - 21% concordam parcialmente com a afirmação;
> - 41% discordam total ou parcialmente da afirmação.
>
> **P2:** Você sabe qual é a estratégia?
> - 57% das pessoas disseram conhecer a estratégia em sua totalidade.
> - 38% dos entrevistados sabem parcialmente qual é a estratégia.
> - 5% dos empregados não sabem qual é a estratégia.
>
> **P3** Quais os obstáculos à execução da estratégia?
> - Explicar a estratégia ao pessoal na linha de frente.
> - Traduzir a estratégia em execução.
> - Alinhar o trabalho à estratégia.
> - A estratégia não é bem comunicada.
> - A ausência de liderança clara e decisiva.
> - Os atos da liderança não condizem com a estratégia.
> - Não há prestação de contas ou monitoramento.
> - Incapacidade de mensuração do impacto.
> - Foco exagerado em resultado no curto prazo.
> - Estão todos ocupados demais.
>
> **P4** Qual o aspecto mais importante da execução da estratégia?
> - A comunicação clara da estratégia.
> - A liderança eficaz.
> - O compromisso de colocar a pessoa certa na função certa.
> - Incentivar os gerentes a tomar decisões de modo geral sintonizadas com a estratégia.
>
> *Fonte*: adaptado da *Harvard Business Review*, julho de 2010.

As questões levantadas pelas pesquisas nos permitem afirmar, para utilizar as palavras de Arthur Thompson Jr. e A. Strickland III, que, "infelizmente, não existe uma lista de verificações de 10 passos, nem caminhos comprovados, tampouco princípios concretos para atacar o trabalho – o gerenciamento da implementação da estratégia é a área do gerenciamento estratégico menos mapeada e aberta".

As pesquisas também nos possibilitam identificar quais são os mais significativos desafios da execução da estratégia:

a) Os líderes, em todos os níveis da organização, precisam envolver-se ativamente e assumir a propriedade e a responsabilidade do processo de execução – a execução da estratégia não pode ser delegada.
b) Os empresários, a alta administração e os gestores precisam entender que os processos de formulação e de execução da estratégia estão em constante interação, no que podemos denominar de *governança da estratégia*.
c) As pessoas precisam ter à sua disposição um modelo holístico (ou metodologia), passo a passo, a fim de conseguir que as atividades de execução da estratégia sejam bem-sucedidas.
d) A arquitetura organizacional precisa ser redesenhada e customizada (inclusive os processos e projetos) para facilitar e viabilizar o processo de execução de estratégia.
e) A organização precisa dominar novos conhecimentos, novas competências e novas habilidades para realizar as atividades de execução da estratégia.
f) A formulação e a execução da estratégia precisam transformar-se numa competência da organização e serem integradas à cultura organizacional.

Apesar da consciência de empresários, diretores, gestores de empresas e dos especialistas em negócios a respeito das dificuldades da execução da estratégia e do hiato existente entre a formulação e a implementação, ainda não havia clareza sobre qual rumo seguir. Entretanto, dois fatores contribuíram, decisivamente, para se colocar o tema da execução da estratégia como prioridade da alta direção das empresas e dos conselhos de administração das grandes corporações: a crescente preocupação com a governança corporativa na década de 1990 e, sobretudo, a publicação do livro *Execução*, de Larry Bossidy e Ram Charan, em 2002.

A ***governança corporativa*** tornou-se questão central na gestão das empresas, principalmente pelos seguintes motivos: a crescente complexidade do ambiente dos negócios; a separação entre propriedade e gestão das empresas; a necessidade de se proteger o patrimônio dos acionistas; o objetivo de elevar o retorno dos acionistas; o interesse dos fundos de private equity em adquirir parte ou a totalidade de negócios de grande potencial de crescimento; e a preocupação com a responsabilidade social e ambiental das empresas.

Essas preocupações estão bem refletidas na definição de governança corporativa do IBGC (Instituto Brasileiro de Governança Corporativa), "governança corporativa é o sistema pelo qual as sociedades são dirigidas e monitoradas, envolvendo os relacionamentos entre acionistas/cotistas, conselho de administração, diretoria, auditoria e conselho fiscal. As boas práticas de governança corporativa têm por finalidade aumentar o valor da sociedade, facilitar seu acesso ao capital e contribuir para sua perpetuidade".

A governança corporativa também está sendo cada vez mais valorizada pelos importantes acontecimentos recentes no mundo dos negócios. Em primeiro lugar, os escândalos de gestão, mais precisamente a ausência de comportamento ético, envolvendo grandes empresas, como Enron, WorldCom, Tyco, Andersen Consulting e Parmalat, que demonstraram o desconhecimento dos acionistas e dos conselheiros sobre como as empresas estavam sendo conduzidas – que estratégia a alta administração estava executando nesses casos?

Em segundo lugar, a crise financeira de 2008, que levou inúmeras instituições financeiras à falência, ou a precisarem de socorro do governo, como Bear Stearns, Lehman Brothers, AIG-American International Group, Fannie Mae e Freddie Mac – qual era a estratégia de crescimento sustentável dessas empresas?

Em terceiro lugar, a atuação dos fundos de private equity, que, cada vez mais, estão interessados em empresas com alto potencial de crescimento. Para os fundos de private equity, a estratégia deve contribuir para a criação de riqueza do acionista e o aumento do valor de mercado da empresa. Por esses motivos, uma excelente execução da estratégia deve estar no centro das preocupações da alta direção da empresa.

O livro *Execução*, de Larry Bossidy (CEO de corporações) e Ram Charan (consultor de negócios), publicado em 2002, pode ser considerado um divisor de águas na forma como os pensadores de negócios tratam a execução da estratégia. *Pela primeira vez, uma obra sobre gestão coloca o presidente da empresa como o principal responsável pela execução da estratégia.* Mais precisamente, a execução é uma questão de estratégia de alta prioridade, do presidente e dos diretores da empresa – e não uma mera atividade operacional a ser delegada aos níveis abaixo da hierarquia organizacional.

Bossidy e Charan estavam muitos preocupados com o fato de as empresas não conseguirem produzir os resultados que prometiam aos acionistas e investidores, nem cumprir as promessas que faziam aos clientes e aos demais stakeholders. Outro tema estratégico chamava a atenção dos autores: as empresas estavam operando abaixo de seu pleno potencial de criação de valor

– por esse motivo, os dirigentes não conseguiam atingir as metas com as quais se haviam comprometido.

De acordo com Bossidy e Charan, a causa raiz desse problema era o hiato existente entre a formulação e a execução da estratégia. Para eles, não adiantava ter grandes ideias e grandes planos de negócios se não fossem traduzidos em passos concretos, em prática e em ação pelos dirigentes e colaboradores da empresa. Nesse sentido, o problema da execução pode ser assim resumido: "As pessoas pensam na execução como o lado tático dos negócios, alguma coisa que os líderes delegam enquanto se concentram em questões percebidas como mais importantes. Essa ideia está completamente errada. Executar não é simplesmente uma tática – e uma disciplina e um sistema. A execução deve estar embutida na estratégia da empresa, em seus objetivos e sua cultura. E o líder da organização deve estar profundamente envolvido na tarefa de execução."

Bossidy e Charan, conscientes do risco de teorização do conceito, tiveram o cuidado de detalhar o que significava, para eles, a execução da estratégia:

O significado da execução da estratégia

1. O elo perdido [da gestão estratégica].
2. A principal razão pela qual as empresas acabam não cumprindo suas promessas.
3. A lacuna entre o que os líderes da empresas querem atingir e a habilidade de sua organização para conseguir atingir.
4. Uma disciplina para mesclar estratégia e realidade, alinhando pessoas a objetivos e atingindo os resultados prometidos.
5. Uma parte fundamental da estratégia e dos objetivos da empresa e o principal trabalho de qualquer líder.
6. Uma disciplina que requer entendimento abrangente de um negócio, de seu pessoal e de seu ambiente.
7. A forma de unir os três processos-chave de qualquer negócio: o processo de pessoal, a estratégia e o plano operacional para conseguir que as coisas aconteçam dentro do prazo.

Fonte: Larry Bossidy e Ram Charan. *Execução*.

Em síntese, Bossidy e Charan recomendam três pontos que julgam essenciais para promover integração entre a formulação e a implementação da estratégia, e melhorar o entendimento das pessoas sobre o significado da execução:

Primeiro: A execução é uma disciplina e parte integrante da estratégia

Isso significa que a formulação e a execução da estratégia estão em constante integração. A alta administração de uma empresa deve ter como preocupação central avaliar o grau de prontidão dos empregados e capacitar a equipe de gestores e de colaboradores nas competências necessárias para a execução da estratégia.

A execução é considerada uma disciplina, isto é, um ramo de conhecimento dos negócios que precisa ser aprendido – as pessoas em todos os níveis hierárquicos precisam ser treinadas em execução para que ela se torne uma habilidade. Como disciplina de negócios, a execução é formada por três processos-chave: o processo de pessoal, o processo de estratégia e o processo de operação.

Segundo: A execução é o principal trabalho do líder da empresa

A principal mensagem é que o líder acompanha de perto – e trabalha diretamente no processo de execução. É uma falácia imaginar que o líder (presidente ou diretor) tem apenas a responsabilidade de pensar. Ele também precisa agir e estar comprometido com os projetos e processos associados à execução da estratégia.

Estar envolvido com as atividades de execução da estratégia não significa microgerenciar o trabalho. Ao contrário, quer dizer que o líder está envolvido na escolha de outros líderes, estabelecendo o direcionamento estratégico e conduzindo as principais operações da execução.

O líder também é responsável pela elaboração da arquitetura de execução, isto é, o líder coloca a estratégia como peça central da cultura organizacional, desenha processos orientados para a excelência operacional e assegura que os profissionais estão trabalhando e dando atenção às prioridades estratégicas da empresa. O líder precisa comunicar constantemente a estratégia da empresa, acompanhar de perto o trabalho dos gestores, reconhecendo e recompensando aqueles que conseguem atingir os objetivos de alta performance da empresa.

Terceiro: A execução deve ser elemento-chave na cultura de uma organização

O envolvimento dos principais executivos da corporação na execução da estratégia é uma condição necessária, mas não suficiente para o sucesso. É preciso também haver envolvimento e alinhamento dos demais membros da organização no processo. A execução tem de fazer parte da cultura da organização.

Nesse sentido, as pessoas precisam entender como seu trabalho e o das áreas funcionais contribuem para a execução da estratégia. De acordo com Bossidy e Charan, "a execução é um processo sistemático de discussão exaustiva dos *comos* e *dos quês*, questionando, levando adiante o que foi decidido e assegurando que as pessoas terão sua responsabilidade específica pela execução". Dessa forma, as prioridades, a alocação de recursos, as metas organizacionais, a avaliação da performance e os sistemas de incentivos devem ser integrados ao processo de execução. Em síntese, a mudança cultural da empresa ocorrerá somente quando o objetivo principal for a execução da estratégia e a melhoria dos resultados dos negócios.

2. A interdependência entre a formulação e a execução da estratégia

A separação entre formulação e execução da estratégia tem provocado uma série de **falácias estratégicas** em relação à gestão de um empreendimento. A mais comum e, ao mesmo tempo, a mais perigosa pode ser enunciada da seguinte forma: *é preferível uma estratégia malconcebida, mas muito bem executada, a uma estratégia bem elaborada, mas executada de forma imperfeita.*

Nesse sentido, é preciso alertar empresários, executivos, empregados e investidores de que não adianta realizar boa execução de uma estratégia fraca – o resultado será a destruição de valor. Igualmente, uma excelente estratégia, se for mal executada (ou não executada), também irá destruir o valor dos acionistas. *Somente uma excelente estratégia combinada com uma excelente execução possibilitará a criação de valor e o crescimento sustentável da empresa no longo prazo.*

O processo de estratégia não pode ser fragmentado. A formulação e a implementação da estratégia são interdependentes. Nas palavras de Lawrence Hrebiniak, "embora possa haver, na realidade, uma separação entre as tarefas de planejamento e execução, ambas apresentam grande interdependência. O planejamento afeta a execução. A execução da estratégia, por sua vez, afeta as mudanças na estratégia e no planejamento ao longo do tempo".

Para ilustrar melhor essa questão, vamos nos valer de ensinamentos básicos de matemática que aprendemos no ensino fundamental: numa simples operação de adição, o **sinal mais (+)**, combinado com outro **sinal mais (+)**, é igual a

mais (+). Entretanto, quando introduzimos na operação de adição o **sinal (-)**, o resultado final será menor ou negativo. Na aritmética da estratégia, acontece a mesma coisa, apenas com a ressalva de um importante agravante: uma estratégia fraca ou uma execução fraca, quando combinadas, sempre provocarão destruição de valor, como é mostrado na Figura 1.

FIGURA 1 A excelência na formulação e na execução da estratégia

Qualidade da Estratégia	Mais	Qualidade da Execução	Resultado	Exemplos
Excelente	+	Excelente	Criação de Valor	▪ Southwest ▪ Amazon ▪ Google
Excelente	+	Fraca	Destruição de Valor	▪ Motorola ▪ Xerox
Fraca	+	Excelente	Destruição de Valor	▪ Kodak ▪ Leman Brothers
Fraca	+	Fraca	Destruição de Valor	▪ Algumas empresas pontocom que quebraram no estouro da bolha em 2000

A história recente dos negócios nos oferece inúmeros exemplos da falácia mencionada e dos erros estratégicos das empresas. Culpar a má formulação ou uma execução deficiente não resolve o problema. Apesar das dificuldades e da complexidade da execução da estratégia, como nos alertou Mintzberg, todo erro na execução da estratégia é, na essência, um erro de formulação da estratégia. Para demonstrar essas afirmações, vamos apresentar alguns exemplos clássicos da história da estratégia.

$$+ - = -$$

1ª Lição: Uma excelente estratégia, combinada com uma execução deficiente, tem como resultado desvantagem competitiva e destruição de valor. Essa lição pode ser demonstrada pelos casos da Motorola e da Xerox.

A Motorola

A Motorola formulou uma excelente estratégia para o desenvolvimento da telefonia via satélite, visando aproveitar a oportunidade existente em razão das limitações da telefonia fixa. O projeto denominado Iridium, lançado em 1985, tinha por finalidade possibilitar às pessoas fazer e receber ligações telefônicas, em qualquer lugar do mundo (inclusive os mais remotos), de forma rápida e eficiente. Depois da aprovação do estudo de viabilidade econômico-financeira, o Projeto Iridium transformou-se numa empresa independente da Motorola, em 1991.

Vale destacar que, na época, a Motorola era referência mundial em qualidade, em executar atividades com excelência operacional, tendo criado o famoso programa Six Sigma, em 1986. Devido ao Six Sigma e ao DMAIC (Define, Measure, Analyse, Improve, Control), a Motorola recebeu o Prêmio Malcolm Bridge em 1988.

Entretanto, a boa ideia não foi aproveitada devido aos sérios problemas de implementação da estratégia: atrasos no desenvolvimento tecnológico; dificuldades para a colocação dos 77 satélites em órbita (o nome Iridium vem do nome desse elemento químico, com o mesmo número atômico); a portabilidade do telefone (do tamanho de uma maleta de executivo); o elevado custo das chamadas dos serviços; o fato de não funcionar no interior de edifícios ou de carros; e a concentração na comunicação por voz (em banda estreita), que não se mostrava compatível com o forte crescimento da transmissão de dados pela Internet (em banda larga), o que limitava a conquista de novos clientes, entre outros motivos.

Para coroar os erros de execução da estratégia, além do atraso do projeto, os serviços da Iridium foram oferecidos para o público, em novembro de 1998, sem que a solução estivesse concluída. Resultado: os telefones da Iridium eram inferiores aos novos telefones celulares, os aparelhos não funcionavam corretamente, não eram funcionais (eram pesados e complicados) e não conseguiram atrair os clientes – a meta de 600 mil clientes ao final de 1999 não foi alcançada – apenas 20 mil usuários se interessaram pelo produto. Em consequência dos erros associados à execução da estratégia, a Iridium declarou falência em agosto de 1999.

A Xerox

A Xerox, durante toda a década de 1960 e início da década de 1970, era a líder mundial do mercado de copiadoras. O domínio de mercado da Xerox foi conquistado devido, principalmente, a três fatores: seu posicionamento junto às grandes empresas (leasing de máquinas), a tecnologia patenteada e sua força de vendas direta. As vantagens competitivas da Xerox eram tão consistentes que os novos entrantes de mercado, como a IBM e a Kodak, fracassaram em suas incursões no negócio de copiadoras.

A Xerox, preocupada com as novas tendências de mercado, em especial com o advento da sociedade sem papel (o que comprometeria o negócio de cópias) e com o vencimento das patentes, decidiu investir em novas tecnologias e na emergente tecnologia da informação. A nova estratégia competitiva da empresa foi formulada a partir da visão do que seria o escritório do futuro – o escritório sem papel. Nesse sentido, em julho de 1970, a *Xerox* fundou o PARC (Palo Alto Research Center) na Califórnia.

A estratégia competitiva parecia brilhante: a Xerox lideraria o movimento das grandes corporações rumo ao escritório sem papel. O novo conceito de trabalho, as novas tecnologias e os novos produtos seriam desenvolvidos pelo Centro de Pesquisas. O plano estratégico começou a ser executado com a contratação dos melhores e mais brilhantes especialistas em computação, que tinham como desafio tornar realidade um local de trabalho eletrônico em que as pessoas usariam computadores pessoais, utilizariam interfaces gráficas (por meio do mouse) e teriam acesso à rede Ethernet (criada por Robert Metcalfe).

Uma das principais finalidades do escritório sem papel era possibilitar às pessoas lidarem com a crescente explosão das informações, armazenando os documentos em meio eletrônico – e não em arquivos repletos de papel, reduzindo, dessa forma, o tempo necessário para o acesso às informações.

Entretanto, a distância existente entre a estratégia formulada pela Xerox e sua execução era cada vez maior. Os dirigentes, baseados em Rochester (estado de Nova York), não acompanhavam de perto os inovações criadas pelos pesquisadores do PARC (localizado em Palo Alto, estado da Califórnia). Além disso, a alta administração da Xerox estava presa ao modelo mental do negócio de copiadoras e, por esse motivo, não conseguiu entender o potencial das inovações que a empresa estava criando. Mas os concorrentes sim. Em especial, Steve Jobs, Bill Gates, entre outros, enxergaram a janela de oportunidade que o desenvolvimento das novas tecnologias da informação e comunicação possibilitavam.

Dessa forma, em contraste com as pequenas empresas entrantes no mercado, a Xerox, apesar de ter sido pioneira no desenvolvimento de microcomputadores, aparelhos de fax, mouses, redes de computadores e impressão a laser, não foi capaz de se beneficiar do valor criado pelas inovações. Em resumo, a execução da estratégia da Xerox, em vez de priorizar as novidades da emergente tecnologia da informação e do escritório do futuro, ficou armadilhada no tradicional negócio de copiadoras.

Além disso, outro ponto crítico na execução da estratégia da Xerox merece ser destacado: a desatenção com o que estava ocorrendo no negócio de copiadoras. Em especial, a Canon realizou uma segmentação de mercado diferente e definiu como cliente-alvo as pequenas empresas e os consumidores, oferecendo a eles pequenas copiadoras pessoais, a baixo preço, fáceis de usar e com boa qualidade. A Canon também se diferenciou ao vender suas copiadoras por meio de uma rede de distribuição – em vez de alugá-las, como a Xerox.

A Canon, com os excelentes resultados obtidos com sua estratégia competitiva, gradativamente, começou a invadir e conquistar o segmento das grandes corporações, antes dominado pela Xerox. Como resultado, a participação de mercado da Xerox, nos Estados Unidos, que chegou a ser superior a 80%, no final da década de 1970, foi reduzida para 13% em 1982.

A Xerox, além de não se beneficiar do valor criado pelas inovações, também perdeu o foco ao se diversificar, entrando no negócio de serviços financeiros e de seguros. Em síntese, a execução da estratégia da Xerox foi deficiente nos seguintes aspectos: aproveitamento das oportunidades no negócio de tecnologia da informação, que ajudou a criar; falta de atenção ao que ocorria no negócio de copiadoras, com a perda de elevada participação de mercado; e entrada em negócios nos quais não possuía as competências necessárias.

− + = −

2ª Lição: Uma formulação pobre da estratégia, combinada com uma excelente execução, tem como resultado desvantagem competitiva e destruição de valor. Essa lição pode ser demonstrada pelos casos da Kodak e do Lehman Brothers.

A Kodak

A Kodak, fundada em 1881 por George Eastman, era líder mundial em máquinas fotográficas analógicas e em filmes químicos para fotografias no início da década de 1980. Entretanto, apesar dos primeiros sinais de mercado, de que a tecnologia digital estava se desenvolvendo rapidamente, a Kodak formulou sua estratégia competitiva, assumindo a hipótese de que levaria muito tempo para os consumidores migrarem para as imagens digitais. Em essência, era uma débil estratégia competitiva.

A execução da estratégia, por sua vez, seria realizada aproveitando-se as competências essenciais da empresa e o modelo de negócios. A ciência da fotografia, como era denominada a fotografia tradicional, continuaria sendo a preferida pelos fotógrafos amadores e profissionais. A proposição de valor para os clientes – você aperta o botão e nós fazemos o resto – continuaria sendo válida, demonstrando a superioridade dos filmes químicos e das máquinas analógicas sobre as novas imagens digitais ainda por um longo período.

Nesse sentido, a Kodak reforçou a ideia de que era uma empresa de produtos químicos, e não de imagem digital. Dessa forma, toda a estratégia de marketing foi desenvolvida para aumentar a participação de mercado no negócio de máquinas analógicas e filmes químicos. Acima de tudo, a estratégia precisava preservar a margem de lucro da Kodak, que vinha dos filmes e das cópias tradicionais.

Entretanto, as metas de vendas e a rentabilidade previstas no plano de execução da estratégia, sistematicamente, não eram atingidas, apesar da troca da equipe comercial, dos esforços de comunicação e das pressões sobre a rede de distribuição. As razões da baixa performance se deviam, principalmente, à debilidade da estratégia competitiva.

Em 2002, as vendas de câmeras digitais nos Estados Unidos superaram a comercialização de câmeras analógicas – a hipótese estratégica da Kodak era que esse fato somente ocorreria em 2010. Os novos entrantes do mercado de câmeras digitais, em especial a Sony, conquistavam cada vez mais os tradicionais clientes da Kodak. Além disso, os produtos substitutos, como os telefones celulares e os smart phones, como os da Apple e da Samsung, também ofereciam como funcionalidade a possibilidade de tirar fotos digitais. Como resultado de sua débil estratégia, em 2005 a Kodak havia perdido 75% de seu valor de mercado. A excelente execução não compensou, mas agravou os efeitos de uma péssima formulação da estratégia.

O Lehman Brothers

O Lehman Brothers, fundado em 1850 por Henry Lehman, tornou-se um dos quatro mais importantes bancos de investimentos dos Estados Unidos na década de 1990, vindo logo após do Goldman Sachs, do Merrill Lynch e do JP Morgan. O Lehman Brothers foi dirigido pela família dos fundadores por quase 120 anos, até 1969, quando, sem ter formado um sucessor, os herdeiros decidiram contratar executivos do mercado para comandar a instituição financeira. Nesse sentido, merece destaque a nomeação de Richard Fuld como presidente da instituição, em 1998, quando ocorreu a fusão do Lehman Brothers com a American Express.

O principal objetivo de Fuld era tornar o Lehman Brothers o primeiro banco de investimentos dos Estados Unidos. Entretanto, como ocorre até hoje em muitas instituições financeiras e inúmeras empresas, a alta administração do Lehman não se preocupou em desenvolver uma estratégia competitiva. Bastava ter objetivos claros, como ser líder de mercado, conquistar clientes com alto poder aquisitivo, ou ainda elevar a rentabilidade das operações financeiras, para ser bem-sucedido.

Além do mais, o mundo dos negócios financeiros é simples, as regras do jogo são claras, o mercado livre é eficiente e se autorregula — por que dedicar tempo e utilizar a mente das pessoas mais brilhantes da empresa com algo tão abstrato como a estratégia, principalmente no mercado financeiro? Saber fazer as operações corretamente e conquistar excelência operacional são elementos suficientes. Se as operações financeiras estão funcionando bem agora, funcionarão melhor ainda no futuro.

O Lehman Brothers (e muitas outras instituições financeiras e corporações) é um bom exemplo, não de ativos tóxicos, mas sim de ideias tóxicas que ainda predominam no mundo dos negócios. Tomando como referência a análise de Joseph Stiglitz, podemos afirmar que, assim como teorias econômicas incorretas levam a políticas econômicas incorretas, uma estratégia incorreta leva a uma execução incorreta — independentemente da qualidade de sua implementação.

Os líderes do Lehman Brothers se esqueceram da estratégia, mas foram extremamente competentes na execução das operações financeiras e na busca de resultados de curto prazo. Mais precisamente, os analistas financeiros do Lehman, ao realizarem uma análise do cenário do mercado de capitais americano no início da primeira década de 2000, identificaram oportunidades de negócios muito atrativas, como a taxa de juros praticada pelo Fed (Federal Reserve) estava muito baixa (1,0% ano ao no final de 2001); o programa de estímulo à compra da casa própria para as pessoas com menor poder aquisitivo; a desregulamentação do setor bancário (fim da Lei Glass-Steagall, em 1999, que impedia os bancos comerciais de comprarem bancos de investimento); e o surgimento de novos produtos financeiros, como a securitização de ativos, o CDO-Collateralized Debt Obligation (Obrigação de dívida garantida por um ativo) e o CDS (Credit Default Swap – seguro contra eventual calote de instituição financeira), entre outros.

Os dirigentes do Lehman, tendo em vista essas oportunidades de negócios, orientaram a equipe de corretores e vendedores a realizarem uma série de inciativas, merecendo destaque: a ampliação da base de clientes, a parceria com empresas especializadas em hipotecas, a securitização dos recebíveis e o pagamento de vultosos bônus pelo atingimento das metas de vendas. E o mais importante: essas inciativas poderiam ser realizadas rapidamente, no curto prazo, sem a necessidade de se perder tempo com a formulação de uma estratégia competitiva.

A iniciativa de ampliação da base de clientes foi direcionada para o financiamento de casas, para as pessoas de baixa renda, aproveitando os incentivos existentes. Entretanto, não houve preocupação em se definir o perfil do cliente-alvo em função de suas necessidades e poder aquisitivo. A orientação era financiar casas para qualquer pessoa – independentemente de possuir condições para arcar com o pagamento das prestações no longo prazo.

Como nos Estados Unidos os imóveis estavam em fase de valorização contínua (o aumento dos preços dos imóveis foi de 10% ano entre 2001 a 2007), os executivos do Lehman (e também os de outras instituições financeiras) decidiram que, para facilitar a concessão do empréstimo, não haveria a necessidade de se comprovar renda (o valor da hipoteca seria maior do que o valor do empréstimo), nem a necessidade de realizar um pagamento inicial como entrada. Em 2005, aproximadamente 43% dos imóveis residenciais foram comprados sem entrada. Esses empréstimos foram pejorativamente denominados de Ninja – *No income, no job, no assets* (nenhuma renda, nenhum emprego, nenhum ativo). Esses empréstimos Ninja é que deram origem aos títulos subprime.

A securitização dos recebíveis das hipotecas pode ser considerada uma fórmula inteligente para elevar a rentabilidade das operações de empréstimos e repassar os riscos para outra instituição financeira. A orientação era elevar agressivamente a originação de empréstimos hipotecários (taxas entre 1% e 2% ao ano nos primeiros dois ou três anos), empacotar os recebíveis num título de securitização (derivativo da hipoteca) e vender para uma instituição financeira que estivesse disposta a pagar entre 7% a 8% ao ano pelos papéis. Essa instituição financeira, por sua vez, fatiava os recebíveis para outras instituições, visando diluir o risco.

Para elevar a captação de hipotecas, o Lehman (e os bancos de investimentos) formalizou parceiras com empresas especializadas em empréstimos hipotecários (como a Countrywide) e ainda estruturou a própria financeira para agilizar o processo. Dessa forma, ano após ano, foi se formando um verdadeiro exército de vendedores e corretores especializados em conceder empréstimos garantidos por hipotecas.

As metas de captação elevadas, porém fáceis de atingir, dada a facilidade com que os financiamentos eram concedidos e empurrados para os clientes, eram ainda mais estimuladas com as elevadas comissões de vendas e com os surpreendentes valores dos bônus pagos aos executivos do banco de investimento. Nesse processo, além do Lehman, presidentes e diretores de bancos, vendedores e corretores de empréstimos hipotecários ganhavam tanto dinheiro que praticamente ficavam independentes da instituição financeira da qual eram empregados. Se a empresa quebrasse, eles não se importariam, porque já estavam praticamente ricos com os bônus e as comissões acumuladas.

Mas como os maiores bancos de investimentos poderiam quebrar? Agências de risco como Standard & Poor's e Fitch e Moody's já haviam classificado os empréstimos securitizados como sem risco (triplo AAA). Melhor ainda: essas agências prestaram serviços de consultoria para os bancos de investimentos, recebendo elevados honorários para orientá-los a transformar empréstimos subprime de alto risco (triplo CCC) em um portfólio de papéis sem risco.

Para aperfeiçoar ainda mais o processo de transformação da venda de um imóvel em um atrativo derivativo, algumas seguradoras (em especial, a AIG – American International Group) inovaram ao criar um novo produto, o CDS – Credit Default Swap, que garantiria ao investidor, ou a qualquer pessoa, fazer um seguro contra o risco de uma instituição financeira ir a falência.

O modelo de negócios do Lehman Brothers (e de outras instituições financeiras) parecia perfeito. Um ciclo virtuoso de criação de valor havia sido formado: o fácil acesso ao crédito imobiliário estimulava a securitização dos recebíveis, os quais, por sua vez, eram transformados em capital que seria aplicado no financiamento da construção de novas casas, que, por sua vez, seriam facilmente vendidas com a elevada disponibilidade de crédito, tornando felizes os novos proprietários de imóveis, num ciclo em que todos ganhavam. De acordo com dados oficiais, entre 2001 a 2006 o montante dos títulos lastreados em hipotecas, gerados pelos quatro principais bancos de investimentos, atingiu o valor de US$13,4 trilhões.

Em 2006, o Lehman, com US$50 bilhões em papéis subprime, atingiu o objetivo almejado por seu presidente, Richard Fuld: era o líder de mercado.

Entretanto, a alavancagem financeira do Lehman não parava de crescer, atingindo 44 vezes o valor de seu patrimônio líquido ao final de 2007. Em termos numéricos, o Lehman apresentava US$17 bilhões de capital próprio para um volume de US$748 bilhões em dívidas. Nesse mesmo ano, as receitas alcançaram US$19,3 bilhões (crescimento de 10% em relação a 2006), com um lucro líquido de US$4,3 bilhões (um aumento de 7% em relação ao ano anterior).

Entretanto, esse modelo, que podemos chamar de exuberância irracional do risco, apresentava um perigoso ponto fraco: o risco de inadimplência dos novos proprietários de casas, que haviam feito o financiamento hipotecário sem ter condições econômicas para isso, ou ainda, por terem sido induzidos ao erro pelos vendedores de imóveis e de empréstimos. Em junho de 2008, a inadimplência dos empréstimos subprime no mercado financeiro americano já havia alcançado 20% do total. Isso significava que o estoque de imóveis começava a aumentar e, pior ainda, para o Lehman Brothers a inadimplência do subprime já atingia o valor de US$82 bilhões.

Apesar de inúmeros alertas dos analistas internos (e dos especialistas do mercado financeiro), a direção do Lehman Brothers nada fez para diminuir as arriscadas operações financeiras. Ao contrário, para gerar confiança no mercado e mostrar estabilidade financeira, os dirigentes do banco de investimento lançaram novos produtos (securitização de operações comerciais), diversificaram os negócios com a aquisição (ou participação) de novas empresas e, principalmente, começaram a comprar as próprias ações do Lehman Brothers, com uma cotação artificialmente elevada.

As principais autoridades financeiras dos Estados Unidos recomendavam a busca de uma solução de mercado para o banco de investimentos – ele somente sobreviveria se fosse comprado por um concorrente. Mas isso não foi possível porque ninguém se interessou. Apesar de ser muito grande para quebrar, o Lehman Brothers declarou falência em 15 de setembro de 2008. O mercado financeiro global, com inúmeros players sem nenhuma estratégia competitiva, começou a ruir. A crise financeira alastrou-se pelo mundo.

As razões do colapso econômico de 2008 e 2009 são inúmeras, como baixas taxas de juros, empréstimos subprime, inovações financeiras de última geração, falha na governança corporativa, má gestão de riscos e presença de líderes corporativos irresponsáveis. Entretanto, a lição a ser aprendida é que a causa-raiz da crise financeira deve ser procurada no fato de inúmeros empresários e executivos não atribuírem a devida importância à estratégia, nem saber como formular e implementar com sua equipe de profissionais uma vitoriosa estratégia competitiva.

O DESAFIO DA EXECUÇÃO DA ESTRATÉGIA

✛ ✛ ═ ✛

3ª Lição: Uma excelente formulação da estratégia, combinada com uma excelente execução, tem como resultado vantagem competitiva e criação de valor. Essa lição pode ser demonstrada pelos casos da Southwest, da Amazon e do Google.

A Southwest Airlines

A Southwest Airlines, liderada por Herb Kelleher, é referência mundial de uma empresa em que a formulação e a execução da estratégia nasceram integradas, desde a sua fundação. Enquanto algumas empresas de tecnologia nasceram numa garagem, a ideia de uma companhia aérea como a Southwest foi esboçada em um guardanapo de papel, durante uma reunião de negócios entre Rollin King (empresário e idealizador da ideia), John Parker (banqueiro) e Herb Kelleher (advogado), no final de 1966.

O insight de King foi traduzido na imagem de um triângulo, ligando as cidades de Dallas, San Antonio e Houston no Texas (distantes 400km, em média, entre si). De acordo com King, era muito incômodo viajar de carro entre essas cidades. A alternativa aérea era muito cara e demorada, devido às conexões de voo. A solução era constituir uma nova companhia aérea estadual que servisse às três cidades.

Em março de 1967, pediram autorização ao órgão regulador (a TAC-Texas Aeronautics Commission) para a Southwest realizar voos entre as cidades de Houston, Dallas e San Antonio. Entretanto, as três companhias aéreas que operavam nessas cidades (Braniff, Continental e Texas International) utilizaram seu poder de lobby para impedir a entrada de uma companhia aérea no estado, alegando que as localidades em que a Southwest queria operar estavam saturadas e, por esse motivo, não havia espaço no mercado para mais um novo participante.

Após uma longa disputa judicial, a Southwest Airlines obteve permissão para operar em janeiro de 1971. Finalmente, a janela de oportunidade poderia ser aproveitada. Ao mesmo tempo que a companhia aérea era estruturada, os sócios decidiram realizar a abertura de capital da empresa (IPO), a fim de obter os recursos necessários para a aquisição de aviões e equipamentos. Apesar de todas as barreiras de entrada, a Southwest iniciou suas operações em junho de 1971.

A receita de sucesso da nova companhia aérea não se baseava em nenhuma fórmula secreta; ao contrário, a estratégia da Southwest era simples, objetiva e bem definida: tornar a viagem aérea possível para o bolso de todas as pessoas. E, para tornar esse sonho uma realidade, era preciso oferecer o melhor serviço aos clientes, praticar as tarifas mais baixas do mercado para passageiros de viagens curtas, de ponto a ponto, e sem conexões com outros voos ou companhias aéreas.

Como ocorre com as estratégias competitivas, a escolhida pela Southwest não seria desenvolvida no vácuo. Ao contrário, a intenção estratégica da Southwest enfrentaria duas fortes oposições: a primeira, dos concorrentes de maior porte, que não aceitaram a entrada de mais uma nova companhia aérea num mercado quase saturado; a segunda, dos órgãos reguladores, que restringiram os voos da Southwest para o estado do Texas.

A iniciante companhia aérea operaria num ambiente desfavorável, em que as possibilidades de rentabilidade eram reduzidas. Poucos acreditaram que a Southwest conseguiria prosperar nesse contexto adverso. A qualidade da estratégia e a capacidade de execução seriam colocadas à prova. Mas os resultados, todos já conhecem: a Southwest reinventou o negócio de viagem aérea.

A execução da estratégia da Southwest foi realizada a partir dos seguintes temas estratégicos: a conquista do não cliente das companhias aéreas; a tarifa de baixo preço; operação simples, concentrada em trechos curtos de viagem, sem diversificação; e excelente relacionamento com os empregados.

Os clientes-alvo da Southwest eram as pessoas que estavam habituadas a viajar de carro ou de ônibus – e não os clientes das outras companhias aéreas. O objetivo era tornar a viagem aérea acessível às pessoas que imaginavam não ter condições de pagar o preço de uma passagem aérea – numa linguagem moderna, a Southwest criou um oceano azul. Para tornar isso possível, ela desenvolveu uma nova proposição de valor, em que a acessibilidade (a possibilidade de viajar de avião) era um fator mais importante do que os serviços tradicionais oferecidos aos passageiros, como a escolha de assentos, as refeições a bordo e a reserva de assentos.

A tarifa de baixo preço decorria, principalmente, do perfil do cliente e do inovador modelo de operações, e não de uma guerra de preços entre as companhias aéreas. A redução de preços foi possível devido à grande liberação de recursos produzida pelo revolucionário sistema de operações introduzida pela Southwest. A escolha de trechos curtos (distância entre duas cidades, em média, de 650 quilômetros), combinada com voos ponto a ponto, foi uma grande solução para elevar a produtividade da frota de aviões.

Em contraste com as outras companhias aéreas, que procuravam elevar a ocupação do avião, mediante voos de longa distância, com escalas e conexões, a Southwest tinha por objetivo elevar a utilização dos aviões. A explicação é bem simples: as aeronaves somente geram receitas e lucros se estiverem no ar, e não em solo. Os trechos curtos, combinados com o baixo tempo em solo (15 minutos contra mais de 60 minutos dos concorrentes) mais o aumento do número de viagens por dia, permitiam elevada alavancagem operacional, que tornaram a Southwest a companhia aérea mais lucrativa do mundo.

A execução da estratégia da Southwest é extremamente focada: a frota é composta somente por Boeings 737 (o que facilita o treinamento e a manutenção dos aviões), não faz rotas internacionais e não procura ampliar os segmentos de atuação. A empresa também é focada em formação, capacitação e motivação de sua equipe de colaboradores para que o bom atendimento aos clientes seja conquistado e faça parte da cultura organizacional.

A integração entre formulação e execução da estratégia da Southwest desde a sua origem demonstra como uma estratégia, aparentemente simples e fácil de imitar, produz valor extraordinário, pela forma como seus componentes são combinados e interiorizados na mente das pessoas. E o mais importante: a Southwest não tem um planejamento estratégico burocrático e formalizado. Ao contrário, a estratégia é constantemente formulada (por meio de cenário de negócios) e rapidamente executada e avaliada, identificando-se o que deu certo e o que deu errado, processando-se as eventuais correções de rumo. Como resultado da excelente formulação e execução da estratégia, a Southwest apresenta os melhores indicadores de performance do setor de aviação comercial.

A Amazon.com

A Amazon.com é um dos mais importantes casos de sucesso da aplicação dos fundamentos da formulação e da execução da estratégia no mundo digital. A Amazon.com é resultado do aproveitamento da janela de oportunidades que a Internet propiciou para a reinvenção do negócio de livros e do comércio on-line.

Jeffrey Bezos, fundador da Amazon.com, era um graduado analista de negócios da D.E. Shaw & Co., e tinha como responsabilidade buscar novas oportunidades de negócios para os investidores na Internet. De imediato, ele ficou impressionado com o crescimento de 2.300% da Internet, em 1994. Bezos pressentiu que a Internet abriria inúmeras possibilidades de negócios para os novos empreendedores. Após uma rápida avaliação, identificou 20 alternativas de produtos que poderiam ser comercializados na Web, mas preferiu concentrar-se nos livros. A Amazon.com foi fundada numa garagem em julho de 1995.

O próximo passo foi a formulação da estratégia de negócios, que pode ser resumida da seguinte forma: a Amazon.com é um empresa centrada na experiência de compra dos clientes, oferecendo preços baixos, conveniência e uma ampla seleção de produtos. A estratégia era suportada por objetivos de longo prazo, como a elevação do valor de mercado da empresa, o rápido crescimento das vendas e a maior participação de mercado no comércio digital.

A estratégia (integração entre formulação e execução) da Amazon.com para Bezos significava ter a capacidade de pensar, ao mesmo tempo, em termos das necessidades e expectativas dos clientes e dos interesses dos acionistas. Tudo isso visando a inovação e a mentalidade de custos baixos para oferecer às pessoas a melhor experiência de compra da Internet.

Na cultura da Amazon.com, por incrível que pareça, principalmente para os analistas de Wall Street, a lucratividade era um objetivo a ser alcançado no futuro – e não nos próximos trimestres –, quando a ampla base de clientes e o diversificado portfólio de produtos possibilitassem a liderança mundial, em termos de receita de vendas. A meta de faturamento era alcançar US$1 bilhão até o ano 2000, o que era considerado algo inatingível pelos analistas de mercado.

Dessa forma, a execução da estratégia foi realizada com uma prioridade bem definida: o rápido e contínuo crescimento das vendas no longo prazo, mesmo que essa decisão acarretasse prejuízos no curto prazo. Os resultados negativos, por sua vez, eram financiados por capital próprio dos acionistas, emissão de debêntures e abertura de capital. No primeiro ano de atuação (1995), as receitas atingiram US$511 mil e um prejuízo de US$303 mil. No terceiro ano de atuação (1998), as vendas atingiram US$609,8 milhões e, em contrapartida, um prejuízo de US$124,5 milhões. O crescimento médio anual das vendas foi de 960,7% no período, apesar das perdas. A Amazon.com atingiu a marca de 1 milhão de clientes em 1997.

Mas a convivência com as perdas de curto prazo é o ponto que precisa ser destacado na *execução* da estratégia da Amazon.com. O rápido crescimento das vendas era a prioridade. Somente com uma elevada receita, seria possível viabilizar a diversificação de produtos, a exploração de novos negócios e a transformação da Amazon.com na maior empresa de varejo da Internet.

Nesse sentido, foram realizados vultosos investimentos no bom atendimento aos clientes, em tecnologia da informação, na contratação de profissionais, em centros de distribuição, em propaganda e marketing e na internacionalização da empresa.

Enquanto a estratégia da Amazon.com era executada visando a liderança de mercado na Internet, os prejuízos se acumulavam. Em 2000, o ano da quebra da bolha das empresas pontocom, o prejuízo da Amazon.com atingiu US$1,41 bilhão, em relação a receitas de US$2,76 bilhões. O número de clientes havia atingido 8,6 milhões de pessoas. No entanto, era cada vez mais difícil justificar, para os acionistas e para os analistas, que a estratégia da empresa era realizar grandes vendas, com elevados prejuízos de curto prazo, em troca de vendas ainda maiores, com grandes lucros no futuro.

Na estratégia de longo prazo da Amazon.com, alcançar rapidamente a liderança absoluta de mercado era o objetivo estratégico mais importante. Isso porque a hegemonia de mercado seria traduzida em receitas de vendas mais elevadas, alta rentabilidade, grande giro do capital e, em consequência, elevado retorno sobre o investimento para os acionistas.

A Amazon.com, ao mesmo tempo que buscava ser a maior varejista da Internet, deu início ao processo de diversificação de seu portfólio de produtos. Rapidamente, além do segmento de mídia (livros, música e vídeo), a empresa passou a oferecer mais de 40 categorias diferentes de produtos, iniciando também o processo de internacionalização.

Em síntese, a Amazon.com, coerente com sua visão de longo prazo, não se abalava por não apresentar resultados positivos no curto prazo (o que já perdurava por muitos anos). A liderança e o rápido crescimento das vendas justificavam a continuidade dos investimentos – o ponto de inflexão dos prejuízos em lucros era uma questão de tempo.

E foi o que aconteceu. Em 2003, oito anos após iniciar suas operações na Internet, a Amazon.com apresentou o primeiro lucro (simbólico) de sua história, no valor de US$35,2 mil, com uma receita de US$5,26 bilhões. Para os acionistas, valeu a pena esperar e persistir em relação ao potencial da Amazon.com. A excelente estratégia, combinada com a excelente execução, continuou a produzir resultados, ano após ano e, em 2010, a base de clientes ativos era de 66 milhões de pessoas (número superior às populações, por exemplo, da França, da Inglaterra e da Itália), as receitas atingiram US$34,2 bilhões, com um lucro de US$1,15 bilhão e um valor de mercado de US$77,11 bilhões. A visão e a estratégia (formulação e execução) de longo prazo produziram os resultados esperados pelos acionistas.

A Google

A Google nos mostra como a busca de inovação está associada à construção de uma estratégia (formulação e execução integradas) competitiva. Em 1995, Sergei Brin e Larry Page estavam realizando o doutoramento em Ciência da Computação, na Universidade de Stanford, e tinham como principal objetivo a criação de um novo negócio – e não somente a publicação de uma tese. O tema de seus estudos era o desenvolvimento de uma ferramenta de busca na Internet. Apesar de existirem algumas empresas pioneiras no mercado, como Alta Vista, Yahoo!, Excite e Lycos, que já ofereciam serviços de busca, os resultados eram decepcionantes para os internautas.

Além disso, naquele momento da Internet, as apostas das empresas de tecnologia estavam na criação de grandes portais. O interesse das pontocom era a atração de pessoas e a geração de um grande fluxo de tráfego no site. O objetivo dos portais era manter os internautas navegando o maior tempo possível, dentro do site, procurando bens, serviços, notícias, e informações – e, acima de tudo, gastando em compras, vendo as propagandas e os banners dos anunciantes.

As ferramentas de busca eram consideradas secundárias e desinteressantes porque remetiam o usuário para outro site e, com um único clique, ele saía do portal. Além disso, a sabedoria convencional da época considerava que a busca se transformaria numa commodity e que, portanto, seria muito difícil ganhar dinheiro com ela. A bola da vez eram os portais.

Contrariando o senso comum, Brin e Page consideravam que a busca de informações desempenharia importante papel na Internet, semelhante ao do uso do e-mail. Para eles, o fácil acesso às informações na Internet transformaria a vida das pessoas. O que, em sua origem, parecia ser um projeto de pesquisa tecnológica transformou-se, rapidamente, numa ideia de negócio – a primeira versão da ferramenta de busca, denominada Google (o número 10 elevado a 100), foi apresentada, com sucesso, para os professores e alunos da Universidade de Stanford em 1996.

A estratégia competitiva estava ainda em gestação. A formulação (melhoria da tecnologia de busca) e a execução (aceitação pelos clientes-alvo) aconteciam de forma integrada. Para Brin e Page, a oportunidade de negócio era vender ou licenciar a tecnologia Google para os grandes portais da Internet, em especial para o Yahoo! ou para a Alta Vista. Nesse sentido, Brin e Page procuraram uma empresa de venture capital, com a finalidade de vender a possíveis compradores a tecnologia Google por US$1 milhão. Mas, naquele momento, ninguém – nem mesmo os portais – se interessou pela ferramenta de busca. Eles não viram qualquer benefício comercial com a nova tecnologia de busca.

A estratégia (formulação e execução integrada) precisou ser revista com a decisão de se criar uma nova empresa, a Google Inc., instalada em uma garagem, o que ocorreu em 4 de setembro de 1998. A Google tinha como foco o desenvolvimento e o aperfeiçoamento de ferramentas de busca, o que, segundo Brin e Page, se tornaria essencial para a navegação na Internet. Para financiar o crescimento da empresa, os fundadores recorreram a duas empresas de capital de risco, a Kleiner Perkins e a Sequoia Capital, que investiram um total de US$25 milhões.

Os recursos seriam destinados ao objetivo (considerado quase impossível) de fazer o download de toda a Internet, para identificar, a partir de uma palavra-chave (ou termo de busca), quais os sites mais respeitados pelos internautas, estabelecer um link entre eles e apresentar um resultado de qualidade para o usuário. Mas, para que isso acontecesse, além dos elevados investimentos no desenvolvimento de software, era preciso comprar uma infinidade de computadores.

Na criação e viabilização da ferramenta de busca, Brin e Page criaram o que se pode chamar de uma inteligente linha de produção (vários computadores pessoais ligados em rede) para processar a classificação, a indexação e a apresentação das informações que o usuário estava buscando. Com os computadores em rede, eles obtinham maior poder computacional a menor custo.

Pouco a pouco, a ferramenta originalmente denominada de PageRank era aperfeiçoada, produzindo cada vez mais melhores resultados de busca. Ao mesmo tempo, com o crescimento do número de sites na Internet e o fortalecimento da imagem de marca da Google (via propaganda boca a boca), o número de buscas no site atingiu 7 milhões por dia no final de 1999.

Entretanto, apesar dos esforços de venda, as receitas de licenciamento da tecnologia de busca continuavam pequenas. Poucos clientes se interessaram por ela. Em 1999, a Google operava com um prejuízo US$6,1 milhões, diante de uma receita de US$220 mil. No ano seguinte, o prejuízo atingiu US$14,7 milhões contra uma receita de US$19,1 milhões. A execução da estratégia demonstrava que a estratégia em curso precisava ser refinada mais uma vez.

Porém, o quem mais despertava a atenção era o fato de que a Google não contava com um modelo de geração de receita (o motor econômico do negócio) até aquele momento. Isso se devia ao fato de Brin e Page estarem focados e motivados no desenvolvimento do melhor mecanismo de busca do mercado – as receitas, eles imaginavam, seriam uma consequência. Além disso, Brin e

Page mostravam-se relutantes em veicular anúncios associados às buscas porque consideravam que essa prática comprometia a isenção dos resultados. Não queriam cometer o mesmo erro dos primeiros portais da Internet, em que o volume de propaganda influenciava e podia alterar os resultados da busca.

Depois de muita reflexão, Brin e Page aceitaram o fato de que a Google participava de dois tipos de negócios integrados entre si: busca e propaganda. Com esses conceitos em mente, eles conseguiram formular uma nova estratégia de negócios: a melhor experiência de busca independente, combinada à propaganda contextualizada e personalizada de acordo com a intenção do usuário da Internet.

A execução da estratégia era suportada por anúncios na forma de texto (denominados links patrocinados), localizados no alto do resultado da busca. Dessa forma, o anúncio na Google somente seria visualizado no interior dos resultados dos temas de interesse do usuário. O mais importante dessa abordagem é que, ao fazer isso, a Google revolucionou o negócio de propaganda, devido a dois fatores-chave: primeiro, ao oferecer ao anunciante e ao usuário um modelo de propaganda associada a resultados (*pay per click*); o segundo, ao introduzir uma ferramenta do tipo faça você mesmo (o AdWords, lançado em outubro de 2000), com anúncios de baixo custo (em relação à mídia tradicional), o que facilitou a comunicação de inúmeras pequenas empresas com seus clientes em potencial.

O serviço AdWords da Google, com seu novo modelo de fazer propaganda, estimulou e facilitou a inclusão de novos empreendedores, proprietários de pequenos negócios e profissionais de diferentes setores de atividade no mercado de anunciantes. Esse fato, ou melhor ainda, esse fenômeno criou um verdadeiro oceano azul, provocando significativas mudanças no bolo publicitário, tanto em seu volume como no fato de despertar o interesse de grandes corporações em realizar anúncios na Internet.

Os resultados dessas iniciativas estratégicas da Google foram extraordinários. Em 2003, as receitas atingiram US$3,2 bilhões, com um lucro de US$399 milhões. Esse forte crescimento das receitas demandava cada vez mais investimentos em tecnologia, novos produtos e serviços, marketing e pessoas talentosas. A solução adotada foi a abertura de capital realizada de forma independente, respeitando a cultura da Google e completamente fora dos padrões de Wall Street. A Google se comprometeria com sua estratégia competitiva de longo prazo, e não com as pressões do mercado de capitais para produzir resultados trimestrais de curto prazo. A IPO foi um sucesso, com a captação de US$1,67 bilhão em seu primeiro dia de oferta, ocorrido em 19 de agosto de 2004.

O contínuo refinamento da estratégia (formulação e execução integradas) tem contribuído para que a Google evolua no cumprimento de sua desafiadora missão de "organizar as informações do mundo e torná-las acessíveis". Em 2010, os indicadores de performance da Google mostravam que as vendas haviam alcançado US$29,32 bilhões (crescimento médio de 36,9% ao ano desde 2005), com um lucro de US$8,5 bilhões e um valor de mercado de US$186,4 bilhões. Uma excelente estratégia combinada com uma excelente execução, produziu resultados extraordinários para os acionistas e demais stakeholders.

4ª Lição: Uma fraca formulação da estratégia, combinada com uma fraca execução, tem como resultado a quebra da empresa e a destruição de valor. Essa lição pode ser demonstrada pelos casos da empresas pontocom.

As empresas pontocom

As empresas pontocom, criadas no período 1995-2000, durante o boom da Internet, oferecem um bom exemplo de como as organizações sem uma excelente estratégia e com fraca execução podem fracassar e quebrar. O intenso entusiasmo com as novas empresas de tecnologia, isto é, a chance de enriquecer da noite para o dia, tem como referência a IPO da Netscape, ocorrida em 9 de agosto de 1995. No primeiro dia de oferta pública, o preço das ações da Netscape subiu de US$28 para US$71, demonstrando que *get rich fast* era uma grande possibilidade – o caminho mais fácil era abrir um empresa na Internet. A Netscape ficou famosa por ter introduzido o Navigator, o primeiro software de navegação na Internet.

O sucesso da Netscape junto ao público e junto aos investidores (empresas de venture capital, private equity e bancos de investimentos) promoveu uma verdadeira corrida para a abertura de novas empresas do mundo digital. O índice Nasdaq disparou, evoluindo de 1.005,89, em julho de 1995, para 5.048,62 em 10 de março de 2000, com um crescimento de 401,9%, o que equivale a 38,1% ao ano.

O caminho para o sucesso de muitos criadores de empresas pontocom parecia simples: tenha uma ideia na cabeça e coloque um site no ar. A revolução da Internet e os avanços da tecnologia pareciam confirmar isso. Empresas nascentes, criadas em garagens e com pessoas jovens e sem experiência em negócios, estavam conseguindo, com êxito, enfrentar as tradicionais empresas americanas, como Hewlett-Packard, IBM e AT&T. O número de empresas digitais cresceu acentuadamente – de 1997 a 2000, foram criadas 1.649 novas empresas de tecnologia, listadas na Nasdaq, que conseguiram captar US$316,5 bilhões no período.

Muitas empresas de tecnologia, por terem excelente visão estratégica, transformaram-se em grande sucesso, como Apple, Microsoft, Intel, Amazon, ebay, Yahoo! e Cisco. Entretanto, a maioria das nascentes empresas digitais não levou em consideração os principais fundamentos de gestão de um negócio. Na verdade, seus fundadores não consideravam isso importante porque a tecnologia e a Internet mudavam tudo. Então, por que perder tempo com uma estratégia? Era a destruição criativa em ação: o importante era colocar o site no ar para conquistar os clientes e gerar receitas.

A novidade era ser um provedor de acesso na Internet, como provedor de arte com e sem moldura; provedor de navegação intuitiva na Internet; provedor de microtransações em dinheiro on-line; provedor de envio de cartão on-line; provedor de recursos de jardinagem; provedor de serviços de avaliação da Internet; provedor de cartões de cumprimento personalizados; provedor de e-mail sem fio, entre outros. O lucro e a geração de caixa não eram considerados importantes naquele momento. Os indicadores mais importantes eram o número de visitantes no site, a quantidade de clientes exclusivos e o índice de click-through (número de vezes que os usuários selecionam o conteúdo de um anúncio ou link).

Os clássicos fundamentos de gestão de negócios foram abandonados. A segmentação de mercado, a proposição de valor para o cliente e o lucro por ação deixaram de ser importantes. Uma nova linguagem para a economia digital foi criada: o B2C (business-to-consumer), o B2B (business-to-consumer), o E-commerce, o CRM (Customer Relationship Management). Os analistas de negócios afirmavam que o mais importante na economia digital era o rápido crescimento das receitas (*get big fast*), mesmo que, para isso, as pontocom apresentassem elevados prejuízos. O indicador mais importante era o *burn rate*, isto é, a velocidade com que um investimento era gasto no novo negócio.

Mas foi a expressão *exuberância irracional*, criada por Alan Greenspan, que melhor retratou essa época. A exuberância irracional significa que o valor das ações (e outros ativos) estava superavaliado. As ações de empresas com elevados prejuízos aumentavam a cada dia na Nasdaq, despertando cada vez mais o interesse dos investidores. Com a alta das ações, ocorreu o fenômeno do efeito riqueza: com o (artificial) aumento do valor do portfólio de ações, as pessoas começaram a contrair empréstimos para a aquisição de carros, casas e bens de consumo.

A ausência de uma estratégia competitiva (formulação e execução) também pode ser vista nas empresas de telecomunicações, entre elas, Qwest, Global Crossing, MCI e Level3, que, para aproveitar a expansão da Internet, fizeram grandes investimentos na criação de uma rede de fibra ótica. O problema é que cada uma das empresas tinha a capacidade de atender a 100% da demanda estimada, ou seja, quatro vezes o tamanho do mercado. Em consequência, essas empresas de telecomunicações acabaram destruindo o valor investido pelos acionistas e acabaram quebrando.

Cada vez mais empresas, apesar de terem elaborado planos de negócios, não levaram em consideração alguns dos preceitos básicos da estratégia como: retorno sustentável no longo prazo, proposição de valor para os clientes, cadeia de valor e vantagens competitivas. As empresas que também podem ilustrar esse fato são as seguintes: Webvan, Boo.com e Flooz.com.

- A **Webvan**, constituída em 1999, tinha como finalidade entregar produtos de mercearia comprados pelos consumidores através da Internet. O objetivo era entregar os produtos em até 30 minutos. A empresa conseguiu levantar US$375 milhões na IPO, chegou a atingir US$1,2 bilhão em valor de mercado e quebrou em 2001.
- A **Boo.com**, criada em 1999, era um site de roupas esportivas e elegantes, que tinha como objetivo tornar-se uma das maiores empresas do setor do mundo. O site conseguiu levantar US$135 milhões de empresas de venture capital, mas acabou fechando em 2000.
- A **Flooz.com**, também fundada em 1999, tinha como finalidade introduzir uma nova moeda pela Internet, o flooz, que seria utilizado pelos consumidores em suas compras nas redes de varejo, e seria um produto substituto do cartão de crédito. A pontocom, com seu plano de negócios, conseguiu captar US$35 milhões junto a uma empresa de venture capital. Entretanto, devido à ausência de uma estratégia competitiva, acabou indo à falência em 2001.

Conforme comentou Michael Porter, "as empresas pontocom precisam desenvolver estratégias que criem valor econômico, com base no reconhecimento de que suas atuais formas de competição são destrutivas e fúteis, não beneficiando nem a si próprias nem aos clientes". Em síntese, apesar de parecer evidente, o uso de uma nova tecnologia, como a Internet, não substitui nem compensa a combinação fatal entre uma fraca estratégia com uma fraca execução.

3. As barreiras organizacionais para a execução da estratégia

O tradicional processo de execução da estratégia, além de ser prejudicado pelo equívoco dos empresários e executivos em promover separação entre as atividades de formulação e as iniciativas de execução, também é comprometido pelas barreiras organizacionais, existentes em inúmeras empresas. De acordo com os criadores do conceito de *Estratégia do Oceano Azul*, W. Chan Kim e Renée Mauborgne, é possível identificar quatro tipos de barreiras organizacionais para a execução da estratégia: cognitiva, limitação de recursos, motivação e política, conforme mostrado na Figura 2.

a) A barreira cognitiva é constituída por três fatores: a não valorização da estratégia por um grupo significativo de empresários e executivos; o não conhecimento das principais metodologias de gestão estratégica; e a resistência das pessoas às mudanças organizacionais.

FIGURA 2 As barreiras organizacionais à execução da estratégia

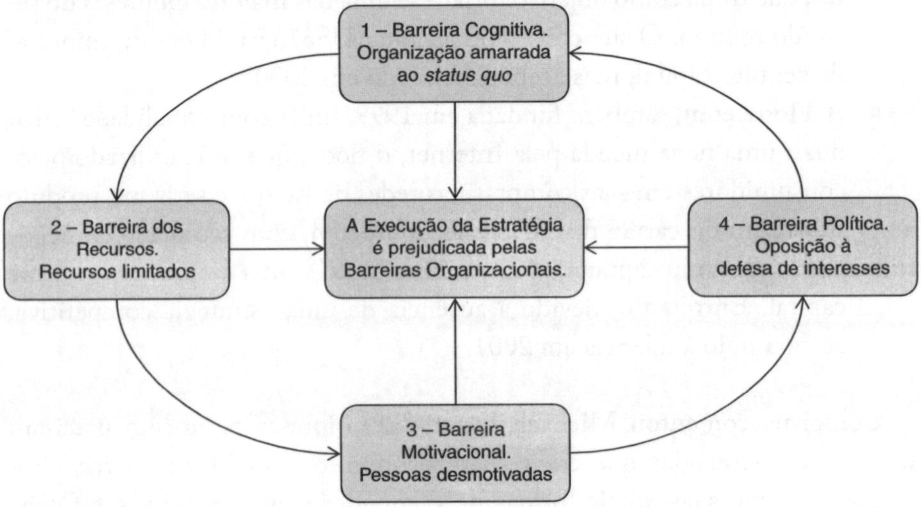

Fonte: Adaptado de Kim, W. Chan & Mauborgne, Renée. *Estratégia do oceano azul.*

Por mais surpreendente que possa parecer, inúmeros empresários e executivos encontram-se tão concentrados nas atividades operacionais da empresa que ainda não despertaram para a importância da estratégia no crescimento sustentável da empresa no longo prazo. Essas pessoas valorizam muito mais as atividades concretas (práticas), como venda de produtos e serviços, atendimento aos consumidores, acesso ao crédito, compra de insumos, contratação de empregados, entre outros fatores. A estratégia (formulação e execução) é considerada muito abstrata, teórica, complexa e muito difícil para se mensurarem os benefícios.

Além disso, os conceitos e as principais metodologias associados à estratégia (formulação e execução), criados por especialistas de negócios (gurus), professores e empresas de consultoria, são considerados muito intelectualizados, por um considerável número de profissionais. Alguns conceitos como análise Swot, forças competitivas, cadeia de valor, competências essenciais, balanced scorecard, inovação de valor, six sigma, tecnologias disruptivas, inteligência analítica, gestão do conhecimento, entre outros, são considerados complexos e de difícil entendimento, principalmente pela gerência média das empresas. As falhas na capacitação e a falta de domínio desses conceitos, pela equipe de colaboradores, levam à alienação, ao desinteresse e à insegurança em relação aos projetos de planejamento estratégico nas empresas.

A resistência às mudanças, por sua vez, está associada não só ao apego das pessoas ao *status quo*, como também à acomodação das pessoas com baixa performance satisfatória (resultados abaixo do potencial de criação de valor da empresa). Um dos principais motivos da resistência à mudança é o desejo dos empresários e executivos em preservarem o que já conquistaram. Dessa forma, concentram os esforços na melhoria das atividades operacionais e, ao fazerem isso, fica difícil convencer as pessoas da necessidade de mudança. Muitas vezes, a tomada de consciência somente ocorrerá quando a empresa entrar em crise e estiver em situação de desvantagem competitiva.

b) A barreira de recursos é um dos principais motivos alegados por empresários e executivos para não liderarem o processo de planejamento estratégico (formulação e execução) de suas empresas. Para esses dirigentes, há falta de capital, de ativos, de tecnologia, de pessoas qualificadas e de outros recursos para executar corretamente uma estratégia competitiva. Essa hipótese é contestada por inúmeras pequenas empresas em sua origem, como Apple, Microsoft e Canon, que enfrentaram com sucesso as maiores corporações do mundo com poucos recursos – mas com excelentes ideias e uma extraordinária capacidade de formular e executar uma estratégia competitiva.

Entretanto, o mais importante para os dirigentes das empresas que alegam ter limitação de recursos é que, frequentemente, tanto o capital financeiro como o capital intelectual (capital humano e capital estrutural) estão sendo subutilizados, ou ainda, muito mal aplicados. Na ausência de uma estratégia (formulação e execução), os recursos da empresa não são destinados às atividades com a melhor capacidade de criação de valor econômico agregado.

Muitas vezes, os recursos estão diluídos em inúmeras atividades secundárias com baixo impacto para o fortalecimento da posição competitiva da empresa. Além disso, não há um orçamento estratégico direcionado ao investimento nos projetos estratégicos (as poucas iniciativas voltadas para o fortalecimento das vantagens competitivas da empresa) com os maiores retornos para os acionistas no longo prazo.

Em síntese, os recursos não são concentrados nas prioridades estratégicas da empresa. Os principais recursos da empresa estão sendo consumidos por iniciativas que provocam baixo impacto no desempenho da empresa. Na verdade, os dirigentes não percebem (porque não há um claro direcionamento estratégico) que essas iniciativas deveriam ser descontinuadas, ou muito reduzidas, liberando esses recursos para os projetos, os processos e as operações com maior efeito sobre o desempenho da empresa.

c) A barreira motivacional tem como origem o desconhecimento da estratégia pelas pessoas que serão responsáveis pela execução. Poucos profissionais da empresa (inclusive os da alta administração) sabem como sua função está conectada com a estratégia – e qual o indicador de performance que melhor retrata essa contribuição.

Para a estratégia ser executada, em primeiro lugar os empregados precisam ter consciência do trabalho (projetos, processos e operações) que precisa ser realizado na organização. Essas atividades e o impulso para a ação, por sua vez, dependem da motivação (possibilidade de crescimento na empresa, incentivos profissionais, recompensas financeiras e automotivação) e do grau de engajamento dos profissionais em relação aos valores, à visão, à missão e à estratégia.

Entretanto, inúmeros estudos têm demonstrado falta de motivação e baixo engajamento da força de trabalho nas empresas. De acordo com uma pesquisa realizada em 2010 pela Gallup Consulting (Employee Engagement: What's Your Engagement Ratio?), há um elevado índice de desengajamento das pessoas em relação ao trabalho em empresas do mundo inteiro. Esse desengajamento tem como resultado o desperdício de recursos, a redução da rentabilidade e o bom relacionamento com os clientes. Por outro lado, alto engajamento provoca resultado inverso. O estudo da Gallup também mostrou uma grande diferença de engajamento entre as empresas consideradas de classe mundial, a média das empresas pesquisadas e as empresas brasileiras, como pode ser visto na Figura 3.

FIGURA 3 O grau de engajamento dos empregados com os objetivos da empresa

Perfil do Empregado	Grau de Engajamento dos Empregados (Em %)*		
	Empresa Classe Mundial	Média das Empresas	Empresas Brasileiras
Engajados	67	33	21
Não Estão Engajados	26	49	61
Ativamente Desengajados	7	18	18
Total	100	100	100

Fonte: Gallup Consulting, 2010. Os dados do Brasil são de 2007.

Portanto, o maior desafio da estratégia (formulação e execução) são as pessoas. As diferentes abordagens de gestão estratégica lidam com metodologias, processos e tecnologias. As pessoas representam o elo perdido da estratégia. As principais ferramentas de estratégia, como a matriz de crescimento e participação da Boston Consulting Group, a análise de atratividade de mercado e a força competitiva da McKinsey, as cinco forças competitivas de Michael Porter e as competências essenciais de Gary Hamel e C.K. Prahalad dedicam pouco espaço ao papel desempenhado pelas pessoas para o sucesso da estratégia competitiva.

Dessa forma, para fortalecer a motivação e elevar o engajamento das pessoas em relação os objetivos da empresa, é preciso que elas estejam envolvidas com a estratégia, por meio de um processo de conscientização e de educação – e não apenas através de iniciativas isoladas de comunicação. É nesse momento que o líder e as principais lideranças da empresa desempenham importante papel para tornar a estratégia (formulação e execução) uma competência essencial da organização.

Chan Kim e Renée Mauborgne sugerem três iniciativas para elevar a motivação das pessoas no processo de formulação, execução e monitoramento da estratégia: estimular o envolvimento, melhorar a explicação sobre a estratégia e deixar bem claras quais são as expectativas da direção em relação ao comportamento dos empregados no dia a dia de trabalho. O envolvimento significa engajar as pessoas continuamente no processo da estratégia. Dessa maneira, desde o início das atividades, explica-se aos colaboradores a importância da estratégia para a organização e se expõem os reais motivos da mudança organizacional. O compartilhamento das informações reduz o nível de estresse e eleva a confiança das pessoas no processo.

Ao mesmo tempo, as principais lideranças promovem alinhamento das expectativas da direção da empresa não só em relação às atitudes das pessoas, mas também aos resultados esperados nas fases de formulação, revisão, execução e monitoramento da estratégia. Além disso, os indivíduos são estimulados a dar sua contribuição, com uma postura crítica e construtiva, inclusive questionando as principais hipóteses estratégicas.

Assim como muitas empresas mapeiam seus processos e competências, também é preciso fazer um mapeamento de quem são os líderes e os influenciadores de outros funcionários (positivamente ou negativamente), em todos os níveis da organização. Por meio dessa iniciativa, gradativamente, um número crescente de pessoas é capacitado (educado) em gestão estratégica e passa a desempenhar o papel de multiplicador junto aos demais empregados da empresa.

Os multiplicadores, de acordo com o conceito de Liz Wiseman e Greg McKeow, são os líderes que estimulam a inteligência, o talento e a capacidade de realização das pessoas de uma organização. Os multiplicadores têm consciência de que um grande número dos empregados é subutilizado no desempenho de suas funções, trabalhando aquém de seu potencial de realização. Esse fato é agravado pelo baixo grau de motivação dos empregados em relação aos objetivos estratégicos de suas empresas.

Em consequência, as iniciativas estratégicas da organização (formulação, execução e monitoramento) são prejudicadas pela pequena ênfase dada à pessoas no processo. Assim, um dos principais desafios da alta administração da empresa é o de acionar os multiplicadores, que terão como principal missão elevar a motivação e o engajamento das pessoas no processo de gestão estratégica. Com o aprimoramento desse processo, a estratégia efetivamente torna-se um importante elemento da cultura da organização.

d) A barreira política é o mais sutil dos obstáculos para transformar a estratégia em competência organizacional. A estratégia (formulação, execução e monitoramento) irá desencadear significativas mudanças organizacionais, em especial no poder das pessoas (ou do cargo em si), na decisão de alocar recursos financeiros (os investimentos refletem as novas prioridades da empresa) e na atração das pessoas mais talentosas ou daquelas com grande capacidade de influenciar a estrutura informal da organização.

A barreira política é uma típica questão de governança corporativa (ou governança empresarial). Isso significa dizer, que o presidente da empresa é o principal responsável pelo atingimento dos objetivos estratégicos e pelo sucesso da estratégia (formulação, execução e monitoramento). Nesse sentido, ele desempenha importante papel para eliminar as barreiras políticas existentes na organização, devendo interagir com os diretores, gerentes e demais colaboradores da empresa.

Nos dias de hoje, não é mais aceitável um envolvimento distante e fragmentado da direção da empresa: o presidente e a diretoria formulam a estratégia e delegam para o nível gerencial e os demais colaboradores a responsabilidade pela execução. A estratégia (formulação, execução e monitoramento), para ser bem-sucedida, exige alto grau de comprometimento dos profissionais-chave da organização, a começar pela direção.

Nesse sentido, o presidente da empresa, em conjunto com a alta administração, deve formar uma coalizão para eliminar os obstáculos existentes no processo da estratégia. Entretanto, a coalizão não irá apenas representar um papel político – ela precisará também desempenhar um papel educacional e comportamental. Desempenhar um papel educacional significa que o grupo de coalizão irá orientar as pessoas, não só em relação a visão estratégica (visão de futuro), missão, proposição de valor para os clientes, vantagens competitivas, competências essenciais e principais indicadores de performance da empresa, mas também quanto à metodologia de gestão estratégica a ser utilizada.

O papel comportamental está associado, principalmente, à geração de confiança dos empregados em relação ao processo da estratégia. O discurso estratégico (o falar) deve estar refletido no comportamento estratégico (o fazer). Mais ainda, a direção deve incutir nos empregados um senso de urgência no processo da estratégia. Nesse sentido, a alta administração deve ter participação ativa nos encontros estratégicos, nas iniciativas de educação e capacitação, na eliminação dos obstáculos, na disponibilização dos recursos e no reconhecimento das contribuições e dos resultados alcançados pelas pessoas e pelos grupos de trabalho nas atividades da estratégia (formulação, execução e monitoramento).

4. A formulação e a execução da estratégia exigem competências complementares e integradas entre si

Analisando a história dos negócios, podemos observar inúmeras situações extraordinárias – na verdade, um conjunto de lições aprendidas que os dirigentes de empresas enfrentaram, em sua vida profissional –, como: empresas de sucesso que, após inúmeros anos de crescimento, acabaram fechando; empresas em crise que conseguiram dar a volta por cima, realizando um extraordinário *turnaround*; pequenas empresas que surgiram em garagens e se tornaram empresas globais; empresas que utilizaram as inovações e tecnologias disruptivas para criar setores de atividade completamente novos; e empresas que foram bem-sucedidas na formulação e execução da estratégia, enquanto concorrentes próximos não obtiveram o mesmo sucesso.

Daniel Goleman, conhecido por seus estudos sobre inteligência emocional, inspirado nos sucessos dos grandes empreendedores e estrategistas de negócios, sugere que existe uma inteligência nos negócios. Tomando como referência os estudos de Howard Gardner sobre as inteligências múltiplas (linguística, musical, lógico-matemática, espacial, corporal-cinestésica, interpessoal, intrapessoal e naturalista), David Goleman define a **inteligência nos negócios** como "a capacidade essencial para o sucesso no mercado: conseguir ultrapassar os obstáculos e as crises com habilidade e aplicar a *expertise* que oferece soluções conforme a necessidade, sempre agregando valor aos negócios".

A **inteligência nos negócios** consiste no potencial para acessar novas formas de pensamento (definição de princípios, criação de cenários, análise competitiva, criação de estratégias, avaliação econômico-financeira, aprendizagem de novos conhecimentos e capacidade de motivação), dentro de determinado contexto cultural. Além disso, a inteligência nos negócios se manifesta na prática, ou seja, só cria valor se as ideias forem colocadas em práticas e, principalmente, se a estratégia competitiva for executada.

Para Goleman, a inteligência nos negócios é constituída pela perspicácia, isto é, a intuição, o discernimento e a capacidade de aprender e pensar estrategicamente; pela *expertise* técnica, isto é, as habilidades e as competências para dominar e executar um trabalho ou um projeto estratégico; e pela inteligência emocional, isto é, a autoconsciência, a autoconfiança, a consciência social e a capacidade de desenvolver relacionamentos sociais. A inteligência nos negócios significa também a capacidade de aprender e desenvolver novos conhecimentos de forma contínua, à medida que o indivíduo vivencia seu trabalho e percebe a necessidade de superar os gaps de competências. Com o aumento da experiência e da automotivação, a inteligência nos negócios deve transformar-se em sabedoria nos negócios, significando a soma dos desafios, sucessos, fracassos e lições aprendidas ao longo da vida profissional.

Mais recentemente, Howard Gardner, em seu livro *Cinco mentes para o futuro* (2007), trouxe mais um contribuição para o melhor conhecimento sobre o trabalho de formulação e de execução da estratégia. Segundo Gardner, há cinco tipos de mentes que as pessoas precisam desenvolver para prosperar no atual mundo globalizado: a mente disciplinada, a mente sintetizadora, a mente criadora, a mente respeitosa e a mente ética. De acordo com Gardner, com essas mentes, "uma pessoa estará bem equipada para lidar com aquilo que se espera, bem como com o que não se pode prever. Sem elas, estará à mercê de forças que não consegue entender, muito menos controlar". O mais interessante na proposta de Gardner é que as cinco mentes para o futuro – que, em seu conjunto, poderíamos denominar de a mente do estrategista – estão profundamente vinculadas ao processo de formulação, execução, monitoramento e recriação da estratégia.

A **mente criadora** é aquela capaz de romper barreiras: cria novas ideias, formula questões desconhecidas e inesperadas, evoca formas originais de pensar, gera novos insights e provoca respostas inesperadas. Na empresa, a mente criadora é exemplificada pela inovação de produtos e serviços, por uma inovadora proposição de valor para o cliente, pelo domínio de uma nova competência essencial e, principalmente, pela formulação de uma original estratégia competitiva.

A **mente sintetizadora** é aquela capaz de integrar informações de diferentes fontes e fundi-las numa síntese de valor: ela é capaz de acessar e processar um grande volume de informações (transformando-as em conhecimento), identificar tendências a partir de sinais fracos de mercado, superar a ansiedade por mais informações pelos executivos e identificar teorias e metodologias de negócios que possam ser aplicadas nas empresas. Exemplos da mente sintetizadora nas empresas são a declaração da missão e da visão, a criação de um slogan publicitário, a seleção de temas estratégicos, a tradução da estratégia no mapa estratégico e a comunicação da estratégia para as pessoas como se ela fosse uma narrativa ou uma história.

A **mente disciplinada** é aquela capaz de ser treinada para aperfeiçoar uma habilidade ou desenvolver uma nova competência: ela demonstra como uma disciplina se constitui numa forma diferenciada de se pensar sobre a sociedade, a empresa e as pessoas. A mente disciplinada é orientada para a ação e possibilita às pessoas adquirir atitudes que lhe permitem progresso constante no domínio de uma habilidade, de uma profissão, ou ainda, de um novo corpo de conhecimento disciplinar ou interdisciplinar. A liderança, a gestão de negócios, a formulação e a execução da estratégia são exemplos da mente disciplinada.

A **mente respeitosa** é aquela capaz de discernir, aceitar e respeitar as diferenças existentes entre os seres humanos e as sociedades humanas: ela busca integrar-se e trabalhar de forma eficaz com as diferenças. A mente respeitosa atua com elevado grau de empatia, procurando entender as pessoas de acordo com seus próprios valores, escolhas e comportamentos. Exemplos de mente respeitosa na empresa são: contratação de pessoas das minorias étnicas, sociais e sexuais; respeito aos valores culturais de outras empresas e países; respeito aos empregados da linha de frente pelos dirigentes e respeito pelas novas ideias, aparentemente absurdas.

A **mente ética** é aquela que opera no nível dos valores e das aspirações da sociedade, das empresas e das pessoas: ela procura revelar para o indivíduo a postura ética que precisa assumir como cidadão, como empresário, como trabalhador, como cidadão e como consumidor. A carta de princípios (ou de valores) da organização, a responsabilidade social empresarial, a sustentabilidade ambiental e o combate à corrupção são exemplos da mente e do comportamento ético.

FIGURA 4 As pessoas no centro da formulação e execução da estratégia

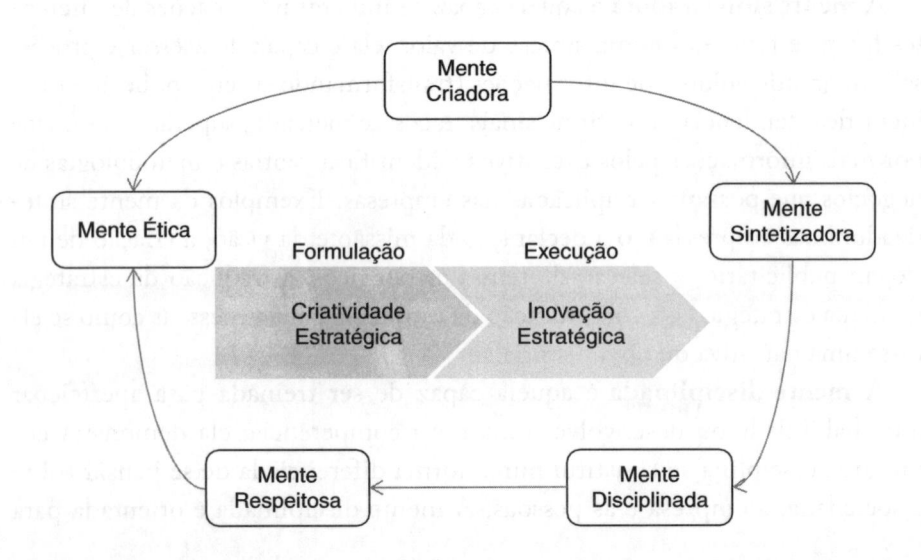

Outra importante contribuição para o entendimento do contínuo processo de formulação e execução da estratégia nos é dada por Luc de Brabandere, do The Boston Consulting Group, em seu livro, *O lado oculto das mudanças*, publicado em 2005. De acordo com Brabandere, para que haja efetiva mudança, as pessoas precisam mudar não apenas *a realidade* que as cerca, como também *a percepção* que elas têm a respeito dessa realidade. Esse conceito, aplicado ao processo de transformação de uma empresa, significa que os dirigentes precisam mudar não só a organização em si, mas também a percepção que eles têm a respeito do significado da própria organização. Dessa forma, a mudança é um processo que envolve competências associadas tanto à criatividade (estratégica) como à inovação (estratégica), conforme mostram as Figuras 4, 5 e 6.

FIGURA 5 Mudanças associadas à formulação e à execução da estratégia

A *Formulação da Estratégia* está associada à mudança de *percepção*	A *Execução da Estratégia* está associada à mudança da *realidade*
▪ Necessita de *reflexão*. ▪ É um desafio para o indivíduo e para o grupo. ▪ O processo é descontínuo. ▪ Acontece em um instante, através de um insight. ▪ Seu impacto não pode ser medido. ▪ Exige brainstorming. ▪ Alimenta-se de questionamentos, surpresas, ideias estranhas e incompletas.	▪ Necessita de *ação*. ▪ É um desafio para uma equipe. ▪ O processo é contínuo. ▪ Leva um longo tempo para se realizar completamente. ▪ Seu impacto é mensurável. ▪ Exige gestão de projetos. ▪ Alimenta-se de ideias práticas e de sugestões úteis.

Fonte: Luc de Brabandere. *O lado oculto das mudanças*.

A **criatividade** é a forma como um indivíduo, um grupo ou ainda uma organização obtém êxito em mudar sua percepção a respeito da realidade. Realidade, nesse caso, é tanto o entorno que envolve a organização como o ambiente interno, a estrutura organizacional e a de poder. A criatividade (estratégica) é um processo descontínuo – é o que podemos denominar, na linguagem de Schumpeter, de destruição criativa.

Na abordagem das pessoas focadas na estratégia, **a criatividade está associada à formulação da estratégia.** Na perspectiva da estratégia, a criatividade representa a busca e a escolha de novas possibilidades e novos espaços competitivos, que irão possibilitar a criação de valor e de riqueza, de forma sustentável, pela empresa.

FIGURA 6 Competências associadas à formulação e à execução da estratégia

Competências Associadas à *Formulação* da Estratégia	Competências Associadas à *Execução* da Estratégia
• Criatividade. • Imaginação. • Pensamento Sistêmico. • Associação de Ideias. • Uso de Metáforas e Analogias. • Imagens do Futuro. • Criação de novos Conhecimentos.	• Liderança. • Orientação para Resultados. • Gestão de Projetos. • Orientação para a Ação e Operações. • Gestão de Mudanças. • Capacidade Motivação. • Análises Quantitativas. • Trabalho em Equipe.

A **inovação** é uma abordagem mediante a qual o indivíduo, a equipe ou a organização consegue mudar a realidade. A inovação está associada à ação. A ação, nesse caso, é a capacidade dos dirigentes, das equipes de projetos e dos times de processos de executar a estratégia. Dessa forma, na abordagem das pessoas focadas na estratégia **a inovação está associada à execução da estratégia**. É por meio da execução da estratégia que a visão de futuro, o mapa da estratégia e os projetos estratégicos tornam-se realidade e possibilitam, efetivamente, a criação de riqueza para os stakeholders e o aumento do valor de mercado da empresa.

CAPÍTULO 4

Da organização orientada pela estratégia para as pessoas focadas na estratégia

A geração de pensamento estratégico em que estamos entrando agora desafia os pressupostos ontológicos anteriores. Ela diz que a única unidade irredutível nesse quadro é a pessoa – o cliente, o trabalhador ou o executivo. Diz que as pessoas se envolvem em transações, em uma definição geral, que podem ser competitivas ou cooperativas, mas o que surge é uma rede.
WALTER KIECHEL III

1. A organização orientada pela estratégia

Há muito tempo a grande dificuldade para a execução da estratégia tem chamado a atenção dos especialistas de negócios. Durante a década de 1980, os empresários, executivos, consultorias empresariais e autores de livros sobre estratégia procuravam descobrir uma fórmula para realizar a implementação da estratégia – a palavra execução ainda não era utilizada.

De acordo com os modelos mentais vigentes naquela época, a implementação da estratégia estava associada à mudança organizacional, à formulação de estratégias funcionais, ao desenho de uma nova estrutura organizacional e, acima de tudo, ao novo papel das lideranças, que deveriam utilizar sua posição e seu poder para alinhar as pessoas e criar uma nova cultura organizacional. A questão central da separação entre a formulação e a execução da estratégia não era abordada de forma conveniente.

As pessoas até poderiam entender a estratégia e saber quais eram os objetivos de longo prazo e o orçamento, mas perguntavam: o que a empresa quer que eu faça agora? E, raramente, obtinham uma resposta satisfatória. Mesmo quando as pessoas tomavam consciência do que precisavam fazer, surgia uma nova questão: como devo realizar a atividade estratégica sob minha responsabilidade? E, mais uma vez, raramente obtinham uma orientação aceitável.

Apesar dos avanços das novas metodologias de gestão, como a cadeia de valor, a gestão da qualidade total, a reengenharia, a competição baseada no tempo, a gestão do conhecimento, as cinco forças competitivas, o benchmarking, a competência essencial e o empowerment, a questão da execução da estratégia não estava bem resolvida.

Mais especificamente, não adiantava formular uma estratégia e, depois, dar a responsabilidade para as pessoas realizarem a implementação com base em diretrizes genéricas. Não é suficiente dizer "Mantenha o plano simples. Não diga às pessoas o que fazer e como fazer. Diga o que você quer que elas alcancem e, acima de tudo, explique por quê. Depois peça que descrevam o que farão", como recomenda Stephen Bungay, em seu recente livro *O melhor ataque é a execução*. Sem uma consistente metodologia, a execução da estratégia continuará sendo uma promessa e uma frustração para os dirigentes e a equipe de colaboradores da empresa.

Para superar essa preocupante situação, Robert Kaplan e David Norton ofereceram uma excelente contribuição para a questão da execução da estratégia, com a criação da abordagem do Balanced Scorecard em 1992. Uma das principais preocupações de Kaplan e Norton era como desenvolver e como executar estratégias capazes de gerar um desempenho superior e criar valor para os acionistas e demais stakeholders da organização. Para eles, uma boa estratégia era aquela que era bem executada. E a estratégia, para ser bem executada, precisava de um novo sistema de gestão estratégico: o Balanced Scorecard.

Não é escopo deste livro detalhar a metodologia de Balanced Scorecard – o que já foi realizado em meu livro anterior, *Balanced Scorecard e gestão estratégica*. Agora, o importante é explorar os princípios da organização focada na estratégia. De acordo com Kaplan e Norton, para uma organização possuir um bom alinhamento e um foco nítido na execução da estratégia, precisa dominar cinco princípios: mobilizar a mudança por meio da liderança executiva; alinhar a organização à estratégia; transformar a estratégia em tarefa de toda a organização; converter a estratégia em processo contínuo; e traduzir a estratégia em termos operacionais, como mostra a Figura 7. Um detalhamento dos cinco princípios é trazido a seguir.

FIGURA 7 Os princípios de uma organização focada na estratégia

1º Princípio: Mobilizar a mudança por meio da liderança executiva

Os principais desafios desse princípio podem ser resumidos da seguinte forma:

- Realizar a iniciativa do Balanced Scorecard tendo como patrocinador um executivo da alta administração, que desempenhará o papel de líder

no processo. De acordo com as novas abordagens de gestão estratégica, o presidente da empresa é o responsável pela execução da estratégia.
- Motivar e dar autonomia aos integrantes da equipe responsável pela implementação do Balanced Scorecard, para que atuem como líderes no processo, formando multiplicadores que estimulem, orientem e eduquem os colaboradores da organização sobre a gestão estratégica na empresa.
- Mobilizar a equipe de colaboradores para que adquiram senso de propriedade do processo de Balanced Scorecard.
- Implementar um modelo de governança corporativa suportado pelo Balanced Scorecard, entendido como um sistema de gestão estratégica que irá contribuir para a melhor transparência dos indicadores de performance e para a *accountability*, isto é, quem são os responsáveis pela entrega dos resultados estratégicos da empresa.

2º Princípio: Traduzir a estratégia em termos operacionais

Os principais desafios desse princípio podem ser resumidos da seguinte forma:

- Descrever a estratégia, utilizando como instrumento de comunicação os Mapas Estratégicos.
- Identificar e explicitar as relações de causa e efeito entre os objetivos estratégicos selecionados para as perspectivas de valor, mostrando como os ativos intangíveis se transformam em resultados financeiros.
- Selecionar o conjunto de indicadores financeiros e não financeiros, inclusive os indicadores de resultados (*lagging indicators*) e os de tendência futura (*leading indicators*), que possibilitam a descrição e a mensuração do processo de criação de valor da empresa.

3º Princípio: Alinhar a organização à estratégia

Os principais desafios desse princípio podem ser resumidos da seguinte forma:

- Integrar as estratégias das unidades de negócios, das áreas funcionais e dos indivíduos à estratégia organizacional ou corporativa.

- Promover sinergia de recursos, conhecimentos e competências entre as diferentes áreas da organização.
- Utilizar os temas e as prioridades estratégicas como instrumento de gestão e comunicação, substituindo os tradicionais relatórios financeiros.

4º Princípio: Motivar para transformar a estratégia em tarefa de toda a organização

- Os principais desafios desse princípio podem ser resumidos da seguinte forma:
- Difundir a estratégia da sala da diretoria para as equipes de projetos, processos e operações através da combinação de diferentes canais de comunicação.
- Educar e capacitar, de forma contínua, toda a equipe de colabores da organização sobre os conceitos de negócios e a estratégia competitiva da empresa.
- Definir scorecards individuais a partir dos scorecards organizacionais.
- Vincular o sistema de remuneração e recompensas ao atingimento dos scorecards individuais e organizacionais.

5º Princípio: Gerenciar para converter a estratégia em processo contínuo

Os principais desafios desse princípio podem ser resumidos da seguinte forma:

- Mostrar para as pessoas como seu trabalho está vinculado à estratégia.
- Elaborar o orçamento a partir dos objetivos e dos projetos estratégicos.
- Avaliar periodicamente (mensal ou trimestralmente), nas equipes gerenciais e operacionais, a consistência da estratégia competitiva, utilizando como metodologia as Reuniões de Gestão Estratégica.
- Criar uma cultura organizacional que estimule o aprendizado estratégico, em todos os níveis da empresa.
- Criar sistemas de informação e análise que possibilitem ao usuário criar relatórios gerenciais para a avaliação da performance.

- Monitorar, testar e adaptar a estratégia para verificar se as hipóteses estratégicas produzem os resultados esperados e se as mudanças na sociedade e no ambiente dos negócios exigem uma renovação da estratégia.
- Transformar a estratégia (formulação e execução) numa competência da organização.

Uma das melhores contribuições da metodologia do Balanced Scorecard diz respeito à facilitação do entendimento e da visualização da estratégia competitiva pelos profissionais da empresa. Para a maioria das pessoas, a estratégia é um conceito complexo, abstrato e aparentemente distante de seu dia a dia de trabalho. É também uma fonte de insegurança e de bloqueio das iniciativas dos empregados. Como é possível esperar o envolvimento das pessoas com a estratégia se elas não entendem seu significado e se temem estar fazendo a coisa errada? A melhor resposta é ficar quieto e distante dos problemas.

2. O mapa estratégico e o papel das pessoas na estratégia

O mapa da estratégia (ou mapa estratégico) foi a forma encontrada por Kaplan e Norton de traduzir a estratégia de forma prática, tangível e de fácil visualização pelos colaboradores da empresa. O mapa estratégico é a aplicação na prática da ideia de que uma imagem vale por mil palavras. Além disso, por ser construído a partir de temas estratégicos, ele mostra claramente quais são as prioridades e onde deve concentrar-se o foco de atenção dos dirigentes, gerentes e colaboradores.

A construção do mapa estratégico traz também outro benefício: a estratégia competitiva pode ser explicada por meio de uma narrativa ou de uma história, e não apenas por meio de números e metas quantitativas. Na história da estratégia da empresa, há quatro personagens principais: o acionista, representado pela perspectiva financeira; o cliente, representado pela perspectiva do cliente; o líder dos processos, representado pela perspectiva dos processos internos; e o empregado, representado pela perspectiva de aprendizagem e crescimento, ou do capital humano da empresa. Esses personagens trabalham em interação com outros stakeholders, como membros da sociedade civil, governo, concorrentes, fornecedores, investidores e associações de classe (veja as Figuras 8 e 9).

FIGURA 8 As perspectivas de valor e os personagens do mapa estratégico

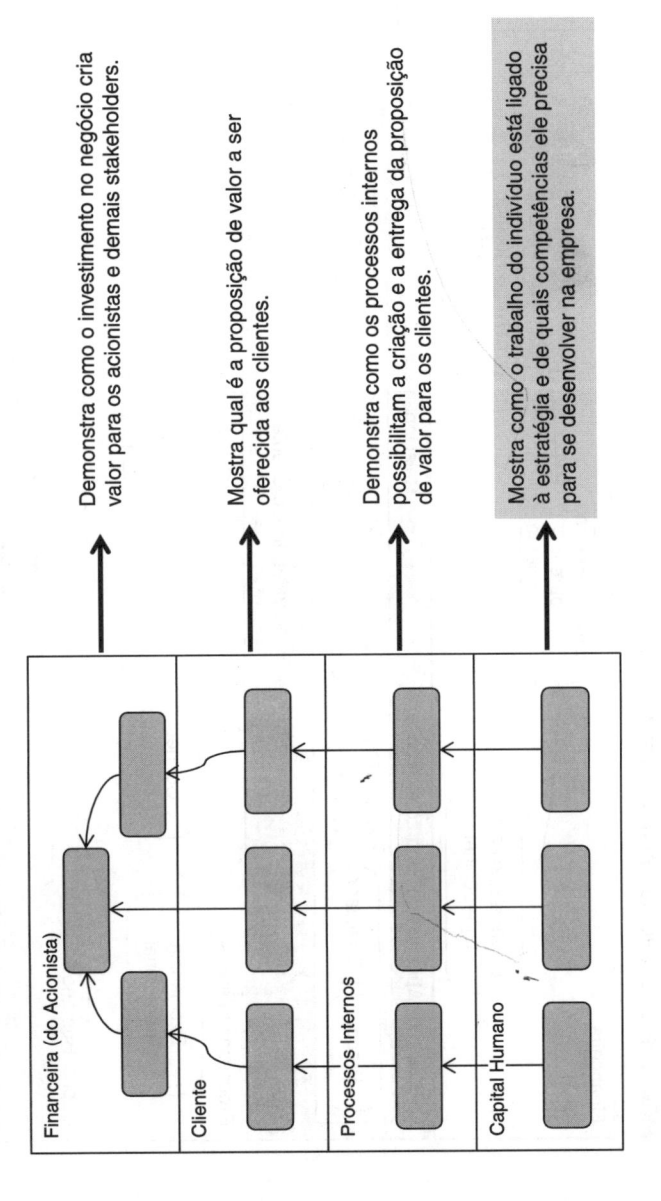

Financeira (do Acionista) → Demonstra como o investimento no negócio cria valor para os acionistas e demais stakeholders.

Cliente → Mostra qual é a proposição de valor a ser oferecida aos clientes.

Processos Internos → Demonstra como os processos internos possibilitam a criação e a entrega da proposição de valor para os clientes.

Capital Humano → Mostra como o trabalho do indivíduo está ligado à estratégia e de quais competências ele precisa para se desenvolver na empresa.

FIGURA 9 Exemplo de um mapa estratégico

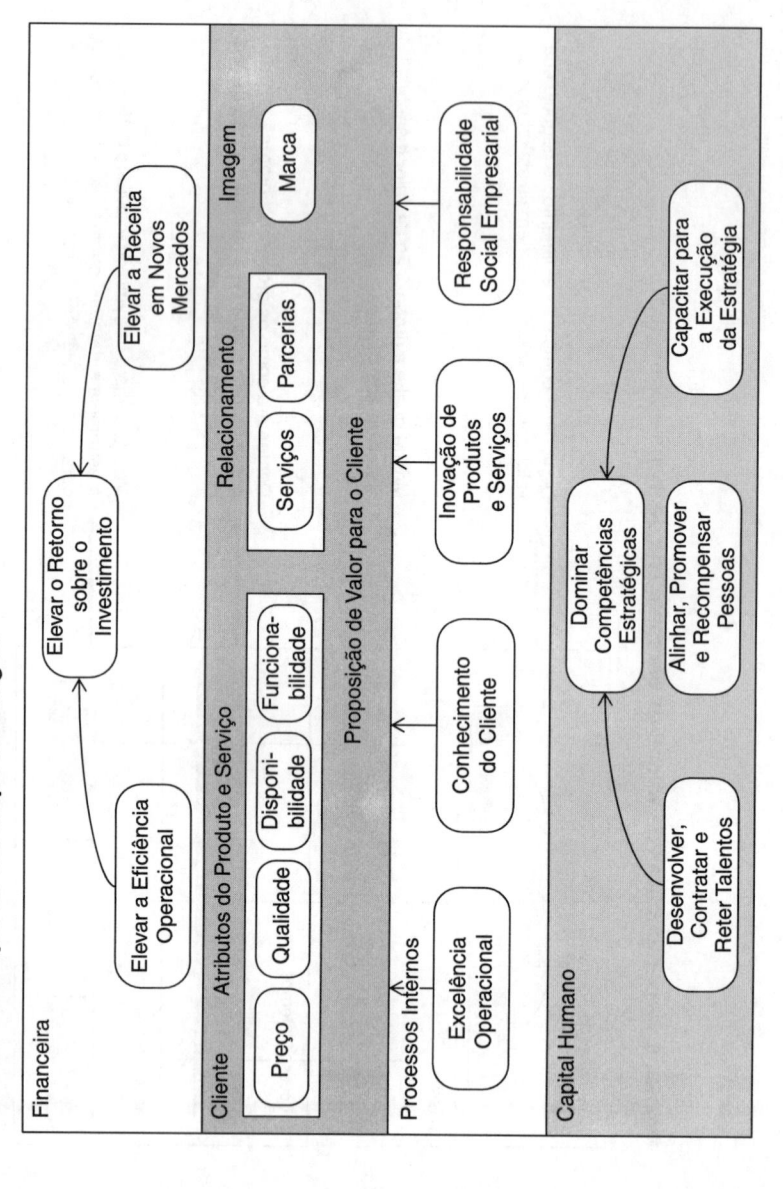

Financeira

- Elevar a Eficiência Operacional
- Elevar o Retorno sobre o Investimento
- Elevar a Receita em Novos Mercados

Cliente

Atributos do Produto e Serviço	Relacionamento	Imagem
Preço • Qualidade • Disponibilidade • Funcionabilidade	Serviços • Parcerias	Marca

Proposição de Valor para o Cliente

Processos Internos

- Excelência Operacional
- Conhecimento do Cliente
- Inovação de Produtos e Serviços
- Responsabilidade Social Empresarial

Capital Humano

- Desenvolver, Contratar e Reter Talentos
- Dominar Competências Estratégicas
- Alinhar, Promover e Recompensar Pessoas
- Capacitar para a Execução da Estratégia

Além disso, como o mapa estratégico é construído por meio de objetivos estratégicos (relacionados entre si, por meio de uma relação de causa e efeito) em cada uma das perspectivas de valor, é possível demonstrar para o indivíduo como seu trabalho está vinculado à estratégia. Para entregar um resultado *atual*, ou para produzir um resultado no *futuro*, as pessoas de uma organização se envolvem com a estratégia por meio de objetivos estratégicos, da participação em equipes de projetos, como membros de equipes de processos, ou ainda como participantes de uma atividade operacional, que está a serviço de uma unidade de negócios ou da corporação (veja a Figura 10).

FIGURA 10 Envolvimento do indivíduo com a estratégia

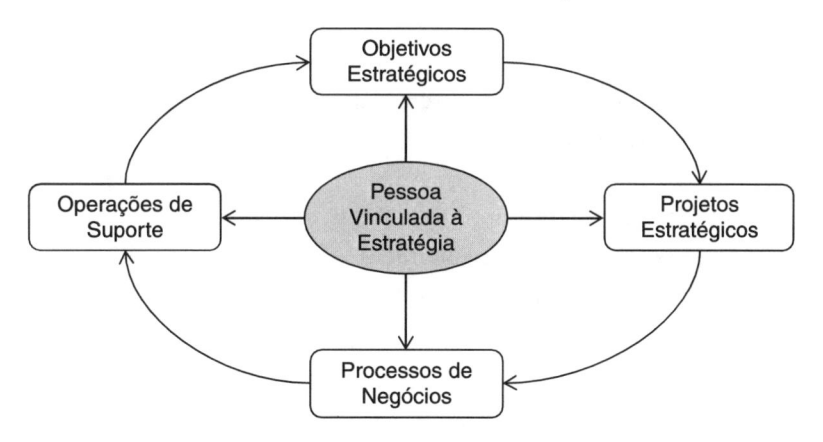

Dessa forma, as pessoas podem envolver-se (na verdade, já estão envolvidas) com a estratégia de diferentes formas, entre elas:

- Como membros ativos da formulação, da execução, do monitoramento e da renovação da estratégia.
- Como integrantes de uma equipe de projeto estratégico responsável pelo atingimento de um objetivo estratégico.
- Como participantes de um processo de negócio, como atendimento e relacionamento com o cliente, inovação de produtos, gestão financeira, gestão do conhecimento e gestão da tecnologia da informação.
- Como integrantes de uma área de serviços compartilhados, como o jurídico, a tecnologia da informação, os serviços de atendimento aos clientes, os suprimentos, os recursos humanos, os transportes e a logística.

Entretanto, o envolvimento das pessoas com o trabalho e, em especial, com a estratégia não acontece espontaneamente – ele precisa ser induzido, pretendido e recompensado. Em especial numa sociedade globalizada, em que o potencial humano e o conhecimento das pessoas tornaram-se fonte de vantagem competitiva e crescimento sustentável das empresas, não é mais possível imaginar uma empresa em que as pessoas não estejam comprometidas com o direcionamento estratégico e com os valores da organização, pessoas que não procurem adquirir, continuamente, novos conhecimentos e que não sejam automotivadas – enfim, pessoas que sejam capazes de conciliar os objetivos da organização com os objetivos pessoais. Nesse sentido, é importante alertar os empresários, os diretores e os gerentes sobre a forma como o processo da estratégia (formulação e execução) é realizado.

3. A inclusão das pessoas na estratégia: A Teoria E (de execução da estratégia)

Em um grande número de empresas, a estratégia é formulada por um número muito restrito de pessoas, sem o envolvimento daquelas que participarão e serão responsáveis pela execução. Em consequência, por um lado, muitos conhecimentos, informações e percepções tácitos das pessoas da periferia da organização são perdidos – o que pode prejudicar a qualidade da estratégia formulada. Por outro lado, como as pessoas responsáveis pela execução não foram envolvidas e não foram corretamente orientadas e capacitadas, os resultados podem ficar abaixo das metas, ou ainda, o processo de implementação pode ser retardado e não completamente realizado – o que ocorre com muita frequência.

Parece que os dirigentes das organizações estão praticando, consciente ou inconscientemente, a **Teoria X** na gestão estratégica. Principalmente nas empresas em que o processo da estratégia é excludente, isto é, não é participativo, podemos enxergar a manifestação da consagrada abordagem da **Teoria X** e da **Teoria Y**, formulada por Douglas McGregor. Elas representam pressupostos e modelos mentais profundamente arraigados na cultura organizacional, que, de uma forma tácita ou explícita, acabam afetando a efetividade da gestão estratégica das empresas.

Segundo McGregor, "uma das principais tarefas da administração consiste em organizar o esforço humano a serviço dos objetivos econômicos da empresa. Qualquer decisão administrativa tem consequências comportamentais. O sucesso de uma administração depende – não exclusivamente, mas em grande parte – da capacidade de se prever e controlar o comportamento humano". Uma síntese da Teoria X e da Teoria Y será apresentada a seguir. Entretanto, elas servirão de base para a criação da **Teoria E (de Estratégia)** como uma provocação para a reflexão de empresários e executivos sobre como assegurar o envolvimento das pessoas no processo da estratégia.

De acordo com McGregor, os pressupostos da Teoria X, que exercem forte impacto na forma como os dirigentes conduzem as empresas e nas suposições sobre o comportamento e a motivação das pessoas na organização, são os seguintes:

Teoria X: Visão tradicional de direção e controle

- O ser humano comum nutre uma aversão inerente pelo trabalho e procura evitá-lo sempre que possível.
- Devido a essa aversão do homem ao trabalho, a maioria das pessoas precisa ser forçada, controlada, dirigida e ameaçada com punição, para realizar um esforço no sentido da consecução dos objetivos organizacionais.
- O ser humano, de modo geral, prefere ser dirigido, quer evitar responsabilidade, tem relativamente pouca ambição e quer garantia acima de tudo.

Em decorrência desses pressupostos, o trabalho requer supervisão autocrática, rígido controle das atividades dos empregados, combinadas com ameaças de punição ou promessas de boa remuneração (o chicote e a cenoura). Nesse aspecto, não faz sentido envolver os funcionários nas atividades de formulação e execução de estratégia. É suficiente informar a equipe de colaboradores sobre as metas a serem atingidas e cobrar pelos resultados. Essa modalidade de gestão, geralmente, provoca desconfiança, ressentimento e alienação da força de trabalho.

Os pressupostos da Teoria Y, por sua vez, visam promover uma integração entre os objetivos individuais e os objetivos da organização, apresentando as seguintes características:

Teoria Y: Integração entre os objetivos individuais e da organização e o autocontrole

- O dispêndio de esforço físico e mental no trabalho é tão natural quanto o jogo ou o descanso.

- O controle externo e a ameaça de punição não são os únicos meios de estimular o trabalho, em vista dos objetivos organizacionais. O homem está sempre disposto a se autodirigir e se autocontrolar a serviço dos objetivos com os quais se compromete.
- O compromisso com os objetivos depende das recompensas associadas à sua consecução.
- O ser humano comum aprende, em condições adequadas, não só a aceitar responsabilidades, como também a procurá-las.
- A capacidade de usar um grau relativamente alto de imaginação, de engenhosidade e de criatividade na solução de problemas organizacionais é mais amplamente distribuída na população do que geralmente se pensa.
- Nas condições de vida industrial moderna, as potencialidades intelectuais do ser humano comum estão sendo parcialmente utilizadas.

Na perspectiva da Teoria Y, o envolvimento dos empregados com a estratégia pode ser fonte de satisfação. O processo de estratégia possibilita às pessoas saber não apenas o que, mas também o porquê do direcionamento estratégico e dos objetivos estratégicos – e principalmente a forma como o trabalho do indivíduo se conecta com a estratégia.

Para estimular, não só o maior envolvimento e alinhamento das pessoas com o processo da estratégia, mas também chamar a atenção dos empresários, dirigentes e colaboradores sobre a importância de um cultura participativa, propomos, de forma provocativa, a **Teoria E (de Estratégia)**.

Teoria E (de estratégia): As pessoas focadas na estratégia

- O ser humano, de modo geral, **não tem** aversão essencial à estratégia e não a evita. Numa organização, todas as pessoas são afetadas pela estratégia em curso – direta ou indiretamente, consciente ou inconscientemente. Portanto, o envolvimento com a estratégia torna-se fundamental.
- O dispêndio de esforço físico e mental na estratégia pode ser tão natural quanto o jogo ou o descanso.
- O homem está sempre disposto a se autodirigir e se autocontrolar a serviço dos objetivos estratégicos que ajudou a elaborar e se compromete a realizar.

- O compromisso com os objetivos estratégicos depende da comunicação, da conscientização e das recompensas associadas à sua consecução.
- O ser humano comum, em condições adequadas, tem a motivação para aprender, adquirir novos conhecimentos e dominar as novas competências estratégias necessárias a seu desenvolvimento na organização. Orientar e educar as pessoas, colocá-las diante de novos desafios e possibilitar o aprender fazendo pode enriquecer, em muito, o processo da estratégia.
- Nas condições de vida do mundo globalizado atual, as potencialidades estratégicas do ser humano comum estão sendo parcialmente usadas. Compete aos líderes da empresa despertar esse potencial de ideias, capacidades e desejo de realização adormecidos no atual modelo mental da organização.

A **Teoria E** (de Estratégia) parte do princípio de que a estratégia (formulação, execução e monitoramento) é um processo de aprendizagem individual e organizacional. Lembramos que o aprendizado significa estudar e praticar constantemente os novos conhecimentos. Conforme o comentário de Peter Senge, "as organizações que realmente terão sucesso no futuro serão aquelas que descobrirem como cultivar nas pessoas o comprometimento e a capacidade de aprender em todos os níveis da organização", mais precisamente o aprendizado ocorrido no processo de formulação e execução da estratégia. Além disso, tanto a aprendizagem como a estratégia somente ocorrem quando são transformadas em ação. Dessa forma, a aprendizagem organizacional precisa estar vinculada à estratégia competitiva. Por meio da aprendizagem estratégica, é possível adquirir novos conhecimentos, gerar inovações e criar valor para os acionistas e demais stakeholders.

Entretanto, atualmente, uma das principais falhas nas atividades de execução da estratégia é considerar o processo uma atividade meramente de controle sobre as pessoas e o rígido acompanhamento dos números e dos indicadores – em detrimento do aprendizado, do domínio de novas competências, da elevação do grau de motivação e da conquista de resultados extraordinários por indivíduos e equipes de trabalho. É preciso escapar da armadilha dos números – a estratégia não significa mensuração, mas sim um comportamento e um compromisso orientado para a criação de valor de forma sustentável ao longo do tempo.

Em síntese, a proposta da Teoria E, das pessoas focadas na estratégia, consiste em fazer com que a estratégia seja uma atividade de aprendizado em equipe – e não uma atividade desenvolvida apenas por especialistas. Ela tem por finalidade capacitar inúmeras pessoas das organizações a fazer algo que nunca conseguiram fazer na vida – participar ativamente da formulação, execução e monitoramento da estratégia competitiva das empresas.

4. O significado de pessoas focadas na estratégia

A abordagem de **pessoas focadas na estratégia** tem por finalidade desenvolver a consciência estratégica dos empregados (diretores, gerentes e colaboradores), a fim de que eles, a partir da execução monitorada da estratégia contribuam para a geração de valor para a os acionistas e demais stakeholders da empresa.

A filosofia de pessoas focadas na estratégia parte da ideia que, uma estratégia de negócios somente será bem-sucedida, se a organização contar com um grupo de profissionais-chave, motivados, engajados e capazes de desenvolver e ter domínio das competências (conhecimentos, habilidades e atitudes) necessárias no processo de formulação, de execução e de monitoramento da estratégia.

A abordagem de pessoas focadas na estratégia tem como pressupostos:

- A estratégia competitiva inicia-se com as pessoas que irão executar o plano estratégico – uma metodologia não é capaz de criar uma estratégia competitiva, as pessoas sim, possuem essa habilidade.
- O indivíduo precisa conhecer a realidade de negócios da empresa antes de entregar valor.
- Os resultados das atividades realizadas pelas pessoas estão associados à entrega de valor a um cliente ou um stakeholder.
- As pessoas, como parte do capital intelectual da empresa, devem ser consideradas fonte de vantagens competitivas e fator crítico para a criação de valor e a valorização da empresa.
- Os indivíduos precisam ser capazes de adquirir e dominar as competências, as habilidades e os comportamentos necessários à criação de valor para os stakeholders. A organização precisa criar as condições necessárias para que isso aconteça.

A abordagem de pessoas focadas na estratégia foi criada para atingir os seguintes objetivos:

- O desenvolvimento de uma consciência da estratégia em todos os níveis e áreas de negócios da organização.
- A educação de pessoas para o trabalho de formulação, execução e monitoramento da estratégia.
- A capacitação de pessoas para o entendimento das principais características do negócio da empresa.
- A capacitação de pessoas para o desenvolvimento de novas competências estratégicas.
- A capacitação de pessoas para o gerenciamento dos ativos intangíveis.
- A capacitação de pessoas para o entendimento e a aplicação de modelos de gestão de negócios.
- A formação de uma equipe de profissionais capaz de criar valor econômico agregado e valorizar a empresa de forma sustentável no longo prazo.

Dessa forma, a **consciência estratégica** é a compreensão que o indivíduo tem a respeito da estratégia de negócios, o que lhe permite vivenciar na forma de ideias, competências, experimentos e comportamentos a execução da estratégia na organização da qual faz parte.

A **consciência estratégica** é desenvolvida por meio de um processo de educação contínua para os empregados, que tem início na fase de formulação da estratégia, ampliando-se nas fases de comunicação, de execução e de monitoramento da estratégia.

O produto final da consciência estratégica para a organização pode ser identificado e observável pelos seguintes comportamentos:

- O engajamento dos indivíduos em torno da missão, da visão, dos valores, da proposta de valor para os clientes, das vantagens competitivas, das competências essenciais, dos temas estratégicos, dos mapas estratégicos, dos objetivos estratégicos e dos projetos estratégicos.
- A motivação para a aprendizagem, a aquisição de novos conhecimentos e o domínio de competências relacionadas com a estratégia de negócios.
- A consciência de seu papel e de suas responsabilidades em relação aos projetos estratégicos, aos processos de negócios e às atividades de suporte à execução da estratégia.
- O comportamento orientado a resultados na execução e no monitoramento da estratégia.

Segundo Kaplan & Norton, a comunicação (entendida como processo de conscientização e educação) é fator crítico de sucesso para a execução da estratégia. Para a avaliação do grau de consciência sobre a estratégia, é recomendável a formulação das seguintes perguntas:

P1: A educação dos diretores, gerentes e demais colaboradores possibilitou a criação de uma consciência estratégica na organização?

P2: Qual é o *share of mind*, isto é, o grau de interiorização da estratégia na mente dos empregados?

P3: Qual é o grau de confiança dos empregados em relação à efetiva execução da estratégia?

P4: Quem são os missionários da estratégia, isto é, quem são e quantas pessoas estão efetivamente engajadas e pregando a estratégia na organização?

Nas palavras de Kaplan & Norton, "se os empregados não compreenderem a visão, é ainda menos provável que compreendam a estratégia necessária à sua realização. Sem a compreensão da visão e da estratégia, os empregados não serão capazes de descobrir formas inovadoras de ajudar a organização a atingir seus objetivos". Dessa forma, é por meio da *consciência estratégica* que a execução da estratégia será interiorizada, tornando-se uma atividade do dia a dia do empregado e integrada à cultura organizacional.

CAPÍTULO 5

As disciplinas da execução da estratégia

Muitas ferramentas de desenvolvimento de estratégia mais conhecidas – como os modelos de cadeia de valor e as cinco forças de Porter, as matrizes para a identificação do posicionamento competitivo utilizadas pelo BCG ou pela McKinsey, análises de custo, curva de oferta, segmentação de mercado e assim por diante – são, na verdade, ferramentas para analisar a situação e tentar descobrir o que leva ao sucesso. Embora úteis, elas não produzem estratégias.

STEPHEN BUNGAY

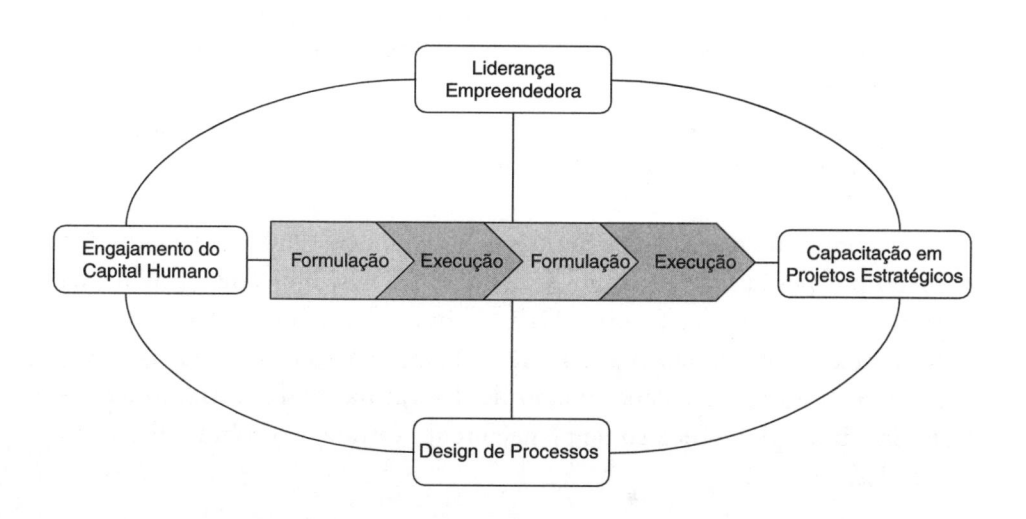

1. As disciplinas da execução da estratégia: Visão geral

Se perguntarmos a empresários, executivos e consultores como realizam a atividade de **formulação da estratégia**, a resposta mais provável é que a estratégia é formulada por uma série de atividades, de acordo com o seguinte roteiro (veja a Figura 11):

A formulação da Estratégia compreende:

- A definição do negócio, da declaração da missão, da criação da visão e dos valores da organização.
- A análise de cenários e das condições e tendências da sociedade (local e global) em que a empresa atua, compreendendo os seguintes fatores: político, social, econômico, regulatório, cultural e tecnológico.
- A identificação das ameaças e oportunidades reais ou em estado latente na sociedade e no setor de atividade.
- A análise do ambiente dos negócios e da intensidade das forças competitivas: a rivalidade entre as empresas, o poder de barganha dos clientes, o poder de barganha dos fornecedores, a oferta de produtos substitutos e a ameaça de novos entrantes no setor de atividade.
- A identificação dos pontos fortes e dos pontos fracos internos e sob gerenciamento da organização.
- A proposição de valor para o cliente e o monitoramento das promessas feitas aos consumidores.
- As vantagens competitivas (sustentáveis) da empresa em relação aos principais concorrentes.
- As competências essenciais da organização que suportam a vantagem competitiva e possibilitam o aproveitamento das oportunidades de negócios.
- As novas alternativas estratégicas: a inovação de valor (estratégia do oceano azul) e a cocriação de valor.

Esse conjunto de atividades foi, desde a década de 1960, gradativamente refinado por pesquisadores como Kenneth Andrews, Igor Ansoff, Michael Porter, Peter Schwartz, George Day, Thomas Davenport, Gary Hamel, C.K. Prahalad, W. Chan Kim, Renée Mauborgne, Venkat Ramaswamy, entre outros, e pode ser denominado de **disciplinas da formulação da estratégia** – um típico processo de planejamento estratégico cobre todas essas atividades.

FIGURA 11 Formulação, execução e criação de valor pela estratégia

A Formulação da Estratégia

- O Negócio, a Missão, a Visão e os Valores da Empresa.
- A Análise do Ambiente Social da Empresa.
- A Identificação das Ameaças e Oportunidades.
- A Análise do Ambiente Competitivo.
- A Identificação dos Pontos Fortes e dos Pontos Fracos.
- A Proposição de Valor para o Cliente.
- As Vantagens Competitivas.
- As Competências Essenciais.
- A inovação de valor (estratégia do oceano azul) e a cocriação de valor.

A Avaliação da Criação de Valor pela Estratégia

- O Aumento do Valor de Mercado da Empresa.
- A Criação de Valor Econômico Agregado.
- O Retorno sobre o Investimento.
- A Geração de Caixa.
- O Fortalecimento da Posição Competitiva da Empresa.
- O Aprendizado com a Execução da Estratégia.

A Definição do Plano Estratégico

- Os Temas Estratégicos.
- A Estratégia Competitiva (Objetivo, Escopo e Vantagem).
- O Mapa da Estratégia da Empresa.
- Os Indicadores de Alta Performance.
- Os Projetos Estratégicos.
- O Financiamento do Plano Estratégico.

A Execução da Estratégia

- O Alinhamento dos Líderes da Organização com a Estratégia.
- O Alinhamento dos Empregados com a Estratégia.
- A Gestão da Implementação dos Projetos Estratégicos na Organização.
- O Alinhamento dos Processos com a Criação de Valor.
- A Capacitação nas Competências Estratégicas.
- O Sistema de Recompensas associado aos Resultados.

Uma vez realizada a análise estratégica, o próximo passo, representado pela definição do plano estratégico, recebeu uma importante contribuição, em termos de metodologia, pela abordagem do Balanced Scorecard, desenvolvida por Robert Kaplan e David Norton. A sequência (simplificada) para a definição do plano estratégico compreende as seguintes atividades:

- A escolha dos temas estratégicos, que representam as prioridades da empresa e o foco da ação estratégica.
- A definição da estratégia competitiva, complementando o trabalho de análise realizado na etapa anterior.
- A criação do mapa de estratégia da empresa, que é a representação da estratégia em termos visuais e operacionais.
- A seleção dos objetivos estratégicos e dos indicadores de alta performance, que especificam os resultados da empresa quando alcançar seu destino estratégico.
- A definição e a vinculação dos projetos estratégicos, que possibilitarão o atingimento dos objetivos estratégicos.
- O financiamento do plano estratégico por meio da elaboração de um orçamento estratégico que represente os projetos estratégicos priorizados neste ciclo de execução da estratégia.

Essas **disciplinas da formulação da estratégia e do plano estratégico** são tão utilizadas por empresários, executivos, consultores e estudantes que podem ser consideradas uma metodologia ou um paradigma a ser seguido. Na verdade, elas representam o modelo mental dominante para a realização do planejamento estratégico nas empresas. Entretanto, a partir desse ponto, até a década de 1990, as pessoas precisam descobrir por si próprias, ou por meio da mais recente metodologia de gestão estratégica, ou ainda, com a ajuda de uma consultoria, como realizar a implementação do plano estratégico. A execução da estratégia ainda não era suportada por uma metodologia ou por disciplinas.

Conforme já mencionamos, em 1992, Robert Kaplan e David Norton desenvolveram o Balanced Scorecard com a principal finalidade de tornar a execução da estratégia uma realidade. Em seguida, em 2002, Larry Bossidy e Ram Charan trouxeram uma seminal contribuição, ao considerar a execução da estratégia uma disciplina e uma responsabilidade do presidente da empresa. Mais recentemente, Lawrence Hrebiniak (2005), com seu livro *Fazendo a estratégia funcionar*, Gary Harpst (2008), na obra *Execução revolucionária*, e muitos outros estudiosos ofereceram importantes ensinamentos ao trabalho de execução da estratégia.

As abordagens dos autores citados trouxeram, principalmente, contribuições sobre os desafios, os obstáculos e as resistências das pessoas em relação à implementação da estratégia. Além disso, Kaplan & Norton mostraram as disciplinas de uma organização orientada para a estratégia e como o Balanced Scorecard possibilita a execução da estratégia. Bossidy & Charan, por sua vez, recomendaram que uma boa execução é formada pelo processo de pessoal, pela estratégia e pelo plano operacional.

Entretanto, a principal pergunta ainda não foi respondida: **Quais as disciplinas para a execução da estratégia?** Para responder a essa questão e dar uma pequena contribuição ao desafio da execução da estratégia (reafirmamos que a formulação e a execução da estratégia estão integradas entre si), propomos, mesmo correndo o risco de simplificação, a existência de quatro disciplinas da execução da estratégia: a liderança empreendedora, a capacitação em projetos estratégicos, o design de processos e o engajamento do capital humano, conforme mostra a Figura 12.

Antes de prosseguirmos, é importante rever qual é o significado de disciplina, na perspectiva da estratégia (formulação e execução integrada). Uma **disciplina**, palavra que tem a mesma etimologia de *discípulo*, é a capacidade de aprender, de saber e de fazer. Quando uma pessoa pratica uma disciplina, está treinando para aperfeiçoar uma nova habilidade, como o cumprimento de metas, o trabalho em equipe e a definição de prioridades. Uma disciplina também pode ser considerada uma característica do comportamento, quer dizer, o indivíduo tem a capacidade de agir para alcançar determinado resultado.

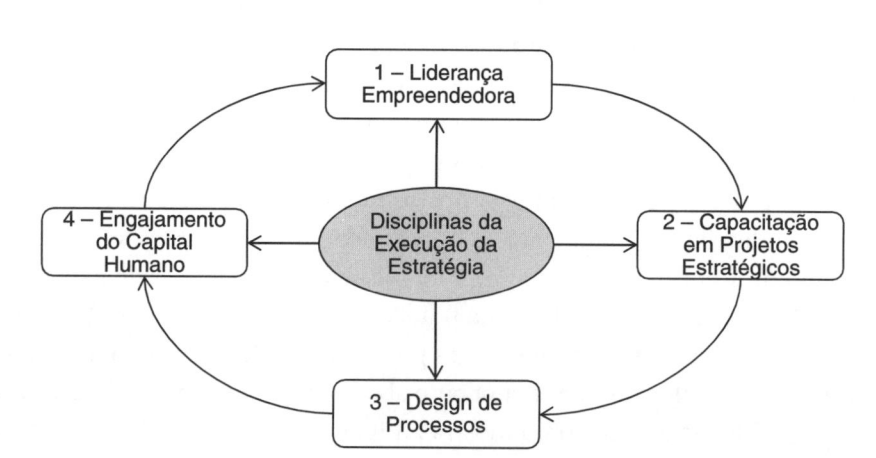

FIGURA 12 As disciplinas da execução da estratégia

Mais precisamente, quando a disciplina se manifesta, o objetivo proposto para o indivíduo será realizado.

De acordo com Peter Senge, "uma disciplina é um corpo de conhecimentos, baseado em alguma teoria ou compreensão perspicaz do mundo, que deve ser estudada e dominada para ser colocada em prática". Quando uma pessoa domina certa disciplina, é capaz de olhar o mundo de uma forma diferente (criar uma estratégia), superar as resistências e realizar novas atividades (executar a estratégia), com suas novas habilidades. Nesse sentido, as **disciplinas da execução da estratégia** podem ser consideradas um quadro de referência para a ação de indivíduos e grupos de pessoas. Elas visam treinar a mente e mudar o comportamento das pessoas para que elas dominem as habilidades necessárias à execução da estratégia. Se, como afirmou Aristóteles, "somos o que repetidamente fazemos", as disciplinas pretendem tornar a execução da estratégia um hábito e parte integrante da cultura organizacional.

A liderança empreendedora significa que o presidente, os diretores e o corpo gerencial estão comprometidos e conscientes de seu papel no processo da estratégia (formulação e execução) da organização desde o início. A liderança, formada por líderes de líderes, em todos os níveis da organização, é a guardiã do direcionamento estratégico da empresa e é a principal responsável pela orientação das pessoas sobre como superar o gap existente entre a formulação e a execução da estratégia. A liderança também tem sob sua responsabilidade a eliminação das barreiras existentes à execução da estratégia, bem como a superação das resistências das pessoas, assegurando o envolvimento e o comprometimento dos empregados-chave no processo da estratégia.

A liderança empreendedora tem essa denominação porque a direção da organização deve ser capaz de arquitetar uma inspiradora visão do futuro (o sonho) e colocá-la em prática (a realização do sonho), gerando riqueza. A liderança empreendedora assume a responsabilidade de estabelecer uma direção para a empresa (o destino estratégico), promover o alinhamento das pessoas em relação aos objetivos por meio de um processo de educação e de comunicação, assegurar a alocação dos recursos nas prioridades, bem como motivar e inspirar as pessoas para a conquista dos resultados determinados. A liderança empreendedora é voltada para as oportunidades e seu senso de realização possibilita uma contínua transferência de recursos de atividades de baixa produtividade para aquelas de alta rentabilidade, assumindo, ao mesmo tempo, com essas decisões, os riscos mais baixos possíveis. A liderança empreendedora também nos permite entender e superar o abismo existente entre a formulação e a execução da estratégia, como mostra a Figura 13.

AS DISCIPLINAS DA EXECUÇÃO DA ESTRATÉGIA

FIGURA 13 A integração entre a criação e a execução da estratégia

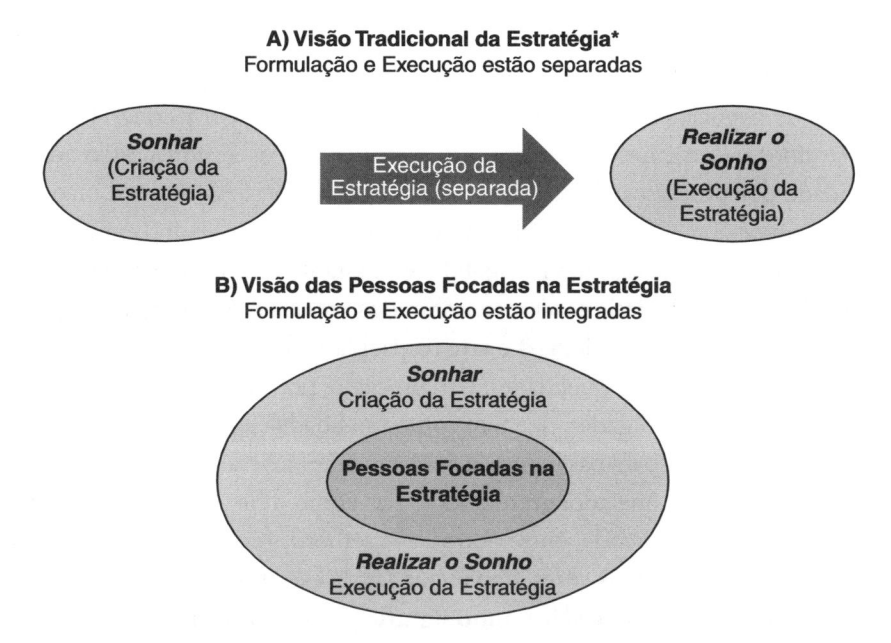

A) Visão Tradicional da Estratégia*
Formulação e Execução estão separadas

- **Sonhar** (Criação da Estratégia)
- Execução da Estratégia (separada)
- **Realizar o Sonho** (Execução da Estratégia)

B) Visão das Pessoas Focadas na Estratégia
Formulação e Execução estão integradas

- **Sonhar** — Criação da Estratégia
- **Pessoas Focadas na Estratégia**
- **Realizar o Sonho** — Execução da Estratégia

Fonte: Fernando Dolabela. Pedagogia empreendedora.

A capacitação em projetos estratégicos significa reconhecer que o objetivo estratégico (situação ou resultado futuro) pretendido pela organização somente será alcançado se estiver associado a um projeto estratégico (ou iniciativa). Na verdade, é muito útil considerar que a implementação dos projetos, considerados prioritários, é um dos aspectos mais importantes na execução da estratégia. No entanto, aqui é possível identificar uma das principais falhas de inúmeros planos estratégicos: a não especificação de como o objetivo estratégico será atingido e convertido em valor.

Após um longo período e esforços para a formulação do plano estratégico, muitos empresários, executivos e gerentes contentam-se em definir os objetivos. Entretanto, a forma como o objetivo será alcançado não é detalhada: os gestores assumem a responsabilidade de descobrir uma forma de chegar ao desafio desejado. Embora seja útil estimular a iniciativa das pessoas, com esse modo de trabalhar perde-se muito tempo até encontrar a melhor forma (muitas vezes, reinventa-se a roda), além de prejudicar a eficiente alocação de recursos. A forma de superar essa dificuldade será apresentada mais adiante, com o melhor detalhamento da disciplina de implementação de projetos.

O **design de processos** significa reconhecer que o conhecimento sobre os clientes, a excelência operacional, a inovação de produtos e serviços, a redução do ciclo de tempo das atividades, a distribuição de produtos, entre outros, está a serviço da entrega da proposição de valor e da promessa feita aos clientes. É por meio dos processos de negócios ou, ainda, da cadeia de valor que o valor é criado (ou pode ser destruído) na organização. Entretanto, nem sempre os gestores estão atentos à qualidade dos processos existentes em suas organizações. Além disso, não percebem a importância do design (desenho) para facilitar o trabalho, promover a rapidez nas operações e assegurar a qualidade constante dos produtos e serviços.

Vale destacar que o design (ou redesenho) dos processos é uma combinação de técnica (domínio de metodologias) e arte (capacidade de criar um fluxo de trabalho simples, integrado e de qualidade). Um processo, por sua vez, é um fluxo dinâmico de atividades interligadas, que tem como finalidade elevar a performance das pessoas, gerando valor para os clientes, acionistas e demais stakeholders. Contudo, em algumas empresas que adotam metodologias como o Six Sigma, a ISO 9000, a Gestão Total da Qualidade, entre outras, essas abordagens são realizadas como iniciativas isoladas e, muitas vezes, desvinculadas da execução da estratégia.

O **engajamento do capital humano** significa ser capaz de mostrar às pessoas como seu trabalho cotidiano está vinculado à estratégia. Mais precisamente, o indivíduo tem consciência de como sua função contribui para a realização dos objetivos estratégicos e a criação de valor. A principal forma de alinhamento ocorre quando o indivíduo, em função de seu papel na organização, participa do processo de estratégia (formulação e execução) desde o início. Nesse caso, o indivíduo está engajado nas atividades de cocriação do plano estratégico, desde a formulação da visão até a definição das iniciativas estratégicas consideradas prioritárias pela direção da empresa.

Entretanto, nem sempre é possível envolver toda a força de trabalho durante o processo da estratégia. Nesse caso, o alinhamento do capital humano acontece por meio de atividades de educação (comunicação e atividades em grupo sobre o plano estratégico), pela possibilidade de desenvolvimento na organização e pelo sistema de reconhecimento pelos resultados alcançados (recompensas monetárias e possibilidade de autorrealização) na execução da estratégia.

A principal função dos líderes da organização (presidente, diretor, gerente e gestores) é demonstrar, por meio da comunicação, da orientação e da educação, que o indivíduo (o empregado) está vinculado à estratégia por meio de sua participação ativa em projetos, processos, funções operacionais ou ainda funções de suporte. Todas essas atividades possuem (ou deveriam possuir, caso contrário, não se justifica sua existência) um cliente externo, a ser fidelizado, ou um cliente interno, que valoriza o apoio recebido. Além disso, as atividades mencionadas têm impacto financeiro na quantidade e na qualidade dos trabalhos realizados e na demanda por capacitação em competências, que devem ser mensuradas e avaliadas.

De acordo com a abordagem das pessoas focadas na estratégia, as disciplinas da execução de estratégia – **liderança empreendedora, capacitação em projetos estratégicos, design de processos e engajamento do capital humano** – capacitam a direção das organizações a conduzir o processo de execução da estratégia por meio de uma metodologia, passo a passo, o que possibilita transformar em ação e resultados a estratégia competitiva da empresa. O principal benefício da metodologia das pessoas focadas na estratégia é tornar a execução da estratégia uma competência da organização, o que pode ser considerado equivalente a uma nova vantagem competitiva, ou ainda passar a utilizar as vantagens competitivas da empresa de forma mais ágil e efetiva.

Nesse sentido, podemos afirmar que o processo da estratégia (formulação e execução), em razão das inúmeras contribuições dos especialistas no tema, encontra-se em evolução. Num primeiro momento, que remonta à década de 1980, temos a fase de fragmentação da estratégia, em que a formulação e a execução eram consideradas atividades independentes, realizadas por pessoas com perfis diferentes; em seguida, vem a fase da organização orientada pela estratégia, iniciada no início da década de 2000, principalmente devido à metodologia do Balanced Scorecard, e agora estamos evoluindo para a fase das pessoas focadas na estratégia, conforme a proposta das disciplinas da execução da estratégia (veja a Figura 14).

Agora, o principal desafio é colocar as pessoas no centro da estratégia. Neste momento em que as redes sociais se desenvolvem, é preciso responder objetivamente: Onde estão as pessoas nas diferentes metodologias de gestão estratégica? O vínculo entre **as pessoas** e, por exemplo, a análise SWOT, a cadeia de valor, a matriz de crescimento e participação de mercado, as cinco forças competitivas e a estratégia do oceano azul não é facilmente compreendido pela maioria dos profissionais que irão formular e executar a estratégia.

No atual estágio do pensamento estratégico, o problema a ser superado "está relacionado com a integração do elemento humano, ou seja, encontrar um lugar nas deliberações da estratégia para o julgamento, e até mesmo para a intuição que possa manter-se, apesar dos reveses, com os números", conforme as palavras de Walter Kiechel III. O atual momento é de se democratizar a estratégia, sem ser superficial ou se recorrer a artifícios. Colocar as pessoas no centro da estratégia significa reconhecer que ela é criada e executada para atender às necessidades, expectativas e aspirações dos acionistas, dos clientes, dos empregados e dos cidadãos.

FIGURA 14 A evolução do processo de execução da estratégia

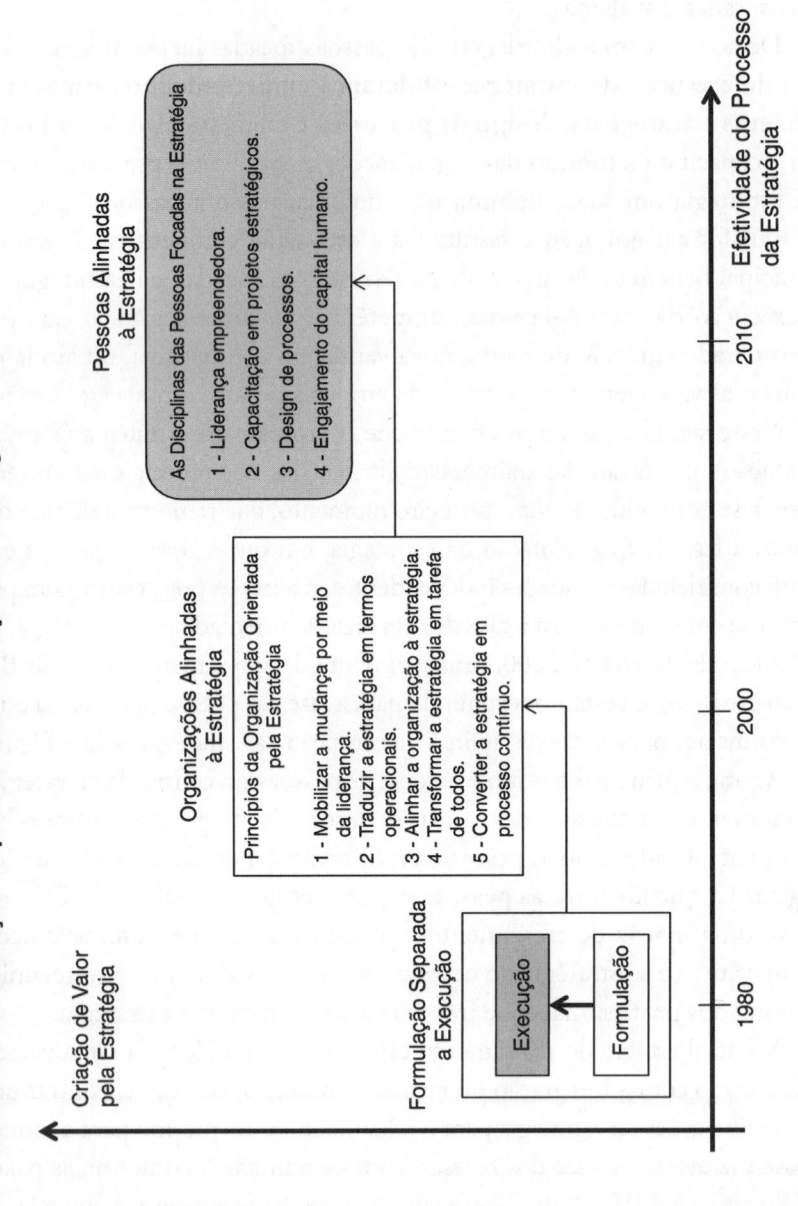

Criação de Valor pela Estratégia

Pessoas Alinhadas à Estratégia

As Disciplinas das Pessoas Focadas na Estratégia
1 - Liderança empreendedora.
2 - Capacitação em projetos estratégicos.
3 - Design de processos.
4 - Engajamento do capital humano.

Organizações Alinhadas à Estratégia

Princípios da Organização Orientada pela Estratégia

1 - Mobilizar a mudança por meio da liderança.
2 - Traduzir a estratégia em termos operacionais.
3 - Alinhar a organização à estratégia.
4 - Transformar a estratégia em tarefa de todos.
5 - Converter a estratégia em processo contínuo.

Formulação Separada a Execução

Execução ← Formulação

1980   2000   2010

Efetividade do Processo da Estratégia

2. A disciplina da liderança empreendedora

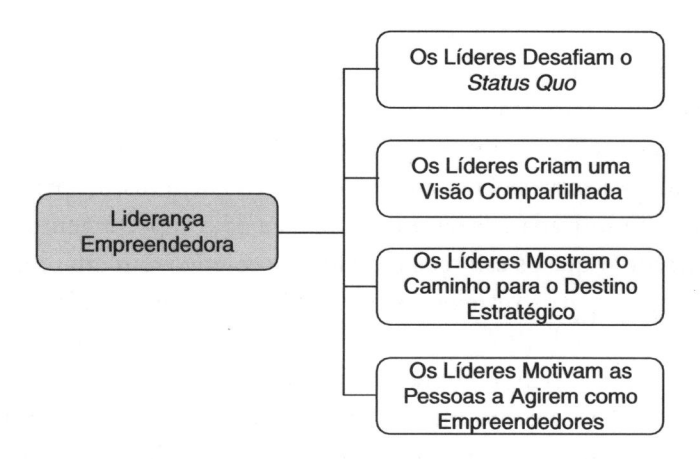

```
                          ┌─ Os Líderes Desafiam o
                          │  Status Quo
                          │
                          ├─ Os Líderes Criam uma
   Liderança              │  Visão Compartilhada
   Empreendedora ─────────┤
                          ├─ Os Líderes Mostram o
                          │  Caminho para o Destino
                          │  Estratégico
                          │
                          └─ Os Líderes Motivam as
                             Pessoas a Agirem como
                             Empreendedores
```

I. A liderança empreendedora: Visão geral

Na perspectiva das pessoas focadas em estratégia, **a liderança empreendedora** está associada à disciplina de aprendizagem organizacional, que promove a integração entre formulação e execução da estratégia. Isso significa dizer que, desde o momento em que a liderança da empresa decide iniciar um novo ciclo da estratégia (ou dar continuidade ao já existente), o modelo de execução já está determinado desde o começo dos trabalhos. Dessa forma, com método e disciplina, a tradicional separação entre formulação e execução pode ser superada.

Nas empresas, geralmente essa separação ocorre entre as pessoas (os dirigentes formulam e a linha de frente executa); na dimensão do tempo (há uma demora de muitos meses entre as duas fases), na motivação das pessoas (o desinteresse e a resistência aumentam com o tempo); na dimensão da alocação de recursos (a execução demanda um volume de investimentos maior); e na geração de resultados (a estratégia só cria valor se for colocada em prática).

A ideia de liderança evolui ao longo do tempo, e é muito difícil encontrar uma definição que seja suficiente abrangente para captar todas as dimensões associadas ao trabalho de um líder. Uma boa síntese do papel de um líder, principalmente quando ele enfrenta o desafio de criar uma estratégia, é oferecida por Warren Bennis: "Os líderes são inovadores. Eles fazem coisas que as outras pessoas nunca fizeram ou não ousaram fazer. Fazem coisas antes de outras pessoas. Fazem coisas novas. Transformam coisas velhas em coisas novas. Tendo aprendido com o passado, vivem no presente com um olho no futuro."

Já para John Katzenbach, o líder precisa ser capaz de mostrar às pessoas como a estratégia (formulação e execução) está conectada com seu trabalho cotidiano: "O líder precisa ser capaz de traduzir visão, metas e estratégias em propósitos, realizações e opções pessoais que cada um de seus funcionários possa entender e sentir-se bem em correr atrás." Além disso, "para uma força de trabalho ser motivada e fazer uma mudança de comportamento, as pessoas precisam acreditar que os esforços individual e coletivo têm um propósito pessoal significativo que as relacione emocionalmente a prioridades importantes de sua situação de trabalho".

Segundo Dave Ulrich, embora a linguagem de um líder possa ser diferente, utilizando palavras como missão, visão, valores, estratégia e resultados, "a intenção de todo líder é criar um futuro que seja ainda mais atraente que o presente, ocupando uma posição estratégica que mais ninguém possa alcançar no mercado".

A liderança também pode ser vista como uma coerência entre o falar, o criar e o fazer, como afirmou Howard Gardner: "Os líderes são pessoas que, através de palavras e exemplo pessoal, influenciaram acentuadamente os comportamentos, os pensamentos e os sentimentos de um número significativo de seres humanos."

Segundo Noel Tichy, os líderes têm energia emocional, a habilidade de enxergar a realidade como realmente ela é e devem ter "ideias claramente formuladas sobre o propósito de sua organização e como organizar seus recursos. Devem ter valores que prescrevem como a organização precisa operar e comportar-se como membros da sociedade". Eles também têm a coragem de tomar decisões difíceis e a determinação para fazer com que sejam implementadas, enfrentado as possíveis resistências.

Além disso, para Tichy, a principal contribuição da liderança — e o que diferencia uma empresa de sucesso das medíocres — é a capacidade de produzir líderes em todos os níveis da organização: uma liderança que aprende, mas que também é capaz de criar uma organização que ensina as pessoas a se tornarem líderes. Isso porque a liderança é um recurso escasso nas organizações — como o capital, as vantagens competitivas e as competências essenciais.

Peter Drucker, por sua vez, afirmava que a principal responsabilidade dos líderes é assegurar o bom desempenho das organizações no longo prazo e, ao fazerem isso, contribuem para o bom funcionamento e desenvolvimento da sociedade como um todo. De acordo com Drucker, não há substituto para a liderança eficaz. Segundo ele, "liderança é a capacidade de enxergar novos horizontes, de aperfeiçoar o desempenho". Para Drucker, o papel do líder é a configuração do futuro da organização, e envolve responder à seguinte pergunta: "O que temos de fazer agora para atingirmos nossos objetivos de amanhã?"

Nesse sentido, uma das prioridades do líder é a formulação e a implementação do planejamento estratégico na empresa. Na visão de Drucker, o planejamento estratégico "é o processo contínuo de tomar decisões empresariais (envolvendo risco) no presente de modo sistemático e com o maior conhecimento possível de seu futuro; é organizar sistematicamente os esforços necessários para que se cumpram essas decisões; e medir os resultados dessas decisões contra as expectativas através de feedback sistemático e organizado".

Complementando essa breve conceituação de liderança, que serve como referência para a disciplina da liderança empreendedora, temos a abordagem de James Kouzes e Barry Posner, segundo a qual a liderança é considerada o capital social das empresas em ação. Para eles, "o território dos líderes é o futuro, e seu legado singular é o da criação de instituições valorizadas que sobrevivem ao tempo. As contribuições mais significativas dos líderes não se referem aos resultados financeiros obtidos, mas sim ao desenvolvimento no longo prazo das pessoas e das instituições que se adaptam, prosperam e crescem".

Segundo Kouzes e Posner, o grande desafio da liderança é fazer com que as pessoas comuns da organização consigam realizar coisas extraordinárias – o que poderíamos sintetizar dizendo que elas sejam capazes de formular e executar uma estratégia de sucesso para suas empresas.

A liderança empreendedora, inspirada principalmente nas ideias de Kouzes e Posner e de outros autores citados, se baseia nos seguintes princípios: os líderes desafiam o *status quo*, criam uma visão compartilhada, mostram o caminho para se chegar ao destino estratégico e motivam as pessoas a agir para executar a estratégia.

A. Os líderes desafiam o *status quo*

Os líderes desafiam o *status quo* de uma forma consciente e consistente, principalmente com as seguintes ideias e comportamentos:

O líder acredita que a organização (ou a sociedade) está operando abaixo de seu potencial de criação de riqueza e de valor. Isso significa que as pessoas estão satisfeitas e acomodadas com a baixa performance satisfatória e não estão considerando outras possibilidades de desenvolvimento. A estratégia em curso, explícita ou implícita, não está funcionando a contento, nem produzindo os resultados esperados. Para corrigir o rumo, o líder gera desconforto em relação ao *status quo*, assume a responsabilidade pelo processo da estratégia, envolvendo-se diretamente em suas atividades de formulação e implementação. Para tornar realidade a visão, o líder desafia o *status quo*, promove inovações na organização e assume o risco de experimentar soluções não convencionais.

O líder contesta o modelo mental, as crenças, os pensamentos e os sentimentos tidos como naturais pela organização. O líder toma consciência dos modelos mentais que, de uma forma sutil, estão moldando as percepções, as decisões e as atitudes das pessoas em relação a necessidade de uma nova estratégia competitiva, inovação de novos produtos e serviços, mudança no modelo de negócios, forças competitivas, estrutura de capital e abertura de capital, entre outros fatores, serem transformados. O líder reconhece que o apego a essa mentalidade está associado à resistência às mudanças e à falta compromisso com os objetivos organizacionais, o que dificulta, ainda mais, a execução da estratégia e a criação de valor. O líder assume o papel de educador, orientador e participante ativo do processo de formulação e execução da estratégia.

O líder reconhece o valor das novas ideias e se comporta sempre como um aprendiz de novos conhecimentos. O líder é orientado para a ação, sabe como colocar em prática os novos conhecimento e as novas competências – de indivíduos, de grupos e da organização. O líder ensina e aprende em conjunto com sua equipe de colaboradores. O líder é capaz de fazer uma nova leitura das tendências na sociedade e constrói uma ponte entre o momento presente da organização e a visão do futuro desejado, identificando os novos conhecimentos, as novas competências essenciais e os novos comportamentos que precisam ser praticados para assegurar a competitividade e a sustentabilidade da empresa no longo prazo.

B. Os líderes criam uma visão compartilhada

Os líderes não são apenas contestadores do *status quo*, rebeldes sem causa ou revolucionários inconsequentes. Os líderes são capazes de criar uma imagem ideal da organização, um sonho ou uma visão que impulsione as pessoas para a ação, principalmente por meio das seguintes ideias e comportamentos:

Os líderes visionários são capazes de vislumbrar aquilo que inúmeras pessoas olharam, mas não foram capazes de enxergar ou de criar um novo significado para aquilo que viram. Os líderes desejam fazer algo inédito, realizar uma contribuição significativa, alcançar um feito jamais realizado por indivíduos, organizações ou sociedades. A imagem mental dessa realização é a visão, isto é, "a expressão de uma forma de ser que ainda não existe; é a antecipação de um estado futuro da organização", para utilizar a definição de Mihaly Csikszentmihalyi. Nesse sentido, o líder participa ativamente do trabalho de elaboração da declaração de visão, em conjunto com os demais diretores, gerentes e colaboradores da organização. A visão é uma atividade que não pode ser delegada a terceiros – o dirigente que assim procede perde sua condição de líder da organização.

O líder, ao envolver os dirigentes e a força de trabalho na elaboração da visão, dá início, simultaneamente, a dois processos: a formulação e a execução da estratégia. No processo de formulação da estratégia, a declaração da visão conduz à definição dos temas estratégicos, que, por sua vez, leva à criação do mapa estratégico, o qual pode ser considerado a representação visual da estratégia. No processo de execução da estratégia, a definição dos objetivos estratégicos para um horizonte de três a cinco anos mostra como será a organização se ela conseguir chegar a seu destino estratégico. O mapa estratégico do futuro da organização (horizonte de três a cinco anos) pode ser considerado a representação da visão estratégica da organização.

Os líderes da organização, ao criarem a visão do presente (resultados atuais e oportunidades inexploradas do presente) e a visão do futuro (nova criação de valor e oportunidades a serem exploradas no futuro), promovem uma integração entre os processos de formulação e execução da estratégia – embora, muitas vezes, não tenham consciência desse fato. Os líderes têm consciência de que a visão do futuro é um importante fator de motivação e alinhamento das pessoas. Entretanto, os líderes também sabem que, para tornar realidade esse objetivo, é preciso contar não só com pessoas capacitadas para a execução da estratégia, mas também ter acesso aos recursos (financeiros, materiais e de infraestrutura). No processo da estratégia (formulação e execução), não adianta utilizar as mais modernas metodologias de gestão empresarial ou contratar as melhores consultorias de negócios se os líderes e a organização não contarem com pessoas capacitadas, principalmente na média gerência, para realizarem o trabalho.

C. Os líderes mostram o caminho para o destino estratégico

Os dirigentes reconhecem que, para liderar as pessoas da organização, em primeiro lugar precisam saber qual é o caminho a ser seguido e ter a vontade de participar ativamente da jornada, dando o primeiro passo. Os líderes apontam o caminho para os seguidores (ou realizadores) por meio das seguintes ideias e comportamentos:

Os líderes mostram o caminho, para sua equipe de colaboradores, ao se comportarem de acordo com o que dizem, isto é, os líderes têm integridade. As mensagens sobre a visão, a estratégia e os valores são traduzidas em ações efetivas. O comportamento dos líderes precisa ser coerente com o seguinte princípio: "Você deve ser a mudança que quer ver no mundo" (Mahatma Gandhi). O líder precisa inspirar confiança para mobilizar a comunidade de empregados na organização, rumo ao destino estratégico compartilhado. Um líder distante das pessoas e da estratégia está conspirando, consciente ou inconscientemente, contra a execução da estratégia. Os líderes apontam o caminho ao se tornarem os patrocinadores dos projetos estratégicos da organização e se comprometerem publicamente com eles.

Os líderes utilizam princípios (valores) como guias para a ação das pessoas na organização. Os valores mostram como a estratégia será executada pelas pessoas que fazem parte da organização. Os valores expressam as crenças sobre como as pessoas devem comportar-se na organização, a fim de criar um senso de propósito comum e de comunidade. Os líderes apoiam-se nos valores para definir os objetivos e as prioridades da organização. O líder se inspira nos valores para estabelecer o foco da organização tanto no respeito aos valores éticos como na busca de valor econômico e resultados financeiros para os acionistas e demais partes interessadas.

Os líderes mostram o caminho ao adquirirem o senso de propriedade do processo da estratégia – desde a formulação até a execução, com a mensuração dos resultados obtidos no curto, médio e longo prazo. Os líderes sentem-se pessoalmente comprometidos e são os melhores comunicadores e educadores do direcionamento estratégico, dos temas estratégicos prioritários, da tradução da estratégia numa linguagem de fácil entendimento, na definição dos objetivos estratégicos e das iniciativas estratégicas da organização. Os líderes também assumem a responsabilidade por enfrentar os obstáculos internos e a inércia de grupos de pessoas, dentro da empresa, que resistem às mudanças estratégicas da organização.

D. Os líderes motivam as pessoas a agir como empreendedoras

O desenvolvimento do espírito empreendedor (ou da atitude empreendedora), no interior das organizações, é considerado uma das mais importantes responsabilidades dos líderes. Esse desafio deve ser enfrentado de duas formas: estimulando e libertando o empreendedor existente no interior das pessoas e impedindo que as pessoas fiquem prisioneiras das atividades operacionais e burocráticas do cotidiano. Os líderes podem motivar as pessoas a agir como empreendedoras por meio das seguintes ideias e comportamentos:

Os líderes têm consciência de que a atitude empreendedora é fundamental para a criação, o desenvolvimento e a valorização de empresas, de unidades de negócios e de áreas funcionais da organização. A estratégia (formulação e execução) está intimamente relacionada com o espírito empreendedor, uma vez que o objetivo é o mesmo: a criação de valor e de riqueza para os acionistas e demais stakeholders.

Os líderes reconhecem que, assim como não é mais possível separar a formulação da execução da estratégia, também não é possível primeiro criar uma nova estratégia e depois verificar se há profissionais capacitados, ou ainda, preparar os empregados (diretores, gerentes e colaboradores) para sua execução. Ao contrário, o perfil de competência das pessoas que irão participar de todo o ciclo da estratégia, desde a formulação, passando pela execução e indo até o monitoramento dos resultados, deve ser definido pelos dirigentes no início do processo.

Os líderes reconhecem que o engajamento, a motivação e o crescimento das pessoas na organização precisam estar alinhados com a atitude empreendedora. Na execução da estratégia, o comportamento empreendedor está presente, principalmente, quando indivíduos e grupos tornam-se responsáveis pela implementação de projetos estratégicos que, por sua vez, possibilitarão o atingimento dos objetivos estratégicos. Por meio de uma atitude empreendedora, as pessoas saberão como utilizar o capital humano, o capital financeiro e o capital estrutural para criar valor, dentro do prazo, dos custos orçados e das metas do projeto. Dessa forma, o que foi prometido para o cliente externo (ou cliente interno) é cumprido, de acordo com o especificado, elevando-se a confiança e o relacionamento entre as partes.

Os líderes reconhecem que os empreendedores são pessoas em busca de realização e, para conseguir isso, estão sempre em busca de inovações, novas oportunidades e novos desafios. Os líderes sabem que uma estratégia (formulação e execução), para ser bem-sucedida, precisa ser construída para o aproveitamento de oportunidades do presente, ou antecipando as oportunidades emergentes no futuro. O aproveitamento do *momentum* do negócio é fundamental para o sucesso da estratégia. A janela de oportunidade, isto é, o alinhamento entre os pontos fortes da empresa e uma nova oportunidade, tem breve duração. Os líderes precisam de determinação e agilidade para transformar a inovação ou a oportunidade em resultados empresariais. A janela de oportunidade não ficará indefinidamente aberta, esperando pelo longo e separado ciclo de formulação e execução da estratégia da organização. Em síntese, o ciclo integrado de formulação e execução da estratégia deve ser o mais curto possível.

Os líderes, na condição de líderes de outros líderes da organização, precisam ter seguidores, os quais, contudo, deveriam ser chamados de realizadores da estratégia. Uma das principais falhas dos dirigentes de empresas, no processo de estratégia, é não dar a devida atenção às pessoas que terão sob sua responsabilidade a execução da estratégia. Em especial, a gerência média é um gargalo e um dos principais obstáculos para o sucesso na execução da estratégia. Em geral, a média gerência não está envolvida no processo da estratégia, o que contribui para o baixo alinhamento, e nem sempre possui a capacitação necessária para realizar os objetivos estratégicos da organização.

Em consequência, muitas vezes, os dirigentes após criarem a estratégia, sentem-se inseguros em delegar a execução da estratégia aos colaboradores da média gerência – o que faz com a execução da estratégia seja paralisada. Essa situação gera um ciclo vicioso: a frustração com os resultados do processo da estratégia faz com as pessoas fiquem descrentes quanto à validade de a empresa possuir uma estratégia competitiva. O mais importante são as atividades operacionais do dia a dia.

Para superar essa deficiência, os líderes, na qualidade de patrocinadores da estratégia, precisam envolver-se pessoalmente nas atividades de educação, alinhamento de motivação e reconhecimento das pessoas que são os verdadeiros realizadores da estratégia. Os líderes precisam estimular os realizadores da estratégia a se transformarem em empreendedores. No final, a estratégia é executada por pessoas, e não por planos ou ideias abstratas.

O líder tem consciência de que a estratégia empresarial é criada e executada tendo como foco o cliente. Não há empreendedores sem clientes. É quase impossível criar valor para o negócio sem antes conquistar um cliente mediante uma atrativa proposição de valor. O líder precisa estimular a organização para que as pessoas conheçam quem são os clientes, quais são suas necessidades, expectativas e aspirações. Numa empresa, todas as pessoas têm clientes, seja o consumidor, seja o colaborador interno. O cliente está presente, direta ou indiretamente, em todas as atividades da organização. Os líderes precisam orientar os empregados no sentido de que o valor de mercado da empresa depende do número de clientes que ela consegue conquistar, vendendo para eles produtos e serviços de acordo com os objetivos de rentabilidade e de sustentabilidade no longo prazo.

Devido à importância da liderança nas atividades de criação de riqueza para os stakeholders, de forma ética e sustentável, chama a atenção o fato de muitos líderes não se envolverem com o processo de estratégia (formulação e execução integrados). Em nosso trabalho de consultoria, notamos claramente como alguns dos líderes (diretores e gerentes) evitam, visivelmente, o envolvimento com o trabalho de estratégia. Esses executivos podem ser considerados pessoas não focadas na estratégia. Eles se distanciam da formulação e da execução da estratégia para se concentrar nas atividades operacionais pelas quais são os responsáveis. Para eles, atingir as metas mensais funcionais é mais importante do que contribuir para os objetivos estratégicos da organização.

Esses líderes precisam entender que a liderança é um processo de influência, isto é, conforme nos explica Ken Blanchard, "a liderança é a capacidade de influenciar os outros pela liberação de seu poder e potencial para impactar o bem maior". Dessa forma, como os líderes irão influenciar e orientar os seguidores na execução da estratégia se eles nem sabem qual é a estratégia da organização? Os líderes alienados dificilmente conseguirão engajar as pessoas para o alto desempenho. Apenas definir metas, sem explicar o porquê dos esforços e como os resultados serão alcançados, não mobilizará as pessoas e, dessa forma, a estratégia não sairá do papel nem das planilhas financeiras.

Os líderes que não se envolvem com a estratégia, a exemplo daqueles que não exigem o envolvimento dos outros líderes e da força de trabalho na organização, parecem esquecer-se de que as atividades de uma empresa ocorrem num ambiente competitivo sujeito a grandes transformações. A boa performance do passado e do presente não garante o sucesso futuro da organização. Há inúmeras histórias de sucesso seguido de fracasso de grandes corporações do mundo inteiro, por uma série de motivos. Mas, provavelmente, um dos maiores motivos para o declínio das organizações pode ser atribuído à falta de engajamento dos líderes com a estratégia competitiva da empresa.

Jim Collins, em seu livro *Como as gigantes caem*, nos oferece importantes insights sobre os motivos do declínio corporativo. De acordo com Collins, "toda instituição é vulnerável, por mais excelente que seja seu desempenho hoje. Não importa o quanto você já realizou, não importa o quanto já progrediu, não importa quanto poder acumulou, você é vulnerável ao declínio. Não há uma lei da natureza afirmando que os mais poderosos inevitavelmente permanecerão no topo. Qualquer um pode cair e, mais cedo ou mais tarde, a maioria cai".

Do ponto de vista das pessoas focadas na estratégia, essa afirmação de Collins remete a uma importante questão: Em quantas posições-chave da organização temos o perfil de competências necessário à execução da estratégia e, dessa forma, assegurar a sustentabilidade da empresa? A resposta a essa questão e a contribuição da disciplina da liderança empreendedora nesse processo serão mostradas a seguir, quando nos focarmos nas demais disciplinas: a capacitação em projetos estratégicos, no design de processos e no engajamento do capital humano, e como são as pessoas – os líderes multiplicadores e os seguidores esclarecidos que produzem os resultados definidos na estratégia competitiva da empresa.

II. A disciplina da capacitação em projetos estratégicos

```
                                    ┌─ O Projeto Estratégico Ajuda a Elevar o
                                    │  Valor de Mercado da Empresa
                                    │
                                    ├─ O Projeto Estratégico Visa Superar o
  Capacitação em                    │  Gap de Performance da Organização
  Projetos Estratégicos ────────────┤
                                    ├─ O Projeto Estratégico Gera o
                                    │  Orçamento Estratégico
                                    │
                                    └─ A Execução dos Projetos Estratégicos
                                       Precisa Ser Monitorada
```

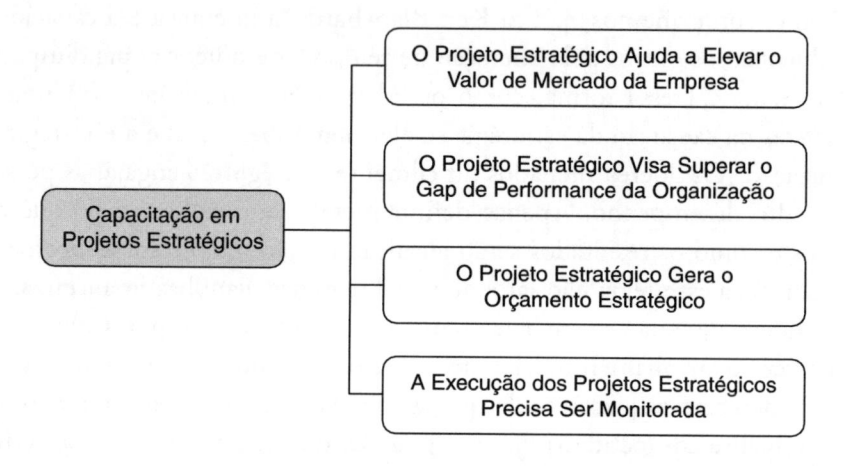

A. A disciplina da capacitação em projetos estratégicos: Visão geral

Na perspectiva das pessoas focadas na estratégia, **a capacitação em projetos estratégicos** está associada à disciplina de aprendizagem organizacional, que demonstra **como** os objetivos estratégicos serão atingidos. A capacitação em projetos é a atividade típica da execução da estratégia. Durante o processo de criação da estratégia, os dirigentes e sua equipe de colaboradores estavam concentrados em definir **o que** a empresa precisava fazer para chegar a seu destino estratégico. Agora, após a seleção dos temas estratégicos e a avaliação das alternativas de criação de valor, a liderança da organização define quais projetos possibilitarão a superação do descompasso existente entre a situação futura desejada e a realidade atual da organização.

A disciplina da capacitação em projetos está fundamentada nas metodologias consagradas de estratégia e na abordagem de gerenciamento de projetos

(*Guia PMBOK*, 4ª ed., 2008), do PMI-Project Management Institute, que serão adaptadas às atividades de execução da estratégia.

Um projeto pode ser definido como "um esforço temporário empreendido para criar um produto, serviço ou resultado exclusivo. Sua natureza temporária indica um início e um término definidos. O término é alcançado quando os objetivos tiverem sido atingidos ou quando se concluir que esses objetivos não serão, ou não poderão ser, atingidos e o projeto for encerrado, ou quando não for mais necessário", segundo o Project Management Institute. Essa definição de projetos pode ser detalhada da seguinte forma:

- **Esforço temporário:** os projetos possuem um início e um final definidos, explicitados por um objetivo que foi alcançado ou por uma entrega com valor percebido para um cliente.
- **Resultado duradouro:** os projetos, apesar de não serem considerados esforços contínuos da organização, são realizados a fim de produzir um resultado duradouro para a empresa.
- **Singularidade da entrega:** os projetos geram uma entrega de valor, na forma de um produto, serviço ou resultado singular (fidelização do cliente, inovação de produtos, domínio de uma nova competência essencial).
- **Elaboração progressiva:** os projetos têm um ciclo de vida e são elaborados ao longo do tempo em fases: inicial, intermediária e final (cada fase está associada a uma entrega ou a um marco).

Nesse sentido, a decisão dos líderes da organização em se comprometer com a realização de um projeto tem por finalidade, por exemplo, introduzir um novo produto no mercado, construir uma nova planta industrial, dominar uma nova competência essencial, desenvolver uma nova tecnologia, elevar a produtividade dos ativos, ou ainda, capacitar as pessoas para a execução da estratégia. Entretanto, é preciso ajustar o conceito de projeto para as atividades de execução da estratégia.

Na perspectiva das pessoas focadas na estratégia, um **projeto estratégico** é uma iniciativa da organização (realizada por uma equipe de trabalho) orientada para a execução da estratégia, que tem por finalidade a criação de valor econômico agregado, o fortalecimento de uma vantagem competitiva e a superação de uma lacuna de desempenho – dentro de determinado período (no horizonte do plano estratégico). Os principais componentes de um **projeto estratégico** são os seguintes:

- **Um projeto é uma iniciativa orientada para a execução da estratégia:** os projetos são as ações que uma organização precisa realizar para atingir os objetivos definidos em seu plano estratégico ou em seu mapa estratégico. Um projeto materializa a estratégia da empresa.
- **Um projeto tem por finalidade a criação de valor agregado:** os projetos estão associados à superação das lacunas existentes entre o valor agregado criado atualmente pela empresa e o valor agregado almejado em seu destino estratégico. Um projeto está intimamente relacionado com a elevação do valor de mercado da empresa.
- **Um projeto é uma iniciativa previamente priorizada:** ele é considerado estratégico, isto é, fundamental para a criação de valor e o fortalecimento da posição competitiva da empresa. Como está vinculado à consecução de um objetivo estratégico, o projeto foi selecionado durante a definição do plano estratégico, e sua implementação será iniciada o mais breve possível.

Portanto, de acordo com a disciplina de capacitação em projetos, quando falamos em projetos, estamos nos referindo a iniciativas associadas à execução da estratégia. Mais precisamente, sem a implementação de projetos, a execução da estratégia não acontece. A estratégia converte-se em ação por meio da implementação dos projetos estratégicos (veja a Figura 15). Em minha

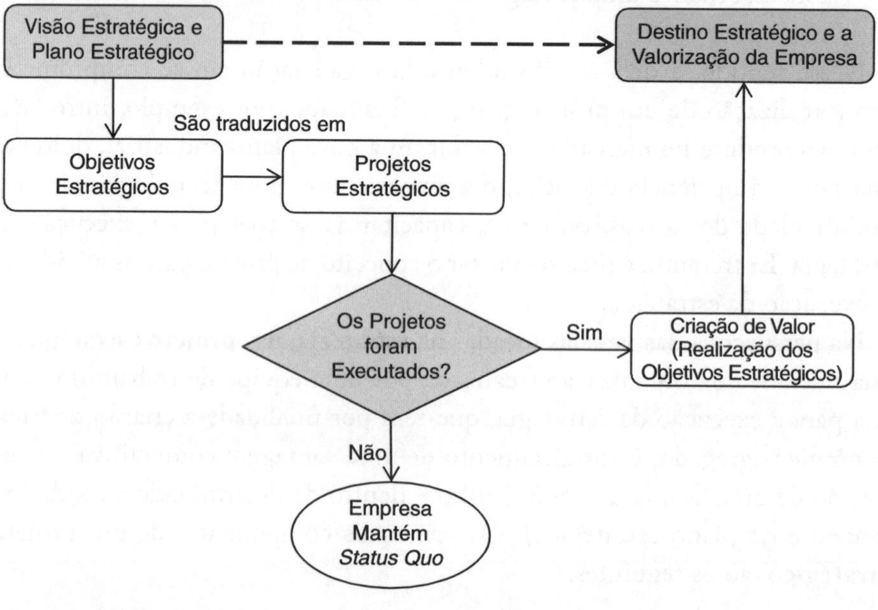

FIGURA 15 Os projetos estratégicos e a valorização da empresa

experiência como consultor, observo que muitos empresários, diretores de empresas e equipe de colaboradores não têm consciência desse fato. Esse grupo de pessoas trabalha com afinco durante meses para criar uma estratégia e definir o plano estratégico. Parece que a tarefa está concluída, porém há novas dificuldades e desafios.

Após chegar ao tão esperado plano estratégico, há um grande risco de as pessoas se dispersarem e faltar alinhamento ao plano estratégico, porque não há clareza sobre quais são os próximos passos para transformar os objetivos em resultados para a empresa. A direção e os colaboradores da organização nem sempre conseguem enxergar o vínculo existente entre a execução da estratégia e os projetos ou iniciativas estratégicas. Em síntese, o domínio do gerenciamento de projetos é fator crítico de sucesso para a execução da estratégia.

É importante, contudo, mencionar que não é escopo deste livro detalhar a metodologia de gerenciamento de projetos, conforme recomendação do Project Management Institute. Entretanto, para o melhor entendimento da disciplina capacitação em projetos, ressaltamos alguns aspectos da metodologia que se mostram relevantes para a execução da estratégia.

O PMBOK (Project Management Body of Knowledge) deve ser considerado um guia de orientação, para as pessoas entenderem melhor qual é o significado de um projeto e como ele deve ser gerenciado. E, uma vez obtida essa compreensão, é possível perceber melhor o vínculo existente entre os projetos, os objetivos estratégicos e a execução da estratégia.

No atual mundo dos negócios, assim como não é mais possível separar as atividades de formulação e execução da estratégia, é inviável considerar os projetos apenas uma atividade de técnicos e especialistas, distante do cotidiano das organizações. Na sociedade global e competitiva em que vivemos, para as organizações os projetos assumiram uma característica nitidamente empresarial e são considerados fatores críticos de sucesso dos empreendimentos. Segundo Harold Kerzner e Frank Saladis, "como o gerenciamento de projetos afeta todas as facetas de um negócio, agora é visto como um processo empresarial, e não apenas como uma metodologia para satisfazer um objetivo específico".

Assim como as pessoas têm um projeto de vida, as organizações desenvolvem projetos empresariais para tornar realidade a sua visão estratégica. Nesse sentido, podemos afirmar que ter um projeto significa projetar a situação futura da empresa. Mas o resultado final almejado depende de um conjunto de ações, e não acontece de imediato – precisa ser construído, gradativamente, por meio de fases: a decisão de iniciar, o planejamento das atividades, a execução do plano, o monitoramento e controle da evolução das atividades e o encerramento, com a entrega de um benefício ou de um valor para o cliente do projeto.

Foi o que aconteceu, por exemplo, com o Projeto Apolo (que levou o homem à Lua), o Projeto Prius (que introduziu no mercado o primeiro automóvel híbrido), o Projeto Varekai (um dos espetáculos do Cirque du Soleil), o Projeto iPod (que reinventou o negócio de música), o Projeto Google (que revolucionou o mecanismo de busca na Internet), entre outros.

A capacitação em projetos também é um importante fator para integrar a execução da estratégia desde o início do processo de formulação. As pessoas selecionadas para a capacitação em projetos desempenham o papel de multiplicadores da metodologia para os demais participantes do núcleo de desenvolvimento da estratégia. Ao final da capacitação, se for perguntado aos colaboradores de uma empresa: Você participa de um projeto estratégico em sua organização?, muitas pessoas responderão "sim".

O **gerenciamento de projetos**, segundo o PMBOK (2008), é composto pelos **processos** de Iniciação, Planejamento, Execução; Monitoramento e Controle; e Encerramento. Esses processos, como qualquer corpo de conhecimento, devem ser considerados um guia para a ação e podem ser customizados para a realidade cultural das organizações. Como não é escopo deste livro detalhar todos os processos de gerenciamento de projetos, vamos apresentar apenas os mais importantes grupos de processos, recomendando ao leitor, para um estudo mais aprofundado, a leitura do PMBOK (2008). Os principais grupos de processos são os seguintes:

G1: Grupo de Processos de Iniciação. Define e autoriza o início do projeto estratégico, priorizado no processo de avaliação, ou uma fase do projeto, dando início ao processo de execução da estratégia.

G2: Grupo de Processos de Planejamento. É uma atividade de preparação para a ação (prontidão para a ação), em que a equipe do projeto planeja a ação necessária, de acordo com o escopo do projeto, para alcançar os objetivos estratégicos.

G3: Grupo de Processos de Execução. Integra pessoas, competências essenciais, recursos e tecnologias para implementar o projeto estratégico de acordo com o planejado.

G4: Grupo de Processos de Monitoramento e Controle. Mede e monitora regularmente (e nas Reuniões de Gestão Estratégica) o progresso da implementação, a fim de identificar variações em relação ao plano de ação, de forma que possam ser tomadas medidas corretivas, quando necessário, para permitir o atingimento dos objetivos estratégicos.

G5: Grupo de Processos de Encerramento e Entrega de Valor. Formaliza a aceitação do produto, do serviço, do resultado singular pelo cliente, ou ainda, o atingimento do objetivo estratégico pelo projeto, o que se traduz em criação de valor duradouro para a empresa.

Uma visão integrada entre os objetivos estratégicos e o gerenciamento de projetos é mostrada na Figura 16.

Além dos cinco grupos de processos do ciclo de vida dos projetos, o PMBOK propõe a existência de **nove áreas de conhecimento** associadas ao gerenciamento de projetos. A finalidade dessas áreas de conhecimento é oferecer aos responsáveis pela execução de projetos (patrocinadores, gerentes e membros da equipe) um passo a passo, especificando o que eles precisam saber para que tenham sucesso com o empreendimento, sem precisar, a todo momento, reinventar a roda.

Em outras palavras, é a transformação do conhecimento tácito, dos praticantes de projetos, em conhecimento explícito, com a finalidade de profissionalizar o gerenciamento de projetos. Uma área de conhecimento "é descrita em termos dos processos que a compõem, suas práticas, entradas, saídas, ferramentas e técnicas", conforme assinala o PMBOK. Uma síntese das nove áreas de conhecimento, adaptada para a execução da estratégia, é apresentada a seguir.

1) Gerenciamento da Integração: significa identificar, definir, combinar e coordenar todas as ações necessárias à execução do projeto, ao atingimento dos objetivos estratégicos e à efetivação das entregas prometidas para os clientes do projeto. Essa área do conhecimento é composta pelas seguintes atividades ou processos:

- **Desenvolver um Termo de Abertura do Projeto (Project Charter):** Desenvolvimento do termo de abertura do projeto, que autoriza formalmente o projeto e a documentação dos requerimentos que definem a satisfação e as expectativas dos stakeholders.
- **Desenvolver a Declaração do Escopo Preliminar do Projeto:** Desenvolvimento da declaração do escopo preliminar do projeto, que fornece uma descrição de alto nível do escopo.

FIGURA 16 Os objetivos estratégicos e o gerenciamento de projetos

Entradas do Projeto

Patrocinador e Líder do Projeto

- Objetivos Estratégicos
- Projetos Estratégicos
- Lacunas de Valor

Processos de Iniciação

Processos de Planejamento

Processos de Execução

Processos de Encerramento

Entregas e Resultados do Projeto para o Cliente

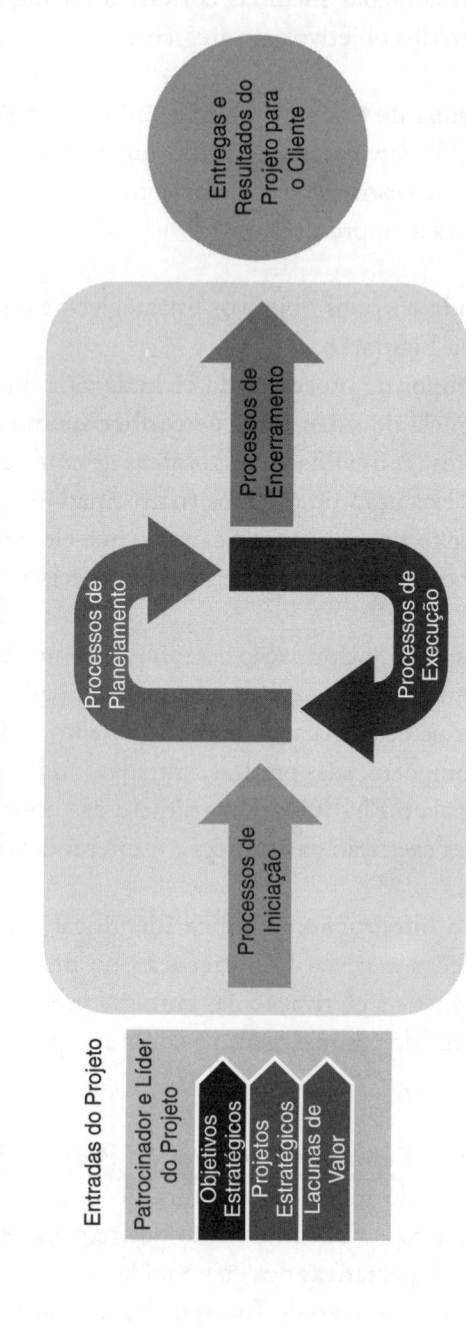

Fonte: Adaptado do PMBOK 4ª Edição, 2008

- **Desenvolver o Plano de Gerenciamento do Projeto:** Documentação das ações necessárias para definir, preparar, integrar e coordenar todos os planos auxiliares em um plano de gerenciamento do projeto.
- **Dirigir e Gerenciar a Execução do Projeto:** Execução do trabalho definido no plano de gerenciamento do projeto para atingir os objetivos definidos para o projeto.
- **Monitorar e Controlar o Trabalho do Projeto:** Monitoramento e controle dos processos necessários para iniciar, planejar, executar e encerrar um projeto, para atender aos objetivos de desempenho definidos no plano de gerenciamento do projeto.
- **Controle Integrado de Mudanças:** Revisão de todas as solicitações de mudança, aprovação de mudanças e controle de mudanças nas entregas e nos ativos de processos organizacionais.
- **Encerrar o Projeto:** Finalização de todas as atividades entre todos os grupos de processos do projeto para encerrar formalmente o projeto.

2) Gerenciamento do escopo do projeto: significa promover um alinhamento de expectativas (entre a direção e a equipe do projeto), especificar o trabalho que o grupo irá realizar e definir o que está incluído e o que não será coberto pelo projeto. Essa área do conhecimento é composta pelas seguintes atividades ou processos:

- **Documentar os Requisitos dos Stakeholders:** Elaboração da documentação que determina as necessidades e os objetivos dos stakeholders em relação ao projeto.
- **Definição do Escopo:** Desenvolvimento de uma declaração do escopo detalhada do projeto, como base para futuras decisões do projeto.
- **Criação da Estrutura Analítica do Projeto:** Subdivisão das principais entregas do projeto e do trabalho do projeto em componentes menores e mais facilmente gerenciáveis.
- **Verificação do Escopo:** Formalização dos critérios de aceitação das entregas do projeto em suas diferentes fases.
- **Controle do Escopo:** Monitoramento do status do projeto e controle de eventuais mudanças no escopo do projeto.

3) Gerenciamento dos prazos (tempo) do projeto: significa definir o melhor tempo, com senso de urgência, para que a evolução da execução do projeto (cumprimento do cronograma) ocorra de tal forma que o objetivo estratégico seja alcançado. Essa área do conhecimento é composta pelas seguintes atividades ou processos:

- **Definição das Atividades do Projeto:** Identificação das atividades que precisam ser realizadas para produzir as entregas do projeto.
- **Sequenciamento das Atividades:** Identificação e documentação da sequência e das interdependências entre as atividades de acordo com o plano do projeto.
- **Estimativa de Recursos da Atividade:** Estimativa do tipo e das quantidades de recursos (pessoas, materiais, equipamentos e suprimentos) requeridos para realizar cada atividade do projeto.
- **Estimativa da Duração da Atividade:** Estimativa do volume de trabalho necessário para a conclusão das atividades individuais do projeto e dos recursos necessários.
- **Desenvolvimento do Cronograma:** Análise da sequência e duração das atividades, dos recursos necessários, das restrições de cronograma para a criação do plano do projeto.
- **Controle do Cronograma:** Monitoramento do status do projeto para avaliação do progresso do projeto e gerenciamento das mudanças em relação ao projeto inicial.

4) Gerenciamento do custo do projeto: significa definir os custos associados ao projeto para que o benefício ou o valor seja efetivamente criado. Implica ter consciência de que o mais importante é atingir o objetivo estratégico, tomando como referência os custos estimados. Essa área do conhecimento é composta pelas seguintes atividades ou processos:

- **Estimativa de Custos:** Desenvolvimento de uma estimativa dos custos dos recursos necessários para se concluir as atividades do projeto.
- **Determinação do Orçamento:** Consolidação dos custos estimados para as atividades individuais ou pacotes de trabalho, a fim de se obter a aprovação do nível de custos projetado.
- **Controle de Custos:** Monitoramento da evolução do projeto em relação ao orçamento do projeto para o gerenciamento das mudanças em relação aos custos orçados.

5) Gerenciamento da qualidade do projeto: significa compreender que a qualidade da entrega (como o produto, o serviço, as competências, as instalações e a tecnologia), bem como a qualidade do projeto, devem estar a serviço da consecução do objetivo estratégico. Essa área do conhecimento é composta pelas seguintes atividades ou processos:

- **Planejamento da Qualidade:** Identificação dos requisitos e padrões de qualidade do projeto e do produto, elaborando a documentação de como o projeto irá cumprir o que foi contratado.
- **Assegurar a Garantia de Qualidade:** Auditoria dos requisitos de qualidade e dos resultados das atividades do projeto em relação aos indicadores de controle de qualidade para assegurar que os padrões de qualidade e de operação foram aplicados.
- **Realizar o Controle de Qualidade:** Registro e monitoramento da qualidade das atividades do projeto em relação aos indicadores de controle de qualidade para recomendar as mudanças necessárias.

6) Gerenciamento de recursos humanos do projeto: significa identificar, em primeiro lugar, as competências necessárias à execução das atividades e à finalização do projeto, de acordo com o definido no escopo. Uma vez definidas as competências que o projeto demanda, o passo seguinte é a escolha das pessoas que têm os conhecimentos, as habilidades e as atitudes necessárias para participar da equipe do projeto e desempenhar o papel esperado. Essa área do conhecimento é composta pelas seguintes atividades ou processos:

- **Plano de Desenvolvimento de Recursos Humanos:** Identificação e documentação dos papéis, das responsabilidades, das habilidades necessárias, da relação de hierarquia e do grupo de apoio para a execução do projeto.
- **Contratar ou Mobilizar a Equipe do Projeto**: Confirmação da disponibilidade dos recursos humanos para a formação do time do projeto com as competências necessárias para as entregas determinadas para o projeto.
- **Desenvolver a Equipe do Projeto:** Melhoria das competências, da interação e do envolvimento do time para melhorar a performance do projeto.
- **Gerenciar a Equipe do Projeto:** Acompanhamento do desempenho dos membros da equipe, fornecimento de feedback, resolução de problemas e gestão de mudanças para melhorar a performance do projeto.

7) Gerenciamento da comunicação do projeto: significa proporcionar a total transparência na execução do projeto, informando e comunicando aos stakeholders os fatos relevantes sobre o estágio do empreendimento. A comunicação deve ser realizada utilizando-se o melhor veículo para os diferentes públicos interessados no projeto, e a linguagem mais apropriada, sob medida, para o entendimento das mensagens. Essa área do conhecimento é composta pelas seguintes atividades ou processos:

- **Identificação dos Stakeholders:** Identificação das pessoas e organizações que possam ser impactadas pelo projeto, documentando as informações relevantes, explicitando seu envolvimento e seu impacto nos resultados do projeto.
- **Plano de Comunicação:** Identificação das necessidades de informações relevantes dos stakeholders e definição do meio e da forma de comunicação.
- **Distribuição da Informação:** Disponibilização das informações relevantes para os stakeholders, conforme o planejado.
- **Gerenciamento das Expectativas dos Stakeholders:** Comunicação e trabalho em conjunto com os stakeholders, atendendo às suas necessidades de informação e reportando questões relevantes à medida que ocorrem.
- **Relatório de Performance:** Coleta e distribuição das informações sobre performance, inclusive o status do projeto, os indicadores de progresso e a previsão sobre a finalização do projeto.

8) Gerenciamento do risco do projeto: significa compreender que o risco é inerente à execução de um projeto. De acordo com o PMBOK (2008), "o risco do projeto é um evento ou condição incerta que, se ocorrer, terá efeito sobre pelo menos um objetivo do projeto. Os objetivos podem referir-se a tempo, custo, escopo ou desempenho". Os riscos podem ser de natureza técnica, de gerenciamento do projeto, do setor competitivo, de natureza financeira ou do ambiente externo da organização. Essa área do conhecimento é composta pelos seguintes processos ou atividades:

- **Plano do Risco do Projeto:** Definição de como conduzir as atividades da gestão do risco de um projeto.
- **Identificação dos Riscos:** Determinação dos riscos que podem afetar o projeto e documentar suas características.

- **Avaliação Qualitativa do Risco:** Priorização dos riscos para posterior análise ou tomada de decisão pela avaliação e a combinação da probabilidade de ocorrência e impacto no projeto.
- **Avaliação Quantitativa do Risco:** Avaliação do efeito numérico do risco e de seu impacto nos objetivos do projeto.
- **Plano de Respostas ao Risco:** Desenvolvimento de opções e ações para aumentar as oportunidades e reduzir as ameaças aos objetivos do projeto.
- **Monitoramento e Controle dos Riscos:** Implementação de ações de resposta aos riscos identificação, monitoramento dos riscos residuais, identificação de novos riscos e avaliação dos riscos em todas as fases do projeto.

9) Gerenciamento de aquisições do projeto: significa assegurar mediante aquisições externas que os recursos, os produtos, os serviços e a força de trabalho estejam disponíveis para a execução dos projetos. As falhas no gerenciamento das aquisições podem comprometer a velocidade de implementação ou até mesmo provocar a paralisação do projeto, comprometendo seriamente a possibilidade de o objetivo estratégico ser alcançado. Essa área do conhecimento é composta pelas seguintes atividades ou processos:

- **Plano das Aquisições:** Documentação do processo das decisões de compra, especificação da abordagem e identificação dos potenciais fornecedores.
- **Realização das Aquisições:** Obtenção das propostas dos fornecedores, seleção dos fornecedores e realização do contrato.
- **Gerenciamento das Aquisições:** Gerenciamento do relacionamento com os fornecedores, monitoramento da performance do contrato de compra e realização de correções quando necessário.
- **Encerramento do Contrato:** Conclusão dos contratos de compra dos projetos.

Em conjunto, as áreas de conhecimento do gerenciamento de projetos podem oferecer importante contribuição para as atividades de execução da estratégia, apesar de seu formalismo e elevado grau de detalhamento. E o que é mais importante: a adoção de uma metodologia e a capacitação de pessoas em gerenciamento de projetos elevam, significativamente, a possibilidade de êxito do empreendimento. Segundo Paulo Yazigi Sabbag, a utilização de uma metodologia de projetos permite "nivelar por cima os resultados obtidos e reduzir as chances de insucesso; aprender com o sucesso avaliando os fracassos; reduzir o esforço, otimizar os recursos disponíveis, aumentar os ganhos; reduzir a ocorrência de problemas, acidentes e riscos; substituir a especulação por informação confiável sobre o desempenho; ampliar a governabilidade da execução do projeto; substituir o fatalismo pela ação proativa e empreendedora; e deixar de ser vítima dos acontecimentos para se tornar protagonista da realização de projetos".

Em síntese, é importante ressaltar que, no processo da estratégia, os projetos estão sempre vinculados aos objetivos estratégicos (situação futura desejada pela organização) e a determinadas entregas para os clientes do projeto, como fidelização dos clientes, inovação de produtos, domínio de novas competências, instalação de uma planta industrial, criação de um centro de distribuição ou ainda comercialização de produtos pela Internet (veja a Figura 17). Se as entregas não forem realizadas, os objetivos estratégicos não serão alcançados e, em consequência, a execução da estratégia não acontecerá.

Retornando ao tema das pessoas focadas na estratégia, **a disciplina da capacitação em projetos** se baseia nos seguintes princípios: o projeto estratégico ajuda a elevar o valor de mercado da empresa; o projeto estratégico visa superar um gap de desempenho da organização (situação presente em relação aos desafios da situação futura); o projeto estratégico gera o orçamento estratégico, alocando os investimentos nas iniciativas de criação de maior valor econômico agregado; e monitora a execução da estratégia de forma contínua e integrada.

B. O projeto estratégico ajuda a elevar o valor de mercado da empresa

De acordo com a filosofia das pessoas focadas na estratégia, a principal finalidade da execução da estratégia é elevar o valor de mercado da empresa, com um atrativo retorno sobre o investimento e o crescimento das vendas de forma sustentável, no longo prazo. No processo da estratégia, esse objetivo é alcançado, principalmente, pela conquista e a fidelização de clientes lucrativos, pelo domínio (ou criação) de vantagens competitivas, pelo desenvolvimento de novas competências essenciais, pela aquisição e a fusão de empresas e pela criação de valor econômico agregado.

Nesse sentido, o gerenciamento de projetos, orientado para a execução da estratégia, significa muito mais do que atender às tradicionais restrições conflitantes dos projetos: envolve a conclusão no prazo, dentro do orçamento e de acordo com os requisitos de qualidade, desempenho e riscos. Os empresários,

FIGURA 17 Os projetos estratégicos estão a serviço dos objetivos estratégicos

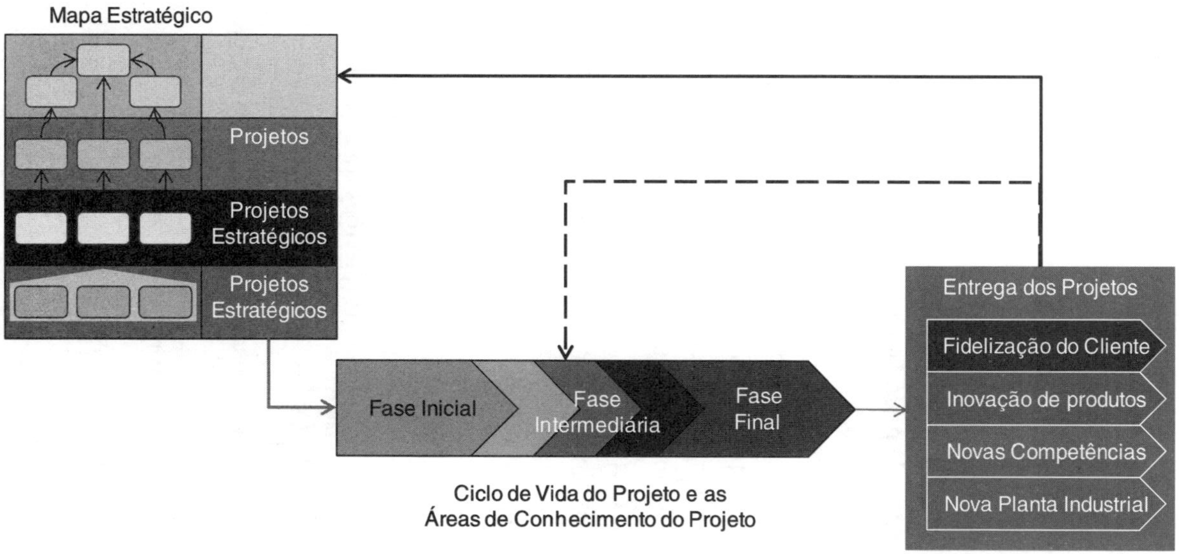

diretores, gerentes e integrantes das equipes precisam ter sempre em mente que a finalidade dos projetos estratégicos é a valorização da empresa.

Mas o que significa a valorização de uma empresa? Apesar de a definição do valor de uma empresa ser complexo, podemos tomar como referência a proposta por John Martin e J. William Petty, segundo a qual "o valor de uma empresa é o valor presente dos fluxos de caixa livres dos ativos atualmente existentes, somado ao valor presente das oportunidades de crescimento". Em outras palavras, o valor de uma empresa depende das competências essenciais atuais e das competências essenciais a serem dominadas no futuro (veja a Figura 18).

As competências do presente são representadas, principalmente, na forma dos **processos de negócios atuais**, que refletem capital financeiro, capital intelectual, capital estrutural e capital social da empresa. Elas estão associadas ao atual modelo de negócios, à configuração atual da cadeia de valor, à proposição de valor para o cliente, aos produtos e mercados atuais e às atuais vantagens competitivas. Exemplos de processos atuais de negócios são: gestão do relacionamento com os clientes, produção e operações, gestão da qualidade, inovação de produtos e serviços, prospecção de clientes, gestão do conhecimento, entre outros.

As competências a serem dominadas no futuro dependem fundamentalmente dos **novos projetos estratégicos** que a direção da empresa selecionou como prioritários. Exemplos de projetos estratégicos são: melhorar a capacidade de compreender o cliente e o mercado, promover a abertura de capital da empresa, melhorar a produtividade e a excelência operacional, realizar aquisição e fusão de empresas, criar universidade corporativa, obter certificação em acreditação hospitalar, atender às questões do meio ambiente e de sustentabilidade, entre outros.

FIGURA 18 O valor da empresa é alavancado pelos projetos estratégicos

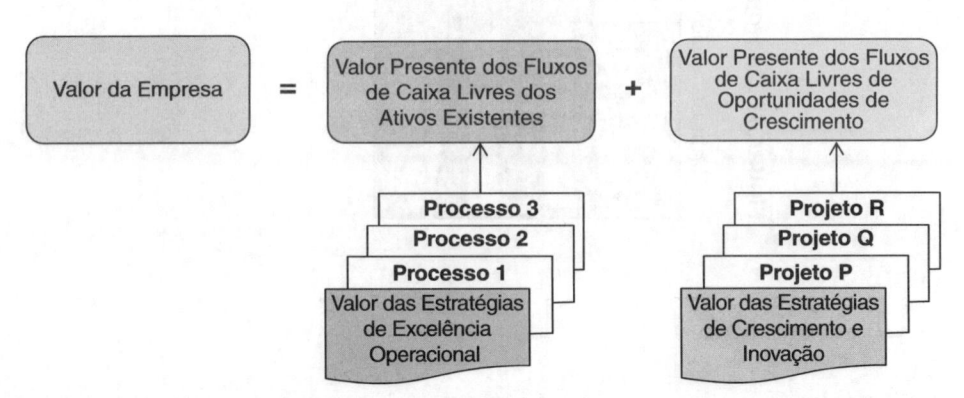

Valor da Empresa = Valor Presente dos Fluxos de Caixa Livres dos Ativos Existentes + Valor Presente dos Fluxos de Caixa Livres de Oportunidades de Crescimento

Processo 3
Processo 2
Processo 1
Valor das Estratégias de Excelência Operacional

Projeto R
Projeto Q
Projeto P
Valor das Estratégias de Crescimento e Inovação

Como podemos notar pela Figura 18, o valor de uma empresa, no futuro, está intimamente ligado ao valor das estratégias selecionadas no presente que serão executadas por meio de projetos estratégicos, ao longo do tempo. Dessa forma, é fundamental que as equipes dos projetos estratégicos tenham conhecimento do objetivo de geração de valor da empresa, do período definido para o plano estratégico, qual deverá ser a contribuição de cada um dos projetos estratégicos e qual será a composição desse crescimento em valor, entre as atividades atuais e as oportunidades de crescimento futuro. Lembramos que, na maioria das empresas, os componentes de crescimento futuro e de retorno sobre o investimento representam a maior parte do valor de mercado da empresa.

Outro ponto a ser destacado na questão da valorização de uma empresa é que o retorno mínimo esperado por uma estratégia deve ser superior ao custo de capital da empresa – caso contrário, não haverá criação de valor. É claro que, para os objetivos estratégicos de maior alcance, como a conquista de um novo cliente importante, o aprendizado e o conhecimento gerado no desenvolvimento de uma solução para o cliente, as iniciativas voltadas para a responsabilidade social empresarial podem tornar defensáveis estratégias com resultados abaixo desse critério.

Outro importante fator que torna possível a valorização de uma empresa é o **talento das pessoas** que estão dirigindo a empresa e qual estratégia elas são capazes de formular e executar. Mais precisamente, a capacidade de traduzir uma estratégia em objetivos estratégicos, que, por sua vez, estarão associados por uma relação de causa e efeito aos projetos estratégicos. Dessa forma, líderes talentosos serão motivados a selecionar para a equipe dos projetos (gerentes e integrantes) as pessoas que reúnam as competências necessárias para entregar os resultados esperados com a iniciativa.

C. O projeto estratégico visa superar o gap de desempenho da organização

Uma das atividade mais cruciais do processo da estratégia (formulação e execução) é a escolha correta dos objetivos estratégicos a serem concretizados pela organização. Uma escolha errada, ou superficial, do objetivo estratégico pode conduzir a empresa na direção errada, comprometendo a qualidade do plano estratégico, enfraquecendo o posicionamento de mercado do negócio e destruindo seu valor. Um objetivo a ser facilmente atingido também não é considerado estratégico.

Um objetivo, para refletir a estratégia e ser considerado estratégico, deve representar um grande desafio e um grande obstáculo a ser superado pelos dirigentes e pela equipe de colaboradores da empresa. Segundo Jim Collins, os dirigentes de uma empresa visionária, competitiva e sustentável assumem metas audaciosas, arriscadas e desafiadores (BHAG-Big Hairy Audacious Goal). Para ele, uma meta (um objetivo) com essas características "é imensa e assustadora, como se fosse uma enorme montanha a escalar. É uma meta clara, estimulante, que as pessoas captam no ato. Uma BHAG serve como um ponto de foco unificador do trabalho, arregimentando as pessoas e criando um espírito de equipe, à medida que as pessoas se empenham rumo à reta de chegada". É um objetivo com essas características que um projeto estratégico visa realizar durante o processo de execução da estratégia.

Outro ponto a ser destacado é que o objetivo ousado, arriscado e desafiador apresenta essas características em relação à situação atual da empresa, em termos competitivos. Nesse sentido, o projeto estratégico desempenhará o papel de uma escada entre o resultado esperado no futuro com o objetivo e a situação atual (o ponto de partida) do objetivo, mostrada na fase de diagnóstico. O objetivo estratégico poderá ser representado pela situação atual **(de)** até a situação futura desejada **(para)**. Entre esses dois momentos, há um enorme degrau, um **gap de desempenho**, a ser superado, conforme mostra a Figura 19. Justamente com a finalidade de superar esse gap de desempenho é que a equipe do projeto estratégico será constituída.

Uma forma simples e inteligente de demonstrar o gap de desempenho é descrevê-lo como tendo três elementos integrados entre si: o Objetivo, a Vantagem e o Escopo, conforme sugestão de Robert Kaplan e David Norton. O objetivo, ou seja, a situação futura desejada pela organização, é desdobrado em metas (marcos de performance), numa escala crescente, até atingir o resultado final, no horizonte de tempo determinado pela estratégia – em geral, de três a cinco anos. Como exemplos de objetivos, temos: lucratividade, crescimento, retorno sobre o investimento, aumento de participação de mercado, fidelização de clientes, fortalecimento de imagem de marca, pioneirismo no lançamento de novos produtos, melhoria da qualidade, redução do ciclo das atividades operacionais, alinhamento das pessoas à estratégia, desenvolvimento de novas competências e atração de talentos.

A vantagem, isto é, a facilidade de acesso a recursos, o domínio de capacidades, a inovação tecnológica, as competências das pessoas, a visão dos líderes, entre outros fatores, possibilita à empresa criar uma posição de mercado exclusiva. A vantagem, ou melhor, a vantagem competitiva, "é a condição (habilidades superiores, recursos superiores ou posição superior) que uma empresa tem para

FIGURA 19 O gap de desempenho da empresa

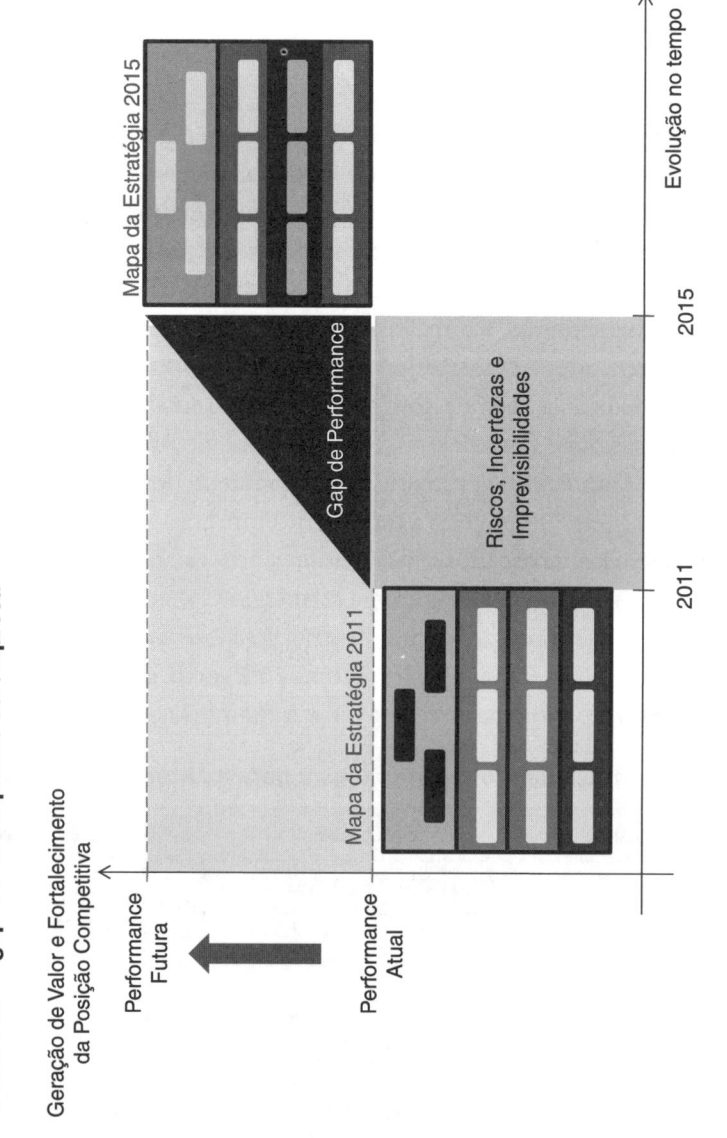

realizar determinadas funções melhor que os concorrentes, criando valor para os clientes e retornos financeiros superiores à média do mercado", segundo Michael Porter. As vantagens podem ser consideradas as capacidades criadoras de valor da organização, são raras no mercado, poucos concorrentes as possuem, são difíceis de imitar e, praticamente, não há alternativas ou substitutos para elas.

O escopo, isto é, o espaço competitivo em que a empresa irá participar, identifica as oportunidades de negócio que ela irá explorar. O escopo de atuação fornece à direção da empresa a possibilidade de especificar, com clareza, o objetivo a ser perseguido e o gap de desempenho que precisa ser superado, além dos requisitos e fatores críticos de sucesso. O escopo irá delimitar os clientes-alvo, os mercados geográficos a serem atendidos (local ou global), o portfólio de produtos e as competências essenciais a serem desenvolvidas, entre outros fatores.

Como já mencionado, a direção da empresa, ao definir objetivos estratégicos audaciosos, arriscados e desafiadores, está estabelecendo um gap entre as aspirações a serem realizadas com a estratégia e a situação atual, decorrente de decisões tomadas no passado. Para ilustrar o gap de desempenho, vamos tomar como exemplo uma empresa que pretende elevar o grau de fidelização dos clientes.

É preciso ter em mente, que a direção da empresa ao definir objetivos estratégicos audaciosos, arriscados e desafiadores está estabelecendo um gap entre as aspirações a serem realizadas com a estratégia e, a situação atual, decorrente de decisões feitas no passado. Para ilustrar o *gap de desempenho*, vamos tomar como exemplo uma empresa que pretende elevar o grau de fidelização dos clientes, conforme mostram a figura-20 e a figura-21.

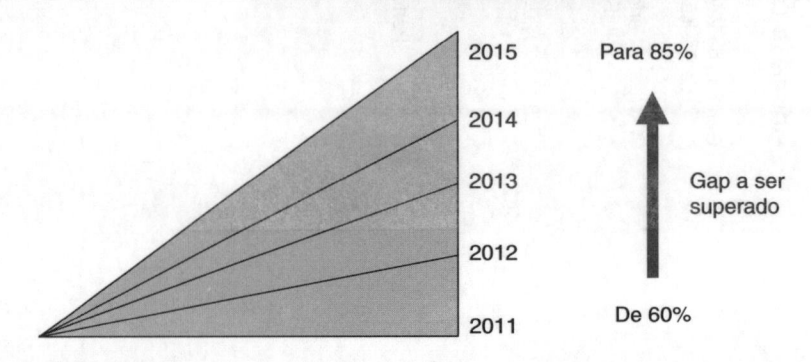

FIGURA 20 Exemplo de projeto estratégico para realizar o gap de desempenho

Objetivo Estratégico	Metas (Em %)					Projeto Estratégico
Elevar a Retenção de Clientes	2011	2012	2013	2014	2015	Programa de Fidelização do Cliente
	60	65	75	80	85	

AS DISCIPLINAS DA EXECUÇÃO DA ESTRATÉGIA

FIGURA 21 Termo de abertura do projeto estratégico

Missão de Alfa:
"Fornecer preferencialmente ao setor automotivo peças ou conjuntos fundidos usinados em ligas leve, que possam demandar o desenvolvimento simultâneo de tecnologias e processos que atendam às expectativas dos clientes."

Visão de Alfa:
"Sermos reconhecidos pela excelência nos negócios em nossa área de atuação."

Data de Início: 15/7/11	Data de Término: 31/3/12
Iniciativa Estratégica: Programa de Fidelização de Clientes	**Patrocinador do Projeto:** Diretor Executivo **Gerente do Projeto:** Gerente de Marketing **Cliente do Projeto:** Clientes e Área de Relacionamento com o Cliente

1. Sumário Executivo do Projeto:
Nos últimos dois anos, nossa empresa vem perdendo um número crescente de clientes. O principal motivo da perda de clientes é o atraso na entrega dos produtos e a má assistência técnica de nossos representantes comerciais. Nossa equipe não está conseguindo entregar o que prometeu aos clientes. Além disso, com o crescente número de reclamações, está cada vez mais difícil para o cliente se comunicar com a empresa. Os clientes insatisfeitos estão fazendo uma propaganda negativa boca a boca, via e-mail e até mesmo em blogs. Em contraste com essa situação, nossos três mais importantes concorrentes vêm ganhando market-share e apresentam uma grau de retenção de, em média, 79% de clientes.

Nesse sentido, o Programa de Retenção de Clientes tem por finalidade colocar o cliente no centro do negócio por meio de uma nova proposição de valor que atenda às necessidades e expectativas dos consumidores. A Área de Relacionamento com o Cliente, por sua vez, utilizará as mais modernas metodologias e abordagens de marketing, visando estabelecer um relacionamento de longo prazo com nosso público-alvo.

2. Necessidades dos Clientes:
A. **Clientes:** Receber os produtos com qualidade, no prazo e com o preço acertado. Ter facilidade de acesso aos representantes de nossa empresa.
B. **Área de Relacionamento com o Cliente:** Elevar o domínio de competências em fidelização e relacionamento com o cliente, com uma equipe treinada e motivada que perceba a importância de se colocar o cliente no centro do negócio. Concluir o projeto dentro do prazo e com o orçamento previsto.

2. Objetivos do Projeto:
- Elevar o grau de retenção de clientes para 85% em 2015 (contra 65% em 2011), de acordo com o Mapa da Estratégia da Unidade de Negócio.
- Capacitar a Equipe de Atendimento em Gestão do Relacionamento com o cliente e Metodologias de Fidelização do Cliente;
- Implementar uma solução de *CRM – Customer Relationship Management* para apoiar as ações de marketing da área de Relacionamento com o Cliente.

3. Entregas do Projeto:
- Programa de Relacionamento e Fidelização dos Clientes implementado.
- Pesquisa para o melhor conhecimento dos clientes realizada, com as informações e os insights mais importantes sobre o perfil dos clientes analisados e compartilhados com as áreas que têm contato com os clientes.
- Solução em Tecnologia da Informação implementada, com uma equipe treinada para sua efetiva utilização.

4. Custos (Investimentos) do Projeto: A. **Investimentos e Despesas Totais:** • R$250 mil, conforme especificado nos itens B, C, D, E. B. **Despesas Gerais:** • R$50 mil com a metodologia de Relacionamento e Fidelização. • R$12 mil com a realização dos workshops (hotel, refeições e materiais). • R$8 mil com despesas de viagem.	C. **Despesas com Pessoal:** • R$25 mil em treinamento da Equipe do Projeto. • R$35 mil com Profissionais Terceirizados. D. **Despesas com Equipamentos:** • R$90 mil em Tecnologia da Informação (hardware e softwares). E. **Despesas com Infraestrutura:** • R$30 mil em telefonia e rede de comunicação.

(Continua)

Termo de Abertura do Projeto Estratégico (*Continuação*)

5. Riscos do Projeto: **A. Evento e Impactos** • Aumento da perda de clientes, durante a fase do projeto, gerando pressão por parte dos gestores para a rápida finalização do projeto, o que compromete sua qualidade e efetividade. • Preço do software atrelado ao câmbio, podendo tornar o cumprimento do orçamento do projeto inviável. • Falta de cultura da empresa em colocar o cliente no centro do negócio, o que dificulta o entendimento de suas reais necessidades.	**C. Plano de Contingência:** • Criar uma força-tarefa de atendimento ao cliente para reduzir o número de pedidos em atraso. • Fazer hedge da moeda (real é dólar) com instituição financeira, eliminando o risco da desvalorização cambial. • Promover o alinhamento das principais lideranças da Unidade de Negócios em relação à importância de se ter uma cultura organizacional centralizada no cliente.
6. Requisitos do Projeto: • Apoio integral da diretoria de marketing. • Comprometimento das áreas: Produção, Logística, Tecnologia da Informação e Recursos Humanos. • Comunicação efetiva entre os membros da equipe.	
7. Restrições do Projeto: • O orçamento é limitado, e não pode ser ultrapassado. • O prazo-limite deve ser cumprido sob pena de comprometer a expansão regional da empresa. • Não será possível realizar um projeto-piloto junto aos principais clientes.	
8. Equipe do Projeto A. Peter B. Drucker C. Michael	D. Porter E. Gary F. Hamel G. Renée H. Mauborgne
9. Marcos do Projeto: **Data 1:** 31/8/11 Pesquisa sobre o Perfil do Cliente. **Data 2:** 15/9/11 Identificação dos fatores que geram atraso nos pedidos dos clientes.	**Data 3:** 1º/10/11 Escolha do software de CRM. **Data 4:** Treinamento da Equipe sobre a metodologia de Gestão do Relacionamento e Fidelização dos Clientes. **Data 5:** 31/3/12 Implementação do Programa de Fidelização de Clientes.
10. Critérios de Qualidade do Projeto: A. O Projeto será realizado de acordo com a norma de qualidade ISO 9000 (a Unidade de Negócios está em fase final da certificação). B. A empresa contratada para o desenvolvimento da metodologia é certificada em Six Sigma.	C. As práticas do projeto serão comparadas e refinadas mediante benchmarking com os três maiores concorrentes. D. As métricas do Projeto serão derivadas dos objetivos estratégicos e da metodologia do Balanced Scorecard.
11. Impacto do Projeto nos Objetivos Estratégicos do Balanced Scorecard: A. Objetivos Estratégicos Ascendentes: têm forte relação de causa e efeito, com o objetivo de elevar a rentabilidade do mix de produtos. B. Objetivos Estratégicos Descendentes: depende do objetivo atingir a excelência operacional.	

D. O projeto estratégico gera o orçamento estratégico

Agora vamos considerar outro importante fator que pode impedir a execução da estratégia: a falta de capital para financiar os projetos estratégicos. Além da separação entre formulação e execução, da não consideração do projeto como uma atividade empresarial – e não apenas de responsabilidade de profissionais técnicos –, a inexistência de um orçamento de investimentos estratégicos interrompe, de imediato, o processo de execução da estratégia.

Como em muitas empresas, a estratégia é considerada uma atividade teórica e analítica – e não um empreendimento para valer – e os dirigentes não se preocupam em disponibilizar os fundos necessários para sua execução. E, como sabemos, não é possível criar valor econômico agregado sem a alocação de capital. Uma das formas de se identificar a estratégia tácita de uma empresa que não conta com direcionamento estratégico é ver onde o dinheiro foi aplicado. Aqui a expressão *follow the money* (seguir o dinheiro) não significa descobrir uma pessoa corrupta, mas sim descobrir se a empresa possui, ou não, uma estratégia.

Entretanto, inúmeras informações demonstram que um grande número de empresas opera rolando seus empréstimos financeiros de curto prazo. Essas empresas não possuem, ou não têm acesso, ao capital necessário para executar com sucesso uma estratégia competitiva. Há muitos relatos sobre organizações que iniciaram seu planejamento estratégico, mas, no final do processo, descobriram não dispor de recursos financeiros para a execução da estratégia, o que gerou uma grande frustração na equipe responsável pelo projeto.

A avaliação do volume dos fundos necessários para o processo da estratégia (formulação e execução) deve ocorrer no início do processo – e não no final das atividades. Deve-se notar que aqui não estamos falando de números precisos de investimentos, mas sim, de uma ideia aproximada da magnitude dos fundos necessários e de como serão financiados.

A boa notícia é que um consistente plano estratégico pode atrair o capital necessário, seja ele na forma de dívida (*debt*) ou de participação acionária (*equity*) de diferentes fontes, como bancos de investimentos, instituições de fomento, fundos de private equity, empresas de venture capital e investidores-anjo. É, fundamentalmente, para identificar o volume de capital necessário para a execução da estratégia, que o orçamento estratégico é elaborado. Porém, devemos ressaltar que, o orçamento estratégico deve ser elaborado de forma independente do orçamento tradicional das empresas – eles possuem finalidades diferentes. O primeiro está voltado para a criação de valor no longo prazo para os acionistas e demais stakeholders; o segundo está concentrado nas metas financeiras de curto prazo.

Segundo pesquisas de autores como Jeremy Hope, Robert Kaplan e David Norton, há muitos projetos sendo implementados nas empresas que não passariam pelo teste da estratégia. Esses projetos, além de não estarem vinculados a um objetivo estratégico, também não contribuem para a criação de valor econômico agregado. Nas palavras de Jeremy Hope, "outra grande causa do desperdício é o número de projetos ineficazes que são instigados sem uma avalição rigorosa de seu valor". Esses projetos foram autorizados ou por motivos políticos (poder do executivo líder da iniciativa) ou por meio de projeções financeiras realizadas sem uma consistente análise estratégica, ou ainda – e o que é pior – os investimentos foram feitos para não se perder a verba disponível no orçamento. O gestor é penalizado por não usar um recurso financeiro que estava à sua disposição. Logo, ele usará esses recursos em qualquer iniciativa, mesmo que ela não agregue valor para um cliente ou para a empresa.

Além disso, para tornar mais delicado o processo de priorização dos projetos, Hope nos chama a atenção para mais um fato: "É provável que menos da metade dos principais projetos apoie uma estratégia da empresa. Isso significa que menos da metade do orçamento de despesas de capital está agregando pouco valor." A conclusão é evidente: em inúmeras organizações, projetos em execução que deveriam contribuir para a valorização da empresa, ou para o fortalecimento de sua posição competitiva, estão, na verdade, destruindo valor.

Esses projetos foram aprovados e iniciados, mas os executivos não sabem como interrompê-los e não têm coragem suficiente para assumir que não contribuem para a execução da estratégia. Para compensar esse erro, cometem outro: recomendam, de forma arbitrária, um corte linear dos investimentos e das despesas em cerca de 10% (ou em outro percentual). Ao assumirem essa atitude, os executivos misturam tudo, dispensando o mesmo tratamento aos projetos estratégicos e aos projetos medíocres, penalizando aqueles com maior potencial de criação de valor.

Mas como proceder para selecionar e priorizar os projetos estratégicos? A resposta é direta: os projetos estratégicos devem ser priorizados de acordo com seu impacto na criação de valor e no fortalecimento da posição competitiva da empresa. Vale também destacar que inúmeras empresas caem na armadilha de tentarem realizar um grande número de projetos ao mesmo tempo. Esse esforço também não é recomendável devido à dissipação e ao desperdício dos recursos, ao envolvimento de um grande número de pessoas nos novos projetos, em prejuízo das atividades associadas aos negócios atuais, ao estresse provocado pelo grande volume de trabalho, além da alocação de recursos em atividades que somente produzirão resultados no futuro, frustrando o desejo das pessoas de verem seus esforços traduzidos em resultados.

Antes de definirmos os critérios para a priorização dos projetos estratégicos que darão origem ao orçamento estratégico, é preciso relembrar, como nos ensinou Michael Porter, que "estratégia significa fazer escolhas. Significa dizer o que fazer e o que não fazer". Assim, é preciso saber dizer não aos contínuos pedidos dos executivos por novos recursos. Afinal de contas, "embora 90% dos resultados estejam sendo produzidos por 10% dos eventos, 90% dos custos estão sendo aumentados pelos 90% de eventos restantes que não produzem resultados algum", complementa Peter Drucker.

Para a priorização dos projetos estratégicos e a definição do orçamento estratégico, recomendamos, como exemplo, os critérios relacionados na Figura 22, lembrando que o peso a ser atribuído a cada critério depende da realidade dos negócios de cada empresa.

FIGURA 22 Critérios para a priorização dos projetos estratégicos

Critério	Peso (%)	Definição do Critério
1. Impacto na criação de valor e fortalecimento da posição competitiva da empresa.	40	Reflete o direcionamento estratégico da empresa, os temas estratégicos e os objetivos estratégicos.
2. Investimentos e custos da iniciativa.	25	Investimentos e custos associados à superação da lacuna de desempenho.
3. Tempo de maturação (time to market).	15	Período de execução: do início do projeto até a entrega do valor ou do resultado ao cliente.
4. Risco e complexidade de implementação.	10	Risco financeiro, risco operacional e risco tecnológico associados ao projeto.
5. Interdependência com outras iniciativas estratégicas da empresa.	10	Grau de impacto e de interdependência com outros projetos estratégicos e iniciativas em andamento na organização.
Total	100	

Fonte: Adaptado de Jeremy Hope.

Alguns autores sugerem a inclusão do valor presente líquido com um critério para a priorização dos projetos, mas, apesar de reconhecermos sua fundamental importância, ele deve ser utilizado apenas onde sua utilização for justificada. Nem todos os projetos estratégicos podem ser mensurados por seu valor presente ou pelo retorno sobre o investimento. Um dos melhores exemplos disso são os investimentos em tecnologia da informação ou em sistema integrado de gestão (ERP). Isoladamente, esses investimentos não produzem ROI ou VPL; somente os negócios que são viabilizados ou capacitados pela tecnologia da informação, sim. Da mesma forma, é difícil medir com esses critérios, por exemplo, uma competência, a capacidade de se trabalhar em equipe, a motivação, o conhecimento dos clientes e o relacionamento com a rede de distribuidores.

Para estimular a troca de ideias sobre os critérios para a priorização dos projetos estratégicos e a definição do orçamento estratégico, apresentamos, a seguir, uma lista de indicadores que podem ser utilizados e refinados, como mostra a Figura 24. Na sequência, um exemplo de priorização de projetos estratégicos, selecionados na perspectiva dos clientes do mapa estratégico, utilizando os critérios recomendados impacto na estratégia, investimentos e custos, tempo de maturação do projeto e grau de risco é mostrado a seguir na Figura 23.

Uma vez realizada a priorização dos projetos estratégicos, é possível determinar qual é o orçamento estratégico da empresa. De acordo com Kaplan e Norton,

FIGURA 23 Priorização de projetos estratégicos

Projeto Estratégico I. Perspectiva do Cliente (20%)	Critério de Avaliação				
	Impacto na Estratégia (P = 40%)	Investimentos e Custos (P = 30%)	Maturação do Projeto (P = 20%)	Grau de Risco (P = 10%)	Pontos
1. Introduzir a Função Gestor de Conta do Cliente.	4 160	4 120	3 60	5 50	390
2. Capacitar profissionais em tecnologia de rastreamento (informação para o cliente e gestores).	4 160	4 120	5 100	5 50	430
3. Introduzir tecnologia de rastreamento em 100% da frota.	4 160	4 120	5 100	5 50	430
4. Integração entre Comercial, Operações e Gestão de Frota.	5 200	4 120	5 100	5 50	470

AS DISCIPLINAS DA EXECUÇÃO DA ESTRATÉGIA

FIGURA 24 Exemplo de critérios para a priorização das iniciativas estratégicas

A. O Impacto nos Objetivos Estratégicos está associado a: (5= Alto impacto; 1= Baixo impacto).   1. Contribui para a Inovação de Valor.   2. Desenvolve ou fortalece uma Vantagem Competitiva.   3. Gera Valor Percebido pelo Cliente.   4. Desenvolve ou fortalece uma Competência Essencial.   5. Contribui para a elevação de receitas.   6. Viabiliza a Eficiência Operacional.   7. Estimula a Motivação da Força de Trabalho.
B. O Custo e os Investimentos estão associados a: 1. Investimento de capital.   2. Despesas com a contratação de profissionais ou o período de dedicação dos atuais empregados.   3. Despesas associadas à infraestrutura operacional ou de informação e comunicação.   A pontuação dos investimentos irá de 5 = baixo investimento; 1 = alto investimento e
C. O Time to Market e a maturação do projeto estão associados à seguinte pontuação: 5 = Prazo de entrega do projeto em até 12 meses, *sem* a necessidade de domínio de novas competências.   3 = Prazo de entrega do projeto em até 12 meses, *com* a necessidade de domínio de novas competências.   2 = Prazo de entrega do projeto superior a 12 meses, *sem* a necessidade de domínio de novas competências.   1 = Prazo de entrega do projeto superior a 12 meses, *com* a necessidade de domínio de novas competências.
D. O Risco do projeto está associado à seguinte pontuação: 5 = Nenhum risco percebido.   3 = Há risco financeiro (dificuldade para disponibilizar os recursos e para pagar o financiamento).   1 = Há risco estratégico (cliente não percebe o valor; imitação pelos concorrentes; outra inovação).

"o orçamento estratégico autoriza as iniciativas necessárias ao fechamento das lacunas de planejamento entre o desempenho extraordinário almejado e o desempenho alcançável por meio de melhorias contínuas e do prosseguimento dos negócios rotineiros. O orçamento estratégico identifica as necessidades de se desenvolverem novas operações; de se criarem novas capacidades; de se lançarem novos produtos e serviços; de se atender a novos clientes, mercados, aplicações e regiões; e de se formarem novas alianças e *joint-ventures*".

Um exemplo simplificado do orçamento estratégico é apresentado na Figura 25. Notar que a demanda por recursos financeiros (sem a inclusão de outros recursos) está estimada em R$7,500 milhões, porém a empresa só tem a possibilidade de alocar R$4,580 milhões, com recursos oriundos de diferentes fontes (próprios, de empréstimos e de investimentos). Em consequência, os projetos F, G e H não foram priorizados nesse ciclo de execução da estratégia, mas sim à medida que os outros projetos forem sendo concluídos e liberando e alocando os recursos necessários.

FIGURA 25 Priorização de projetos estratégicos (em R$ mil)

Projeto Estratégico	Ranking	Investimentos	Despesas	Total
A	1º	800	200	1.000
B	2º	1.000	300	1.300
C	3º	600	100	700
D	4º	700	200	900
E	5º	500	180	680
Projetos Aprovados		3.600	980	4.580
F	6º	750	120	870
G	7º	1.200	300	1.500
H	8º	400	150	550
Projetos Não Priorizados		2.350	570	2.920
Investimento Total Demandado		5.950	1.550	7.500

E. A execução dos projetos estratégicos precisa ser monitorada

Apesar de todo o cuidado, para a integração do processo da estratégia (formulação e execução), permanece o desafio da formação das equipes dos projetos estratégicos (patrocinador, gerente e membros), da confecção do *project chart* (termo de abertura do projeto), da alocação de recursos (capital, pessoas e infraestrutura) e, acima de tudo, a primeira e mais importante atividade: iniciar a execução do projeto.

O início da execução dos projetos estratégicos, isto é, a mobilização de pessoas, a alocação de recursos e a superação das resistências, é um dos momentos mais críticos do processo de execução. Após semanas de intenso trabalho, um grupo de pessoas conseguiu, com muita dedicação, esforço e estresse, concluir o plano estratégico, definir os objetivos estratégicos, identificar os projetos estratégicos e elaborar o orçamento estratégico. Agora, esse grupo de pessoas precisa de um tempo para retomar as outras atividades sob sua responsabilidade – as quais ficaram em segundo plano durante o processo da estratégia. Nesse momento, há um risco elevado de as equipes dos projetos se dispersarem. Os líderes precisam ficar atentos e redobrar os esforços para motivar e alinhar as pessoas para a continuidade da execução da estratégia.

Uma das formas de os líderes evitarem a dispersão é permanecer próximos e orientar os gerentes dos projetos e suas equipes, no sentido de iniciar, de forma integrada, todos os projetos estratégicos priorizados pela direção da empresa. Com o início coordenado dos projetos estratégicos, a execução da estratégia entra na fase de produzir resultados periódicos, os marcos de realizações, que antecedem a entrega de valor para o cliente, a valorização da empresa e o fortalecimento de seu posicionamento competitivo.

Uma das principais funções do monitoramento da execução dos projetos estratégicos é antecipar e solucionar os principais problemas associados à conclusão dos projetos da empresa. De acordo com o Estudo de Benchmarking em Gerenciamento de Projetos Brasil 2009 (Project Management Institute Chapters), realizado junto a 300 empresas, as dificuldades que ocorrem com mais frequência nos projetos da organização são os seguintes:

- 76% de problemas de comunicação;
- 71% de não cumprimento de prazos;
- 70% de mudança de escopo constante;
- 61% de escopo não definido adequadamente;
- 52% de concorrência entre o dia a dia e o projeto na utilização de recursos;
- 52% de estimativas incorretas ou sem fundamento;
- 50% de riscos não avaliados corretamente;
- 50% de não cumprimento do orçamento.

Esses problemas assinalados pelo Project Management Institute também refletem a não consideração dos projetos como um empreendimento decorrente da estratégia da empresa – 58% dos projetos não estão associados ao plano estratégico. Outra preocupação é o valor dos projetos: 57% têm um orçamento de até R$1 milhão; 23%, entre R$1 milhão e R$10 milhões; e 20% acima de R$10 milhões. Mais surpreendente ainda é o fato de que, em 28% das empresas pesquisadas, metade dos projetos aprovados que estão no portfólio não é concluída. Em 33% das empresas, os projetos são executados parcialmente (o que representa um grande desperdício de recursos), e somente 6% das empresas tiveram seus projetos efetivamente executados.

Esses números são alarmantes e fornecem uma das prováveis explicações para tantas empresas falharem na execução da estratégia competitiva. No limite inferior das empresas pesquisadas (28% do total), podemos observar a seguinte situação: se uma organização definiu 10 projetos estratégicos como prioritários, os profissionais da empresa somente serão capazes de concluir cinco deles – os outros projetos estratégicos, independentemente do volume de recursos destinados e de sua importância estratégica, serão abandonados, com grande desperdício de recursos e frustração das pessoas.

Com um histórico de projetos estratégicos não concluídos, os executivos e colaboradores da empresa perderão a confiança no plano estratégico e irão questionar se os líderes da empresa, realmente, estão comprometidos com a estratégia. A frustração com a estratégia faz com que as pessoas se voltem, cada vez mais, com as atividades operacionais do dia a dia. Elas têm um início, um meio e um fim e, portanto, são sempre concluídas.

Os resultados da pesquisa do PMI reforçam a importância da disciplina da capacitação em projetos, principalmente pela ótica dos benefícios obtidos com um bom gerenciamento dos projetos. Os principais resultados mencionados pelo bom gerenciamento dos projetos são os seguintes:

- 78% de aumento do comprometimento com objetivos e resultados;
- 71% de disponibilidade de informações para a tomada de decisões;
- 70% de melhoria da qualidade dos resultados dos projetos;
- 61% de aumento da integração entre as áreas;
- 59% de aumento da satisfação do cliente (externo e interno);
- 58% de minimização dos riscos em projetos; e
- 44% na utilização dos recursos humanos.

Na busca por uma solução para a capacitação de pessoas, além da capacitação de profissionais em gerenciamento de projetos estratégicos, as organizações têm adotado como alternativa: a estruturação de um Escritório de Gestão Estratégica ou a constituição de uma Unidade de Gestão Estratégica (Strategic Management Unit).

O Escritório de Gestão Estratégica é uma estrutura organizacional que tem por finalidade o gerenciamento e a coordenação da execução dos projetos estratégicos da empresa, visando assegurar as entregas e o sucesso das iniciativas. O escritório gerencia os recursos e o orçamento estratégico do portfólio de projetos; identifica, desenvolve e compartilha as melhores práticas de gerenciamento de projetos; fornece orientação, aconselhamento e treinamento sobre os projetos empresariais; disponibiliza informações sobre a evolução dos projetos; e promove a comunicação entre as equipes de projeto. O escritório também assegura que, na organização, há pessoas capacitadas para o gerenciamento e a execução dos projetos estratégicos.

A Unidade de Gestão Estratégica, por sua vez, é uma nova área da organização que tem como responsabilidade gerenciar e coordenar todos os processos da estratégia – da formulação à execução. A unidade também tem sob responsabilidade a integração dos processos-chave da organização (inclusive a cadeia de valor e a perspectiva dos processos do mapa estratégico) com a execução da estratégia. A UGE é responsável pela preparação e a coordenação da reunião de análise da estratégia, em que se avaliam a consistência da estratégia competitiva e o desempenho das equipes de projetos estratégicos na efetiva conclusão das iniciativas. A UGE promove o alinhamento das áreas da organização com a estratégia, desenvolve os programas de comunicação da estratégia para os stakeholders e compartilha as melhores práticas da execução da estratégia.

Entretanto, é preciso destacar um ponto em relação à criação de uma área responsável pela estratégia na organização. A experiência histórica com a introdução de áreas de planejamento estratégico, principalmente na década de 1980, mostrou que o resultado não foi satisfatório. Inúmeras corporações elaboraram um planejamento estratégico burocrático, desvinculado da realidade, distante das oportunidades de negócios e, principalmente, sem o envolvimento e sem o sentimento de posse pelos executivos de linha. As áreas de planejamento estratégico que tinham por finalidade facilitar e agilizar o processo da estratégia muitas vezes se transformaram em seu principal obstáculo, a ser superado.

Dessa forma, em função de nossa experiência (e de outras empresas) em projetos de estratégia e dos desafios enfrentados pelas organizações, em um mundo globalizado e cada vez mais competitivo, somos céticos em relação à constituição de uma Unidade de Gestão Estratégica, responsável pelo processo da estratégia (formulação e execução). Recomendamos veementemente que os executivos de linha e suas equipes sejam os responsáveis (no sentido de *accountability*) e tenham o sentimento de posse da formulação, execução, monitoramento, avaliação de desempenho e entrega de resultados. A estratégia é uma atividade que não pode ser delegada. A responsabilidade pertence ao presidente da empresa. Ele precisa envolver-se no processo e assegurar que os diretores, executivos e colaboradores estejam efetivamente trabalhando na execução da estratégia.

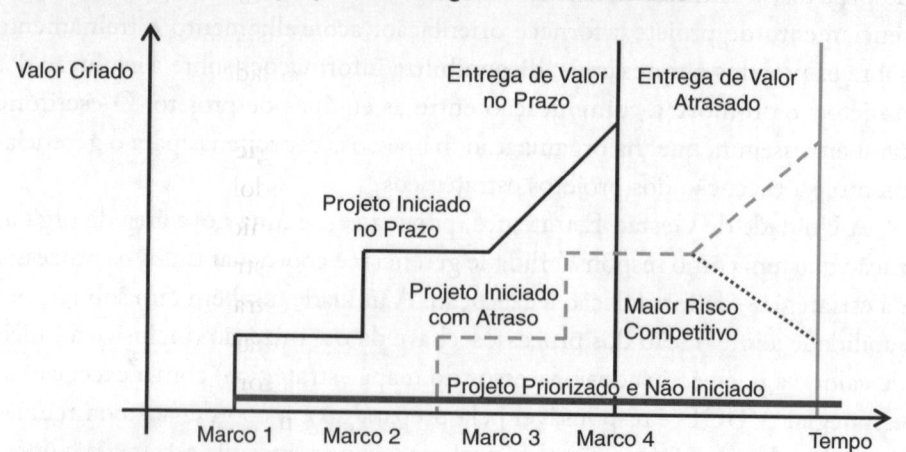

FIGURA 26 O risco de o projeto estratégico não ser iniciado

[Gráfico: eixo vertical "Valor Criado", eixo horizontal "Tempo" com Marco 1, Marco 2, Marco 3, Marco 4. Curvas: "Projeto Iniciado no Prazo" levando a "Entrega de Valor no Prazo"; "Projeto Iniciado com Atraso" levando a "Entrega de Valor Atrasado" e "Maior Risco Competitivo"; "Projeto Priorizado e Não Iniciado".]

Independentemente da estrutura utilizada, a questão básica de qualquer processo de execução da estratégia consiste em verificar se todos os projetos priorizados foram iniciados, no prazo, pelas equipes de projetos e de acordo com o cronograma do project chart. Se os projetos não estiverem na fase de iniciação, não será possível realizar as atividades de monitoramento – e o que é pior, isso pode significar que as metas intermediárias dos projetos não serão cumpridas, comprometendo os resultados do plano estratégico como um todo. Em síntese, o projeto não iniciado não cria valor, o projeto iniciado no prazo entrega o valor para o cliente e o projeto iniciado com atraso corre o risco de não produzir o valor esperado, como mostra a Figura 26.

A direção da empresa (presidente e diretores) precisa assegurar-se de que os projetos estratégicos priorizados tenham sido iniciados, no prazo, reunindo-se constantemente com o gerente e a equipe do projeto, fornecendo orientações e eliminando os obstáculos. Feito isso, o próximo passo é a estruturação das Reuniões de Análise Estratégica (RAE) para verificar como anda a evolução da execução da estratégia e o aprendizado das equipes de projeto e da organização. A RAE tem por finalidade verificar não só se as equipes dos projetos estão executando corretamente o plano estratégico, mas também se as hipóteses que suportam a estratégia estão corretas.

As **Reuniões de Análise Estratégica** (ou Reuniões de Gestão Estratégica, ou ainda Strategic Meeting) se constituem numa importante alternativa para conduzir o processo de execução dos projetos estratégicos. De acordo com Kaplan e Norton, as discussões nas reuniões de gestão estratégica "se concentram em se a execução da estratégia está no rumo certo, identificam os entraves à execução bem-sucedida da estratégia, detectam onde as dificuldades na implementação ocorrem, identificam as causas dos problemas, adotam providências para eliminar esses obstáculos e definem responsabilidade para a consecução dos resultados almejados".

Dessa forma, a **RAE (Reunião de Análise Estratégica)** é uma ferramenta de gestão contínua da estratégia (suportada por metodologia) que permite à diretoria da empresa, de uma unidade de negócios ou unidade de suporte operacional avaliar o progresso em relação à execução da estratégia, à entrega das demandas dos Clientes e à consecução dos objetivos estratégicos.

A Reunião de Análise Estratégica pode desempenhar o papel de um **Comitê Estratégico** de alto nível, sendo estruturada na forma de um colegiado e liderada, preferencialmente, por um diretor da empresa envolvido com o processo da estratégia. Pelas suas características, a RAE pode atuar de forma integrada com outros comitês da empresa. Dessa forma, outras iniciativas estratégicas da empresa, como a inteligência competitiva, a gestão de competências e a nova arquitetura organizacional podem ser incorporadas ao processo de gestão estratégica.

Uma Reunião de Análise Estratégica extrapola as tradicionais reuniões mensais de análise dos resultados financeiros e, para ser bem-sucedida, precisa ter uma agenda própria, orientada para o monitoramento da evolução das iniciativas estratégicas, da consistência da estratégia de negócios e do aprendizado das pessoas com o processo da estratégia. Além disso, ela precisa ser suportada por uma sólida base de informações e, previamente preparada de acordo com as seguintes fases, conforme mostra a Figura 27:

Fase 1: Disponibilização das Informações. Previamente à realização da RAE, a direção da empresa, os gerentes e os membros das equipes de projetos deverão ter acesso às informações sobre os objetivos estratégicos; a análise da performance; a evolução do cronograma e o status do orçamento. Para a melhor eficiência das atividades, é fundamental que as pessoas tenham acesso direto às informações, por meio de um sistema integrado de gestão (ou outra solução), para não depender de terceiros ou de outras áreas da organização. A dificuldade de acesso ou da disponibilização das informações compromete, em muito, a qualidade da RAE.

Fase 2: Preparação dos Líderes e Equipes de Projetos. Na verdade, é uma autopreparação e troca de ideias em grupo, realizando uma análise do desempenho, do alinhamento das pessoas e da alocação de recursos, os motivos da

FIGURA 27 Fases da reunião de gestão estratégica

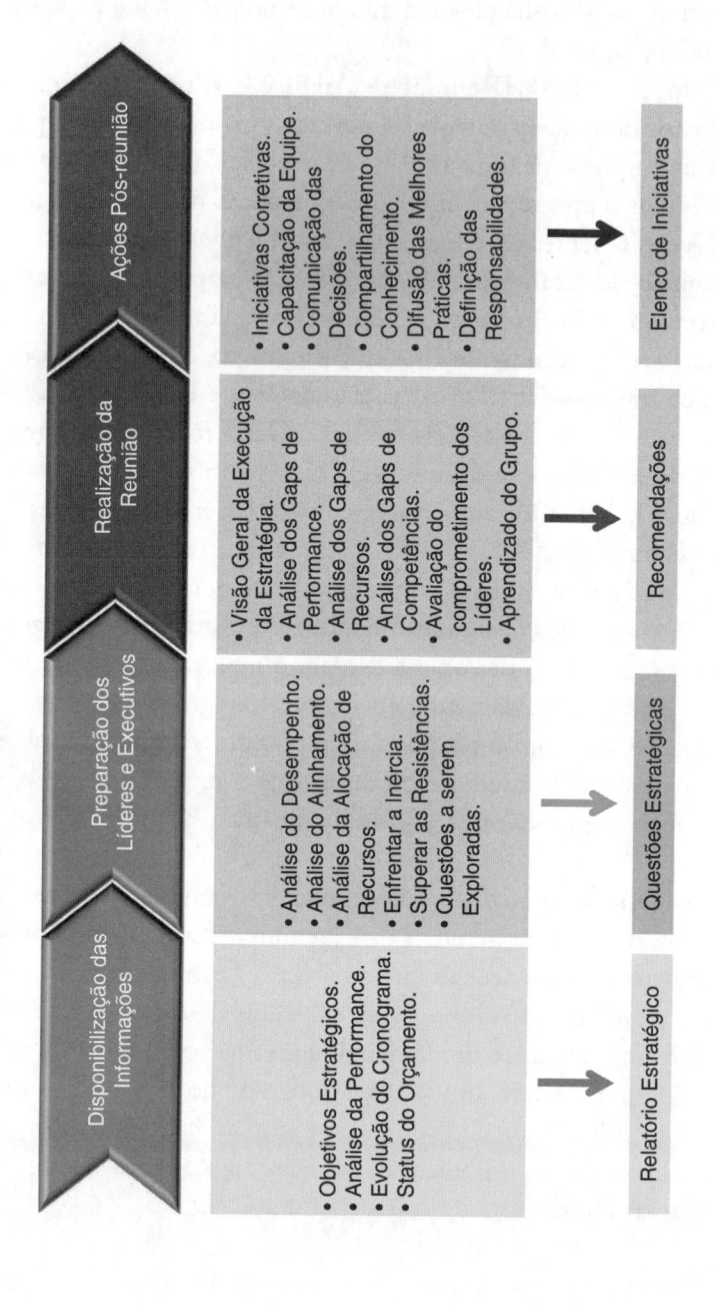

Disponibilização das Informações	Preparação dos Líderes e Executivos	Realização da Reunião	Ações Pós-reunião
• Objetivos Estratégicos. • Análise da Performance. • Evolução do Cronograma. • Status do Orçamento.	• Análise do Desempenho. • Análise do Alinhamento. • Análise da Alocação de Recursos. • Enfrentar a Inércia. • Superar as Resistências. • Questões a serem Exploradas.	• Visão Geral da Execução da Estratégia. • Análise dos Gaps de Performance. • Análise dos Gaps de Recursos. • Análise dos Gaps de Competências. • Avaliação do comprometimento dos Líderes. • Aprendizado do Grupo.	• Iniciativas Corretivas. • Capacitação da Equipe. • Comunicação das Decisões. • Compartilhamento do Conhecimento. • Difusão das Melhores Práticas. • Definição das Responsabilidades.
→ Relatório Estratégico	→ Questões Estratégicas	→ Recomendações	→ Elenco de Iniciativas

inércia de pessoas e áreas da organização, a forma de enfrentar e superar as resistências, além de selecionar as questões a serem exploradas na reunião. Mediante essa prévia preparação, os participantes da reunião elaboram um conjunto de questões estratégicas que serão analisadas durante a reunião.

Fase 3: Realização da RAE. Para a reunião ser produtiva, os participantes não devem perder tempo lendo informações que já foram ou deveriam ter sido previamente entregues. De acordo com a agenda, cada líder de projeto estratégico apresenta uma síntese do progresso (ou da estagnação) da execução da estratégia, destacando os gaps de performance, os gaps de recursos, os gaps de competências – além da avaliação do comprometimento dos líderes e membros dos grupos e o aprendizado das pessoas até aquele momento com a execução da estratégia. A RAE é concluída com a definição de um conjunto de recomendações a serem implementadas o mais breve possível, bem como dos responsáveis pela entrega dos resultados.

Fase 4: Ações Pós-RAE. Para a execução da estratégia ser bem-sucedida, é preciso colocar em prática as iniciativas corretivas decididas na reunião. Nesse sentido, é fundamental comunicar as decisões, capacitar as equipes de projetos, compartilhar as lições aprendidas, difundir as melhores práticas e definir as responsabilidades pelos resultados. A RAE não será considerada produtiva se não impelir as pessoas para a ação.

A recomendação é que a Primeira Reunião de Análise Estratégica aconteça entre 30 e 60 dias após o trabalho de priorização dos projetos estratégicos e o início da execução. Também é conveniente agendar as demais reuniões previstas para todo o ano, adotando-se, de preferência, periodicidade mensal, a fim de introduzir na organização uma cultura de aprendizado estratégico e de execução da estratégia. As reuniões também poderão ter periodicidade bimensal ou trimestral, dependendo das características e do amadurecimento dos projetos estratégicos. Um exemplo da agenda de uma Reunião de Análise Estratégica é apresentado a seguir:

Agenda da reunião de análise estratégica

1. Breve apresentação do status dos projetos estratégicos. Breve significa conceder a cada gerente de projeto aproximadamente cinco minutos de apresentação. Os participantes da RAE não devem perder tempo

ouvindo descrições do projeto ou com a leitura de informações – isso já foi feito previamente. O líder deve concentrar-se na essência das questões estratégicas e da execução da estratégia.
2. Avaliação do progresso da execução do plano estratégico. Significa dar respostas às seguintes questões:
   a) A execução dos projetos estratégicos está sendo implementada de acordo com o Termo de Abertura do Projetos (Project Charter)?
   b) Quais dificuldades estão ocorrendo na execução dos projetos estratégicos?
   c) Por que essas dificuldades estão ocorrendo?
   d) Que eventos e situações colocam em risco a execução do plano estratégico da empresa?
   e) Quais as medidas corretivas para sua superação?
3. Compartilhamento das lições aprendidas e das melhores práticas nessa primeira fase da execução da estratégia.
4. Definição dos próximos passos para a execução dos projetos estratégicos e principais conclusões da RAE.

A recomendação é que a Primeira Reunião de Análise Estratégica aconteça aproximadamente 30 dias após o trabalho de priorização dos projetos estratégicos e o início da execução. Também é conveniente agendar as demais reuniões previstas para todo o ano, adotando-se, de preferência, uma periodicidade mensal para introduzir na organização a cultura de aprendizado estratégico e de execução da estratégia. As reuniões também poderão ter periodicidade bimensal ou trimestral, dependendo das características e do amadurecimento dos projetos estratégicos.

Recomendamos que as reuniões ocorram de acordo com as datas agendadas e que elas não sejam canceladas por pedidos de gerentes ou de equipes que não conseguiram dar início aos projetos ou realizar os trabalhos que estavam sob sua responsabilidade. O importante aqui é não apontar eventuais culpados e sim descobrir o porquê da não evolução da implementação dos projetos. Por outro lado, é preciso identificar quais obstáculos precisam ser eliminados.

É importante destacar que o formato da Reunião de Análise Estratégica evolui com o tempo, fazendo parte do processo de aprendizado da equipe de profissionais da empresa. Apesar de ser crucial, provavelmente a primeira RAE não atenderá a todas as expectativas dos participantes, parecendo estar incompleta, mas é fundamental assimilar seu significado para o sucesso da execução da estratégia.

III. A disciplina do design dos processos empresariais

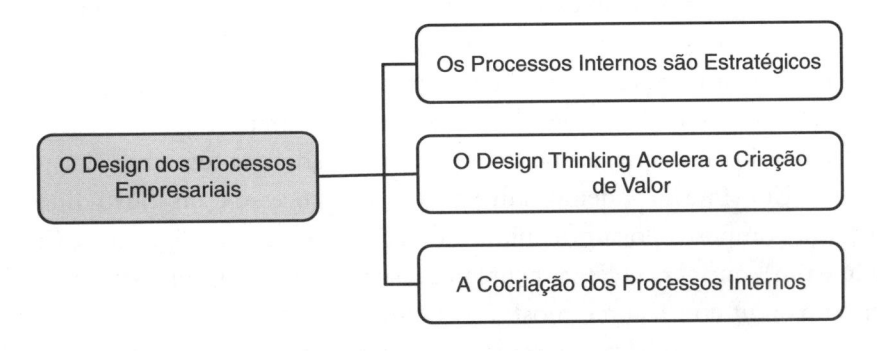

- O Design dos Processos Empresariais
  - Os Processos Internos são Estratégicos
  - O Design Thinking Acelera a Criação de Valor
  - A Cocriação dos Processos Internos

A. O Design dos Processos Empresariais: Visão Geral

Na perspectiva das pessoas focadas na estratégia, **o design de processos empresariais** mostra como os processos de negócios estão associados à criação de valor pela organização para os clientes, para os acionistas e para os demais stakeholders. Dessa forma, os processos estão (ou deveriam estar) sempre vinculados à execução da estratégia da organização.

Na estratégia em curso da organização, essa ligação é demonstrada pelas operações que os processos suportam, como a venda e distribuição de produtos e serviços, as operações de produção, a aquisição de insumos na cadeia de suprimentos, a capacitação dos colaboradores e o relacionamento com os clientes. Muitas vezes, essas atividades são rotuladas de operacionais, visando diminuir sua importância, quando, na verdade, são estratégicas para a organização.

Em relação à nova estratégia em execução, o vínculo é demonstrado pelas atividades que os processos irão viabilizar, como a inovação de produtos, o conhecimento do perfil dos novos clientes, a redução do ciclo de tempo das operações, a introdução de uma nova política de avaliação da performance e a busca por certificação em qualidade e meio ambiente.

Um ponto merece ser destacado quando falamos de design de processos empresariais: o significado de processo precisa ser aprofundado, seu caráter empresarial precisa ser destacado e ele precisa ser percebido como um conjunto de atividades a serviço da execução da estratégia. Assim como muitas pessoas confundem Balanced Scorecard com um simples conjunto de indicadores-chave de performance, muitos executivos acreditam que os processos são apenas fluxogramas a serem desenhados ou formulários a serem preenchidos. Não conseguem perceber que os processos estão associados à criação de valor e às vantagens competitivas da empresa.

Mas qual é o significado de um processo? Para Thomas Davenport, "um processo é uma ordenação específica das atividades de trabalho no tempo e no espaço, com um começo, um fim, e inputs e outputs claramente identificados: uma estrutura para a ação". Todo processo precisa ter um cliente. Como pode ser visto na definição de Michael Hammer, "um processo é um grupo de tarefas relacionadas que, juntas geram um resultado que tem um valor para o cliente". Em síntese, podemos afirmar que um processo é um fluxo dinâmico de valor, composto por um conjunto de atividades de ponta a ponta (início, meio e fim), que gera coletivamente um resultado ou um valor para um cliente (externo ou interno), como mostra a Figura 28.

Os processos também apresentam uma série de conceitos de fácil entendimento, mas que devem ser dominados pelas pessoas que irão se envolver no trabalho de desenho e redesenho dos processos (veja a Figura 29). Os principais conceitos que precisam ser esclarecidos e alinhados são os seguintes:

a) **Cadeia de Valor:** É a representação de uma empresa como um conjunto de atividades integradas (rede de valor) que têm como objetivo compreender o comportamento dos custos e as fontes potenciais de diferenciação, quando a empresa está realizando a proposição de valor para o cliente. Esse conceito será mais detalhado nas próximas páginas.

b) **Processo:** Um processo, conforme já definido, é um fluxo dinâmico de atividades executadas na perspectiva dos processos internos da organização (o mapa estratégico), que tem por finalidade a criação de valor para os clientes e acionistas e elevar a performance das pessoas.

c) **Subprocesso:** É um conjunto de atividades integradas que executa uma parte específica do processo, do qual recebe insumos e para o qual realiza entregas de acordo com o fluxo de valor e os requisitos acordados com o gestor do processo. Quando um processo é muito complexo, a recomendação é que seja simplificado por meio de subprocessos.

d) **Atividade:** É um conjunto de procedimentos que deve ser executado a fim de produzir um resultado em determinado elo de um processo. Uma atividade, ou tarefa, é tipicamente realizada por um departamento da organização ou por uma pessoa que tem a habilidade e a responsabilidade de realizar o trabalho do início ao fim.

e) **Procedimento:** É um conjunto de informações e de políticas da empresa que indica ao responsável por uma atividade (ou tarefa) como, quando e com que um evento deve ser executado.

FIGURA 28 O processo e o fluxo de valor

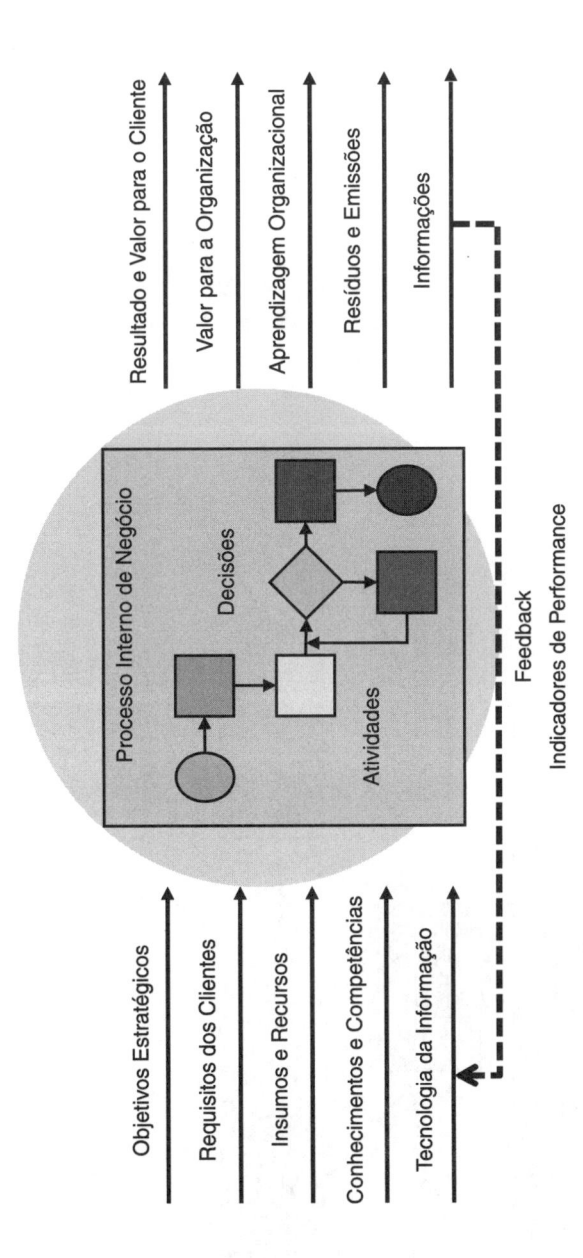

Entradas (setas inferiores):
- Objetivos Estratégicos
- Requisitos dos Clientes
- Insumos e Recursos
- Conhecimentos e Competências
- Tecnologia da Informação

Processo Interno de Negócio:
- Atividades
- Decisões

Saídas (setas superiores):
- Resultado e Valor para o Cliente
- Valor para a Organização
- Aprendizagem Organizacional
- Resíduos e Emissões
- Informações

Feedback
Indicadores de Performance

FIGURA 29 Níveis de complexidade de um processo

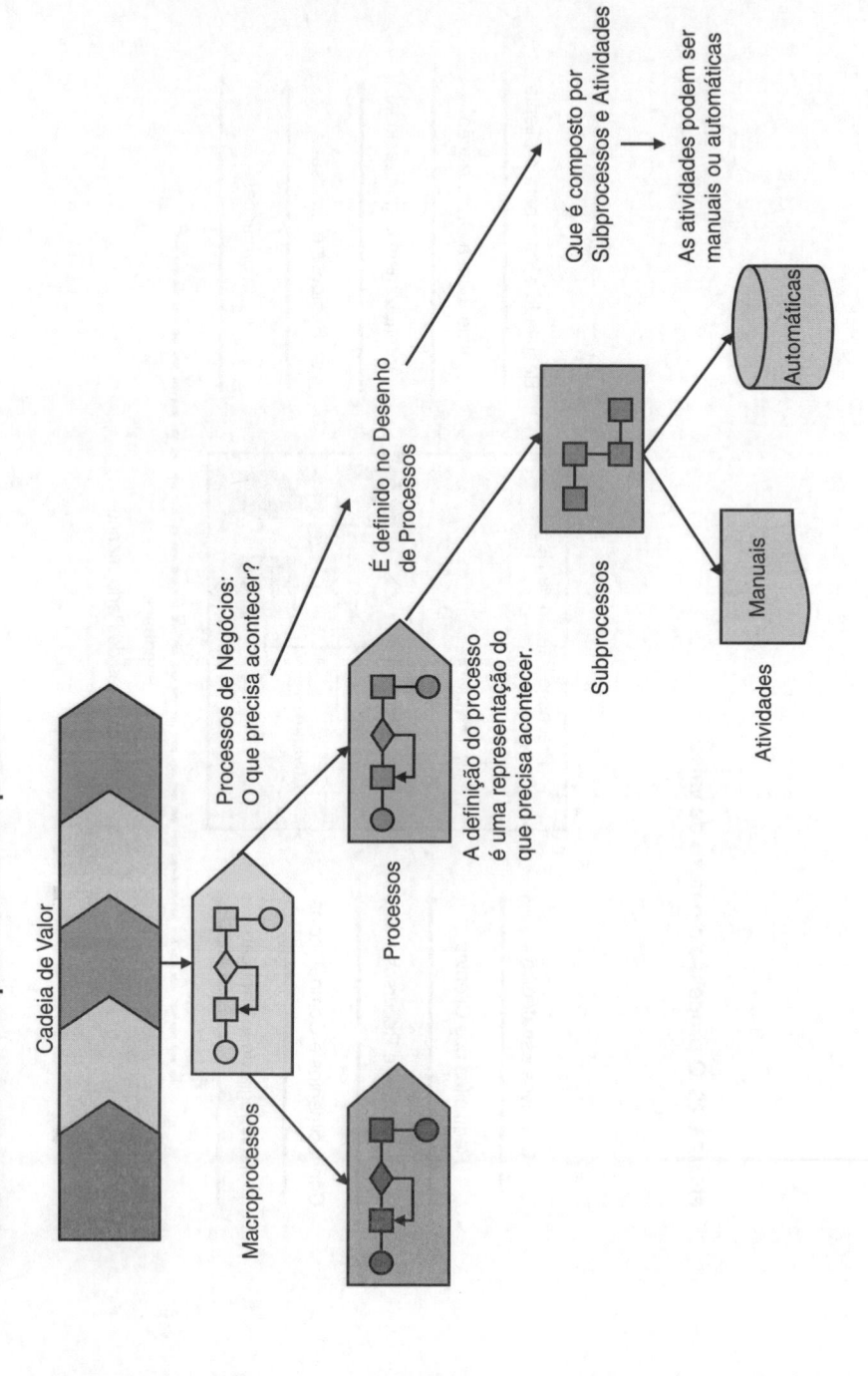

f) **Tempo do Ciclo:** É o tempo decorrido desde o momento em que uma entrada (demanda de um cliente) chega ao processo, subprocesso ou atividade até aquele em que o trabalho é concluído e entregue para o cliente (externo ou interno). O tempo de ciclo é composto pelo tempo de espera (ausência de atividades devido à não prontidão ou ponto de estrangulamento) e pelo tempo de realização da atividade.

Michael Porter, por meio de seu conceito de cadeia de valor, deu uma importante contribuição para o melhor entendimento dos processos dos negócios. De acordo com Porter, a vantagem competitiva de uma empresa está associada ao valor que ela é capaz de criar para seus clientes, seja na forma de preços inferiores aos da concorrência, seja por meio da diferenciação, ou de benefícios únicos. E essa criação de valor somente pode ser compreendida considerando-se a empresa não como uma estrutura hierárquica, mas como um sistema, uma cadeia de valor, isto é, um conjunto de atividades interligadas, como logística interna, produção, logística externa, marketing e serviços.

Nas palavras de Porter, "a cadeia de valor desagrega uma empresa em suas atividades de relevância estratégica para que seja possível compreender o comportamento dos custos e as fontes existentes potenciais de diferenciação". Uma cadeia de valor é formada por dois tipos de atividades: as primárias e as secundárias. As atividades primárias são voltadas para a criação física do produto ou da prestação de serviço, na venda, no acesso ou na transferência ao comprador, bem como nos serviços de pós-venda.

As atividades de apoio, por sua vez, estão a serviço das atividade primárias e são representadas pelas seguintes funções: recursos humanos, finanças, tecnologia da informação, suprimentos e serviços compartilhados. É no interior da cadeia de valor que podemos identificar os principais processos de negócios da empresa, que estão direcionados à criação de valor para o cliente, seja na forma de preço baixo ou de diferenciação, como mostra a Figura 30. A principal contribuição da abordagem da cadeia de valor é que ela possibilita a integração dos processos com a estratégia competitiva da empresa.

Apesar da evolução das metodologias associadas à gestão dos processos, como BPM-Business Processos Management, TQM (Gestão da Qualidade Total), Produção Enxuta (Lean Production) e Six Sigma, os executivos ainda encontravam dificuldade para integrar a estratégia com os processos e as operações das empresas. De acordo com Joseph Raynus, em inúmeras empresas, logo após a elaboração do plano estratégico, o vínculo imaginado pelos

FIGURA 30 A cadeia de valor e os processos

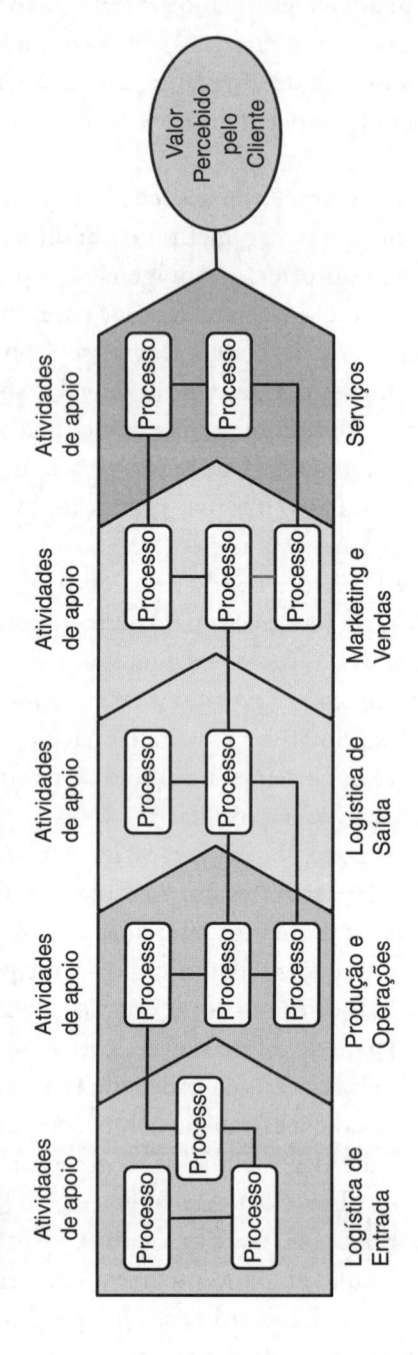

Atividades de apoio	Atividades de apoio	Atividades de apoio	Atividades de apoio	Atividades de apoio
Logística de Entrada	Produção e Operações	Logística de Saída	Marketing e Vendas	Serviços

Valor Percebido pelo Cliente

executivos seniores entre a estratégia e as operações, entre a estratégia e a lucratividade e entre a estratégia e os processos de negócios é quebrado.

Nesse sentido, outra importante contribuição visando promover integração entre estratégia e processos de negócios foi apresentada pela metodologia do Balanced Scorecard. A abordagem do Balanced Scorecard, ao traduzir a estratégia em termos operacionais, mostra como o valor para os stakeholders é criado no interior do mapa estratégico. Mais precisamente, por meio de uma relação de causa e efeito, o valor para os acionistas somente será realizado se antes a empresa for capaz de oferecer uma atrativa proposição de valor para os clientes – e que será elaborada e entregue para eles na perspectiva dos processos internos.

Deve-se notar que, segundo a metodologia do Balanced Scorecard, os processos internos possibilitam o tão esperado elo entre a estratégia e a experiência do cliente. Dessa forma, a formulação e a execução da estratégia estão praticamente integradas. Nessa perspectiva, o executivo líder e a equipe do projeto identificam quais são os processos críticos do negócio, essenciais para tornar a proposição de valor uma realidade para o cliente e fonte de vantagem competitiva (veja a Figura 31).

Dessa forma, os processos internos desempenham três importantes papéis na execução da estratégia:

- Concentram o foco da organização nas iniciativas críticas que viabilizam a proposição de valor para o cliente.
- Contribuem para a elevação da produtividade e geração de valor econômico agregado.
- Indicam os novos conhecimentos e competências que os empregados precisam dominar para entregar valor ao cliente e atingir os objetivos estratégicos do empreendimento.

Na filosofia do Balanced Scorecard, o cliente é colocado no centro do negócio porque a perspectiva dos processos internos está totalmente direcionada a ele. O diálogo estratégico é a forma como a estratégia, os clientes e os processos são integrados. A pergunta a ser respondida vai direto ao ponto: para satisfazermos os clientes, em quais processos deveremos alcançar a excelência operacional?

Dessa forma, é possível superar algumas das principais deficiências da abordagem tradicional dos processos: foco na atividade, e não nas necessidades dos clientes; ênfase em indicadores financeiros, e não no valor percebido pelo

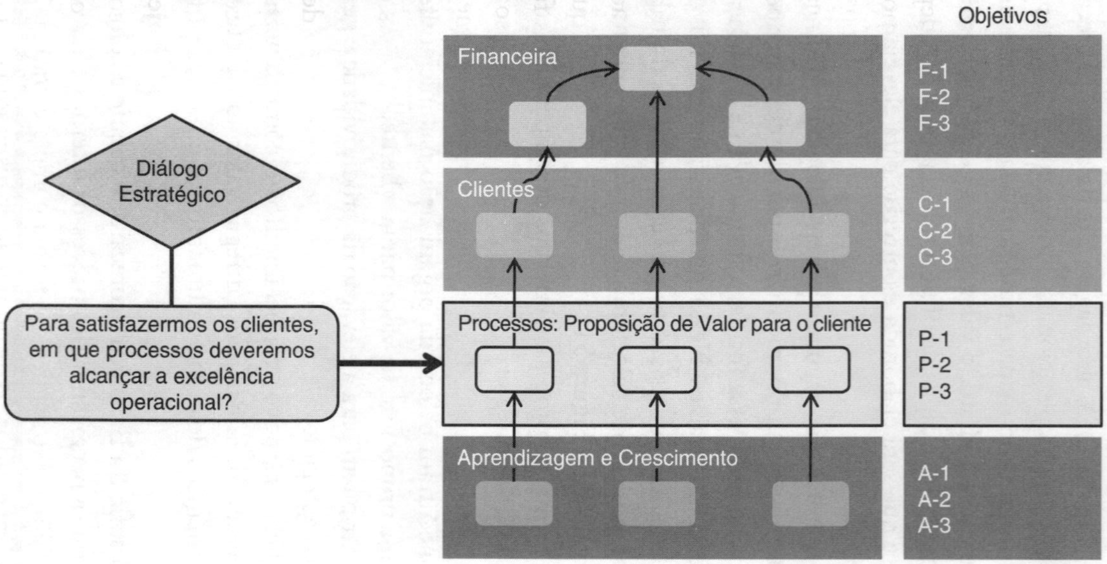

FIGURA 31 A integração entre estratégia, cliente e processos

cliente; ênfase na tecnologia, e não nas pessoas envolvidas com os processos; uma visão estática do processo, e não como uma atividade dinâmica, que precisa adaptar-se às mudanças do ambiente dos negócios; e a consideração dos processos como uma atividade operacional (no sentido pejorativo do termo), e não como uma atividade empresarial.

Ao se promover a integração entre estratégia, clientes e processos, torna-se possível refinar a forma como os processos são desenhados e redesenhados nas organizações. Em geral, nas metodologias tradicionais, o trabalho começa com a identificação dos processos atuais (*as is state*) e, depois de se entender o ciclo de operações, é apresentada uma proposta de como o processo pode ser melhorado (*to be state*). O risco dessa abordagem é que os esforços das pessoas estão sendo direcionados para melhorar a atividade errada, aquela que não mais corresponde às novas realidades do ambiente competitivo.

Nas organizações, frequentemente a criação de valor é confundida com a introdução de uma nova tecnologia ou com a solução de problemas existentes. Entretanto, vale a pena destacar mais uma vez que a abordagem estratégica dos processos começa com a definição do valor a ser criado e entregue para os clientes ou para o colaborador interno da organização (que atende os clientes). O foco no valor para o cliente responde a três questões fundamentais: as pessoas estão fazendo as coisas corretas (eficácia)? As pessoas estão fazendo corretamente o que foi definido (eficiência)? É possível melhorar a forma como realizamos as atividades (melhoria contínua)? Como salientou Peter Drucker, a criação de valor é realizada com o aproveitamento das oportunidades, e não apenas com a solução dos problemas.

Após esses breves comentários sobre o significado de processos, gostaríamos de mostrar como os novos avanços conceituais em gestão de negócios contribui para atribuirmos um novo significado aos processos internos de uma organização. De acordo com a abordagem das pessoas focadas na estratégia, a disciplina **design de processos empresariais dos projetos** se baseia nos seguintes princípios: os processos internos são estratégicos; o design thinking acelera a criação de valor; e a cocriação de valor coloca o cliente no centro do desenho dos processos.

B. Os processos internos são estratégicos

Em empresas dos mais diferentes setores de atividades, os executivos e os funcionários estão tão envolvidos em seu trabalho do dia a dia que não conseguem perceber como o que fazem está associado à estratégia. Eles acreditam que estão fazendo um trabalho simplesmente operacional – e não estratégico. Eles não conseguem ter uma visão geral (pensamento sistêmico) do trabalho de criação de valor (ou de destruição de valor) que está acontecendo a todo momento na organização. E o que é pior: muitas vezes, seu trabalho provoca resultados inesperados, tanto positivos quanto negativos. Os executivos e funcionários podem não ter consciência, mas o resultado de seu trabalho é fruto de um processo interno, quer esteja desenhado, quer ocorra de forma tácita. É a eficiência operacional – ou a ineficiência operacional – em ação.

Michael Porter, em seu clássico artigo, "O que é estratégia?" (1992), chamava a atenção para o fato de a eficácia operacional e a estratégia serem essenciais para uma organização produzir resultados acima da média de seus principais concorrentes. Segundo Porter, "a eficácia operacional significa realizar atividades similares melhor do que os concorrentes". Por outro lado, "o posicionamento estratégico significa realizar atividades diferentes das dos concorrentes ou realizar atividades similares de modo diferente". Para ele, a grande diferença existente entre o desempenho de empresas, de um mesmo setor de atividade, pode ser explicada pelo grau de eficiência operacional alcançado por elas. São exemplos de eficácia operacional em seus setores de atividade empresas como Toyota, Federal Express, Dell, Southwest e McDonald's.

Porter, para demonstrar as diferenças e as combinações possíveis, existentes entre eficiência operacional e posicionamento estratégico, utiliza a ideia de limite de produtividade (ou fronteira de eficiência). O limite de produtividade mostra como uma organização realiza dada combinação de recursos (insumos, pessoas, capital, infraestrutura e tecnologia) para atingir determinada posição de custo, em relação aos concorrentes, como mostra a Figura 32.

A principal preocupação de Porter era que os dirigentes de inúmeras empresas se concentravam, unicamente, na eficiência operacional, esquecendo-se de seu vínculo com a estratégia. Para ter sucesso competitivo, é preciso combinar e integrar a estratégia e a eficiência operacional – nenhuma estratégia competitiva é sustentável sem a eficiência operacional. E é exatamente aqui que notamos uma das principais falhas das pessoas envolvidas com processos: elas não conseguem estabelecer um vínculo entre eles e a estratégia. Mais recentemente, W. Chan Kim e Renée Mauborgne demonstraram que é possível combinar valor, ao mesmo tempo que se melhora a estrutura de custos da empresas com a inovadora abordagem da estratégia do oceano azul.

De acordo com Kim e Mauborgne, "as empresas que buscam criar oceanos azuis perseguem a diferenciação e a liderança de custos ao mesmo tempo".

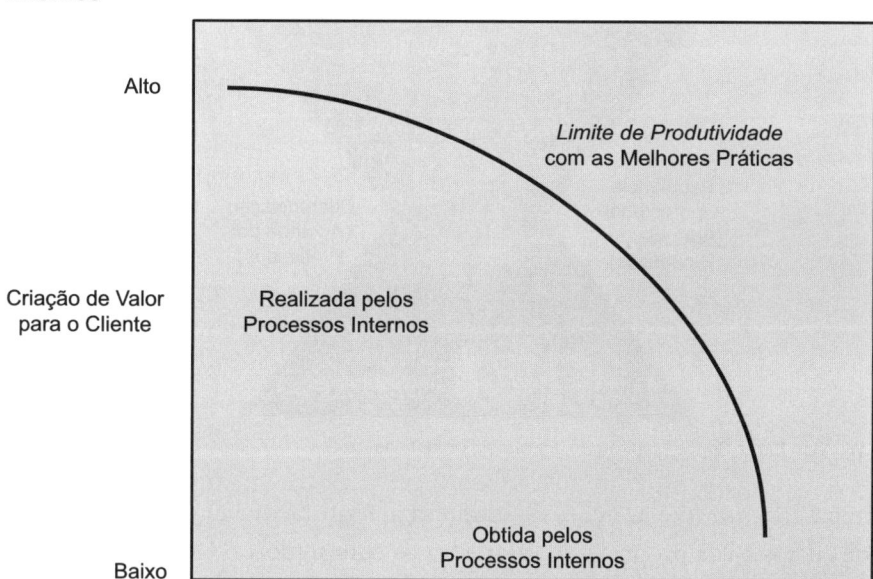

FIGURA 32 A criação de valor e os custos estão associados aos processos internos

[Gráfico: eixo vertical "Criação de Valor para o Cliente" de Baixo a Alto; eixo horizontal "Eficiência em Custo para a Criação de Valor" de Alto a Baixo. Curva representando o "Limite de Produtividade com as Melhores Práticas", "Realizada pelos Processos Internos" e "Obtida pelos Processos Internos".]

Fonte: Michael Porter. "O Que é Estratégia?".

Um negócio oceano vermelho é aquele representado pelos mercados atuais, produtos atuais e tecnologias atuais para entregar determinada proposição de valor. Aqui, praticamente todos os espaços competitivos estão ocupados, há inúmeros concorrentes disputando os mesmos clientes e se verifica uma capacidade de oferta maior do que a demanda. No oceano vermelho, as empresas visam aumentar sua participação de mercado em detrimento dos outros concorrentes. Além disso, no oceano vermelho as maiores empresas operam quase no limite da eficiência operacional. Há um grande risco de destruição de valor para se conquistarem mais clientes.

Um negócio oceano azul, por sua vez, é caracterizado pela descoberta de novos espaços competitivos, pela criação de novas demandas, pela inovação de produtos e do modelo de negócios, o que possibilita crescimento com uma atrativa lucratividade. No oceano azul, em razão de seu caráter inovador, há poucas empresas (ou nenhuma, na maioria das vezes) disputando mercado. Uma representação da estratégia de inovação de valor é apresentada na Figura 33.

Segundo Kim e Mauborgne, um negócio oceano azul é criado quando a inovação de valor é bem-sucedida. Mais precisamente, "a inovação de valor

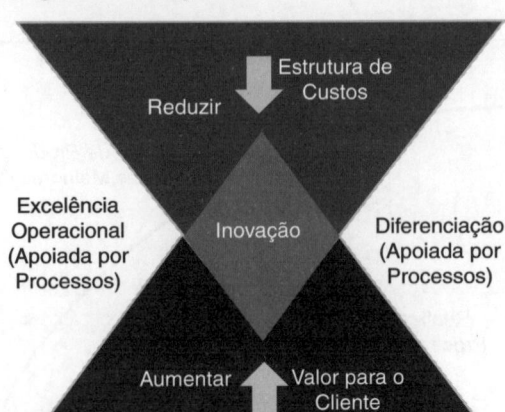

FIGURA 33 A estratégia de inovação de valor

```
                Estrutura de
      Reduzir ⬇  Custos

 Excelência
 Operacional    Inovação    Diferenciação
 (Apoiada por               (Apoiada por
 Processos)                 Processos)

      Aumentar ⬆ Valor para o
                  Cliente
```

Fonte: W. Chan Kim e Renée Mauborgne. *Estratégia do oceano azul*.

ocorre na área em que as ações da empresa afetam favoravelmente sua estrutura de custos e sua proposta de valor para os compradores. Obtêm-se economias de custo mediante a eliminação e a redução de atributos da competição setorial. Aumenta-se o valor para os compradores, ampliando-se e criando-se atributos que nunca foram oferecidos pelo setor". Para ser bem-sucedida, a inovação de valor precisa integrar e coordenar os processos de melhoria de custos com os de aumento do valor para o cliente.

A integração entre inovação de valor e processos de negócios pode ser explicada em mais detalhes pela matriz da avaliação de valor. A finalidade dessa matriz é criar uma nova curva de valor para os clientes e atrair aqueles que ainda são considerados não clientes, de uma forma bem prática, buscando respostas para as seguintes perguntas:

- Quais atributos considerados indispensáveis pelo setor devem ser eliminados? Isto é, redesenhando-se os processos de acordo com a estratégia competitiva. Como será mostrado mais à frente, essa atividade será realizada mais a contento com a adoção das abordagens de **Design Thinking** e **Cocriação de Valor**.
- Quais atributos devem ser reduzidos bem abaixo dos padrões setoriais? Isto é, também redesenhando-se os processos de acordo com a estratégia competitiva.
- Quais atributos devem ser elevados bem acima dos padrões setoriais? Isto é, criando-se e desenhando-se novos processos de negócios de acordo com a estratégia competitiva. Repetindo, como será mostrado mais

à frente, essa atividade será realizada mais a contento com a adoção das abordagens de **Design Thinking** e **Cocriação de Valor**.
- Quais atributos nunca oferecidos pelo setor devem ser criados? Isto é, também se criando e desenhando novos processos de negócios de acordo com a estratégia competitiva.

Dessa forma, a estratégia (formulação e execução) acaba envolvendo todos os processos internos e todo o sistema de atividades da organização. Se não houver essa abordagem holística, há o risco de os processos internos ficarem separados da estratégia e continuarem a serem considerados apenas uma atividade operacional.

A estratégia da Southwest é considerada um dos melhores exemplos da aplicação bem-sucedida, da criação e da execução de uma nova curva de valor, como é mostrado na Figura 34. Observe que todas as variáveis da curva de valor selecionadas, no eixo horizontal, são suportadas por processos internos.

A inovação de valor, concretizada pelos processos internos, tem origem no conhecimento e nas ideias que os executivos têm a respeito da evolução dos mercados, da exigência de novas competências e da introdução de novas tecnologias, exigindo que eles redefinam criativamente as necessidades, os problemas e as expectativas dos clientes. E o que é mais importante: a inovação de valor coloca o cliente, e não o concorrente, no centro da formulação da estratégia, possibilitando a elaboração de curvas de valor ainda não imaginadas pelos demais participantes de mercado.

Para que o vínculo entre a estratégia e os processos internos seja estabelecido, é preciso identificar:

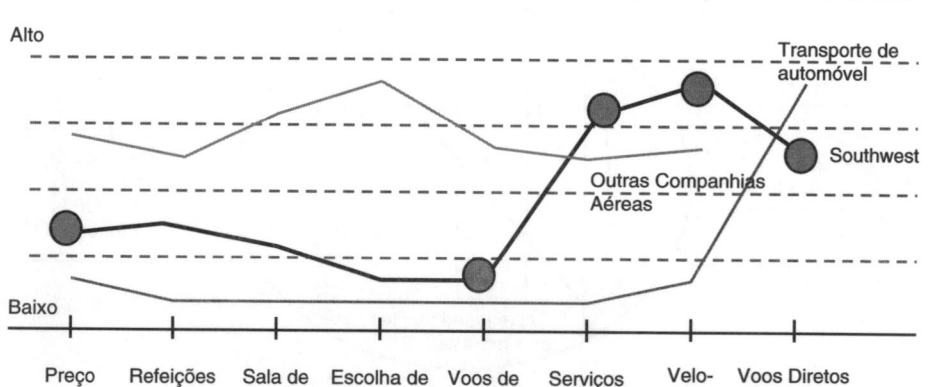

FIGURA 34 A curva de valor da Southwest é suportada pelos processos internos

- Os clientes: os principais beneficiários do processo de criação de valor.
- Os executores: as pessoas responsáveis pelo processo de criação de valor (donos do processo e colaboradores).
- O design do processo: a narrativa, a visualização e as interações entre as atividades do processo.
- As restrições ambientais: situadas tanto no ambiente externo como no ambiente interno da organização, os líderes dos processos precisam superá-las para realizar as entregas para os clientes.

Outro importante aspecto da integração entre estratégia e processos é que ela promove uma transformação da organização. A organização é estimulada a superar uma condição estática, provocada pela rigidez da estrutura organizacional, caminhando para uma condição dinâmica, devido à necessidade de os processos se adaptarem continuamente às mudanças ocorridas no ambiente competitivo e às necessidades dos clientes. É preciso realizar um ajuste estratégico entre os requisitos dos clientes e as capacidades e competências da organização, como mostra a Figura 35. O desafio, contudo, é tornar a empresa mais rápida, flexível e inovadora, criando valor para seus stakeholders.

Ao se desenharem e redesenharem os processos internos na perspectiva da estratégia, é preciso que as pessoas envolvidas no projeto tenham melhor compreensão de todas as etapas do processo envolvidas na criação de valor (os recursos, as atividades, os produtos, os resultados e o impacto dos processos), inclusive da influência das variáveis do ambiente social, político, econômico e tecnológico, além do impacto das forças competitivas, como é mostrado na Figura 36:

FIGURA 35 O alinhamento entre os requisitos do cliente e a capacidade de recursos da empresa

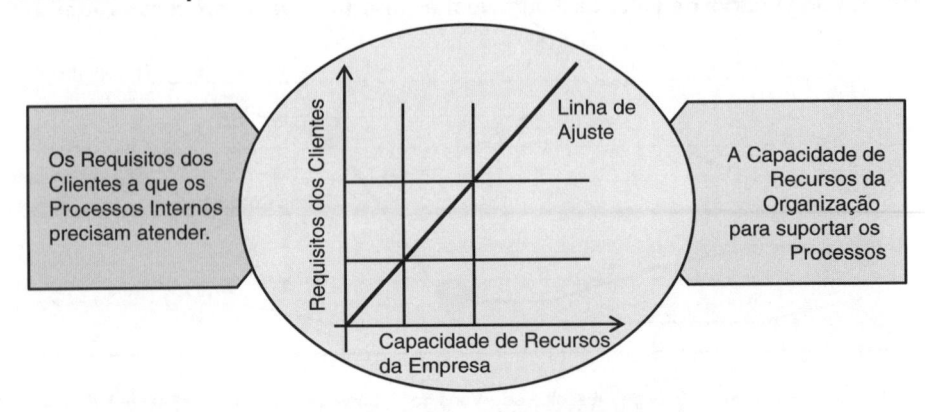

Fonte: Nigel Slack et al. *Gerenciamento de operações e de processos.*

FIGURA 36 Os processos internos na perspectiva da estratégia

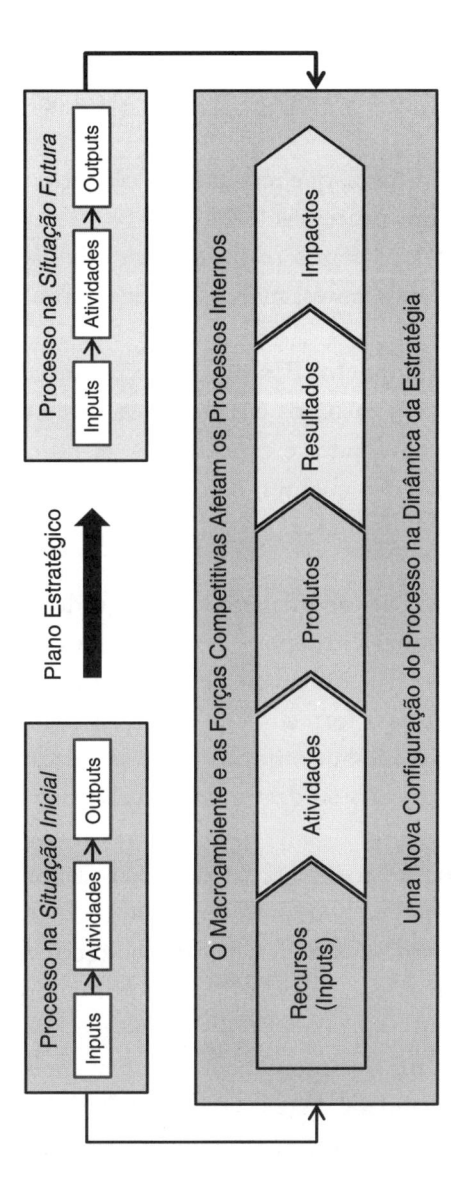

Fonte: Adaptado de Joseph Raynus. *Improving Business Process Performance.*

- Os **recursos**, ou inputs, como o envolvimento dos executivos, os objetivos estratégicos, a proposição de valor para os clientes, os investimentos, a tecnologia da informação os insumos e a infraestrutura da organização.
- As **atividades** que serão realizadas por meio do processamento os recursos para a criação e a entrega de valor para os clientes (externos e internos).
- Os **produtos**, ou outputs, que resultam da criação e realização das atividades planejadas nos processos.
- Os **resultados** obtidos com a realização das atividades dos processos e das entregas para os clientes, mais especificamente a criação ou a destruição de valor.
- E, finalmente, os **impactos** dos resultados alcançados pelos clientes e pela organização. No caso dos clientes, o valor percebido pelo atendimento de suas necessidades e expectativas; e, no caso da empresa, os lucros, a fidelização dos clientes, o crescimento sustentável e o fortalecimento da imagem de marca.

É preciso ressaltar que, na abordagem do design dos processos empresariais, a sequência tradicional **entradas – processamento – saídas**, é recriada (redesenhada) pela sequência integrada de **recursos, atividades, produtos, resultados e impactos**. Dessa forma, a alta administração e os colaboradores da empresa podem avaliar melhor o impacto das atividades de seus processos internos e se eles estão criando ou destruindo o valor dos acionistas e demais stakeholders.

Nossa abordagem também integra os processos à governança corporativa da organização, em que os líderes da empresa são os responsáveis diretos pelo uso dos recursos confiados a eles, pelos resultados das atividades, pela transparência das informações e pela criação de novas competências associadas aos processos internos. Ao vincularmos os processos estratégicos à governança corporativa, gostaríamos de recomendar aos dirigentes das empresas que reflitam melhor sobre a validade da criação de um escritório de gestão de processos (notar que os especialistas em gestão de projetos também recomendam a constituição de um escritório de gestão de projetos), sob o risco de tornar a arquitetura organizacional mais pesada, menos flexível e menos eficiente.

A abordagem que estamos desenvolvendo das pessoas focadas na estratégia, com a disciplina do **design de processos empresariais**, tem por finalidade estimular as pessoas a olharem além das atividades (tarefas) que realizam em seu dia a dia de trabalho e se darem conta de que estão participando de um processo de negócio. Mais precisamente, que elas estão alinhadas à estratégia da empresa por meio de um processo que lideram ou do qual participam. Em sentido figurado, elas estão em contato com as árvores, mas precisam enxergar a floresta. Além disso, queremos chamar a atenção dos líderes das organizações para o fato de que a quase totalidade dos erros nas empresas se deve, principalmente, a falhas no desenho dos processos, e não a falhas individuais.

Conforme já mencionamos, ao vincularmos um processo à estratégia competitiva, estamos, na verdade, envolvendo as pessoas na importante atividade de criação de valor para o cliente, para a organização e os demais stakeholders. Independentemente da forma como os processos são estruturados na organização, é fundamental as pessoas perguntarem, continuamente, de que processos internos estão participando e como eles contribuem para o sucesso da empresa e para a execução da estratégia. As pessoas também devem perguntar como podem contribuir, com seus conhecimentos, suas experiências e seu comportamento para o aperfeiçoamento ou a inovação dos processos estratégicos.

C. O design thinking acelera a criação de valor

Atualmente, o design thinking representa uma das mais importantes abordagens para o desenho e o redesenho de processos na organização. O design thinking explica como os processos internos estão integrados à estratégia competitiva. Algumas das maiores empresas do mundo, como Procter & Gamble, Apple, Cirque du Soleil, McDonald's, IDEO, e Starbucks, estão aplicando o design thinking para inovar a forma como criam e executam a estratégia, para a inovação de produtos, para a reinvenção do modelo de negócios, para o fortalecimento da imagem de marca e para o que nos interessa no momento: o refinamento do desenho e do redesenho de processos internos.

O design thinking aplicado aos negócios tem sua origem nos trabalhos de Herbert Simon, ganhador do Prêmio Nobel de Economia, que, em seu livro *The Sciences of the Artificial* (1969), definiu design como "a transformação de condições existentes em condições preferíveis". Ao aplicarmos esse conceito às disciplinas da execução da estratégia, podemos afirmar que o design thinking pode contribuir, em muito, para se superar a insatisfação com as atuais abordagens de criação e execução da estratégia, bem como para melhorar a forma como os processos internos estão sendo vistos pelos executivos e colaboradores da organização.

A abordagem do design thinking para os negócios tem evoluído e vem sendo construída, principalmente, pelos trabalhos de Roger Martin (autor de *Design de negócios*), de Tim Brown (autor de *Design Thinking*), de Marty Neumeier (autor de *A empresa orientada pelo design*), de A. G. Lafley e Ram Charan (autores de *O jogo da liderança*), de Thomas Lockwood (organizador do livro *Design Thinking: Integrating Innovation, Customer Experience, and Brand Value*), entre outros.

Antes de mostrarmos como o design thinking contribui para uma evolução conceitual dos processos internos, é preciso explicitar seu significado. O design thinking é uma metodologia que possibilita imaginar estados futuros (a visão) de uma organização, acelerar a inovação de produtos e serviços e superar problemas empresariais de uma forma criativa. De acordo com Tim Brown, "design thinking é uma disciplina que usa a sensibilidade e os métodos do designer para suprir as necessidades das pessoas com o que é tecnologicamente factível, e recorre ao que uma estratégia de negócios viável pode converter em valor para o cliente e oportunidade de mercado".

Uma definição mais abrangente do conceito é apresentada por Thomas Lockwood: "Design thinking é um processo de inovação centrada no ser humano, que enfatiza a observação, a colaboração, o aprendizado acelerado, a visualização de ideias, a rápida prototipagem e a análise dos concorrentes, que, em última instância, influencia a inovação e a estratégia de negócios." De acordo com a abordagem de Lockwood, o design thinking se baseia em cinco princípios:

a) O profundo entendimento dos diferentes grupos de clientes, fundamentado por pesquisas de campo.

b) A intensa colaboração entre os usuários do processo e as equipes multidisciplinares da organização.

c) O aprendizado acelerado através da observação de como os produtos, os serviços e os processos são utilizados pelos clientes e pela criação de protótipos que refletem a experiência dos usuários.

d) A visualização da experiência do cliente, tornando tangível aquilo que é intangível, por meio da rápida criação de protótipos – no caso de processos, a utilização de mapeamento e a elaboração de narrativas sobre todos os participantes e áreas da organização envolvidas.

e) A análise comparativa das ofertas dos concorrentes de e como satisfazem a experiência de compra dos clientes.

O design thinking, ao se concentrar naquilo que as pessoas ainda não conseguem fazer, e desenhar aquilo em que a realidade (a organização, a estratégia, um produto, ou um processo) pode transformar-se, estimula a criatividade, a imaginação e a inovação, possibilitando a solução do que Horst Rittel, professor de Universidade de Berkeley, denomina de *problemas capciosos*. Segundo Rittel, um problema capcioso é sutil, traiçoeiro e pode ser considerado um quebra-cabeça de difícil solução. Os empresários, os executivos e os colaboradores de uma organização se defrontam tão constantemente com os problemas capciosos que a Universidade de Stanford elaborou uma lista deles, conforme pode ser visto na Figura 37.

O design thinking aplicado aos negócios significa ir além dos atuais modelos mentais da organização e da sabedoria convencional empresarial. O design thinking gera ideias, conceitos e soluções que não existiam antes na organização. A abordagem exige das pessoas uma nova mentalidade, a exploração de diferentes possibilidades e um refinamento do conhecimento, para que ocorra um salto lógico da mente para a solução dos problemas capciosos que as empresas enfrentam num mundo globalizado, marcado pela aceleração das mudanças e pela intensificação da competição.

Em razão de sua complexidade, os problemas capciosos refletem os principais desafios enfrentados na criação e execução da estratégia. De acordo com Roger Martin, "nos problemas difíceis, a tarefa consiste em analisar a situação, identificar um conjunto de condições e imaginar uma solução. Nos problemas capciosos, a solução não pode mais ser apenas ou até mesmo o foco primário. Ao contrário, para lidar com problemas capciosos, é preciso prestar atenção para entender o problema; a solução é secundária". Para o entendimento do problema, o modelo mental dominante na organização não é suficiente; é preciso um salto de conhecimento, principalmente no design de processos.

FIGURA 37 **O design thinking e os problemas capciosos**

Relação de Problemas Capciosos segundo a Universidade de Stanford (2008)

1. Equilibrar metas de longo prazo e demandas de curto prazo.
2. Prever os retornos sobre conceitos inovadores.
3. Inovar com a crescente velocidade das mudanças.
4. Vencer a guerra pelo talento de classe mundial.
5. Combinar rentabilidade e responsabilidade social.
6. Proteger margens em um setor comoditizado.
7. Multiplicar o sucesso por meio da colaboração entre os silos organizacionais.
8. Encontrar espaços inexplorados e, ao mesmo tempo, rentáveis no mercado.
9. Enfrentar o desafio da ecossustentabilidade.
10. Alinhar a estratégia à experiência do cliente.

Fonte: Citado por Marty Neumeier. *A empresa orientada pelo design*.

Do ponto de vista da abordagem do design thinking, um **processo** significa explorar diferentes possibilidades de criação de valor, alinhando a estratégia à experiência do cliente. A finalidade do design thinking é a transformação dos processos internos num fator estratégico da organização. O design de processos é concebido para combinar inovação com eficiência operacional, as principais bases da vantagem competitiva. Nesse sentido, o design de processos pretende superar a distância existente entre a forma como as atividades são realizadas hoje (processos explícitos ou tácitos) e como poderiam ser aperfeiçoadas de forma inovadora.

Em contraste com o modo tradicional, que moldava o processo à estrutura organizacional existente, o design thinking integra os processos com a estratégia competitiva da organização. Na abordagem tradicional, a principal preocupação era desenhar as atividades a serem realizadas, independentemente de elas consistirem nas tarefas corretas a serem realizadas. Na abordagem do design thinking, a intenção é estratégica e visa projetar como o valor é entregue ao cliente, com qualidade, agilidade e ao melhor custo.

A ideia de que um artefato, um instrumento ou um objeto sempre deixa algo a desejar em seu funcionamento é uma das principais contribuições dos especialistas em design para o desenho de processos. De acordo com Henry Petrosky, autor de *A evolução das coisas úteis*, "a forma dos artefatos está sempre sujeita a mudanças em resposta às suas deficiências reais ou imaginadas, à incapacidade de funcionar de modo adequado. Esse princípio impulsiona invenções, inovações e engenhos". Em síntese, todos os objetos estão sujeitos a mudanças ao longo do tempo; não existe um artefato sequer que não precise ser aperfeiçoado – e isso também se aplica ao design de processos.

Henry Petrosky também é crítico do antigo ditado do design segundo o qual a forma segue a função. Para ele, é a inquietação, a imaginação e a insatisfação com o desempenho e funcionamento dos artefatos que estimula a evolução do design. Numa palavra, a insatisfação cria um novo design. Mais uma vez, o mesmo pode aplicar-se aos processos de negócios: a insatisfação dos clientes dos processos e o descontentamento com a criação de valor exigem um novo design dos processos.

Mas como as pessoas podem aperfeiçoar um processo de negócios se, muitas vezes, elas não conseguem visualizar sua forma? Se aquilo que não pode ser mensurado não pode ser gerenciado, igualmente, o processo que não se consegue visualizar não pode ser aperfeiçoado. Indo um pouco além, para se aprimorar um processo, é preciso criar novas ferramentas e instrumentos, sejam físicos ou mentais. Para inovar a criação da estratégia ou o desenho de um processo, a abordagem do design thinking pode oferecer inúmeras contribuições.

A Procter & Gamble é considerado um dos casos de sucesso em aplicação do design thinking. Conforme explica A.G. Lafley, presidente da empresa, "um bom design é um catalisador para a criação de experiências totais que transcendem os benefícios funcionais e encantam os consumidores. Ele é um catalisador para transformar um negócio tecnologicamente centrado ou focado em produtos em outro mais centrado na experiência do consumidor". O design de processos procura cocriar com o cliente as soluções para a criação de valor e experimentar essas soluções. Para Lafley, "do ponto de vista do consumidor, o design tem relação com a forma e a função, a emoção e a experiência. Em última instância, os consumidores pagarão mais por melhor desempenho, melhor qualidade, melhor valor, melhor design e melhores experiências".

De acordo com a abordagem das pessoas focadas na estratégia, **a disciplina design de processos** é desenvolvida por meio dos seguintes princípios: alinhar a estratégia à experiência do cliente, visualizar novas formas de criação de valor e experimentar a solução do design de processos.

Alinhar a estratégia à experiência do cliente é o ponto de partida do design de processos. Enquanto o design tradicional é direcionado a artefatos, o design de processos internos é centrado no ser humano: nos clientes, nos criadores de processos, nos dirigentes, colaboradores e fornecedores da empresa e em todas as pessoas que possam ser afetadas por eles.

Por meio de um contato direto com os clientes, a organização precisa identificar quais são as necessidades, expectativas e aspirações dos clientes dos processos. E, acima de tudo, descobrir quais são as necessidades latentes dos clientes, que talvez eles ainda não consigam expressar e tornar tangíveis. As pessoas envolvidas com o design de processos precisam observar como os clientes se relacionam com os processos e, a partir daí, produzir insights sobre como melhorar o cotidiano das pessoas, quer em seu trabalho, quer em sua vida pessoal.

Uma das principais recomendações para as equipes envolvidas com design de processos é que elas devem levar em consideração quais são as restrições e limitações ao bom desempenho do processo. De acordo com Tim Brown, "as restrições podem ser mais bem definidas em função de três critérios sobrepostos para boas ideias. Praticabilidade (o que é funcionalmente possível num futuro próximo); viabilidade (o que provavelmente irá se tornar parte de um modelo de negócios sustentável); e desejabilidade (o que faz sentido para as pessoas)".

Em muitas organizações, os responsáveis pelo desenho ou o redesenho dos processos desconsideram, pelos mais diferentes motivos, alguns dos requisitos dos clientes. Além disso, também são convencidos a fazer algumas concessões por motivos de ordem política, financeira, tecnológica ou organizacional (veja a Figura 38). O design de processos procura identificar não só quais atividades as pessoas não conseguem realizar com a atual forma de trabalhar, mas também qual é seu potencial de realização com um criativo desenho de processos. Dessa forma, o design de processos procura superar a tensão existente entre as restrições (recursos, conhecimento e mentalidade) e o valor a ser criado.

Com essa postura, o design de processos oferece uma importante contribuição na gestão dos negócios, ao fazer com que os processos evoluam de estratégias feitas para as pessoas para estratégias criadas com as pessoas. Dessa forma, os processos são criados e executados em correspondência com a criação de valor da empresa.

Visualizar novas formas de criação de valor significa considerar o design de processos uma inovadora forma de pensar e solucionar as questões estratégicas da organização. Nas palavras de Tim Brown, "a essência do design thinking é explorar diferentes possibilidades". É praticar o pensamento visual, isto é, transformar uma ideia em uma imagem para reproduzir as experiências dos clientes e criar novas possibilidades de produtos, serviços e processos. De acordo com Lafley, enquanto o modo tradicional de desenhar processos é voltado para o pensamento indutivo (baseado em fatos diretamente observáveis) e dedutivo (lógica e análise, com base em evidências passadas), o design de

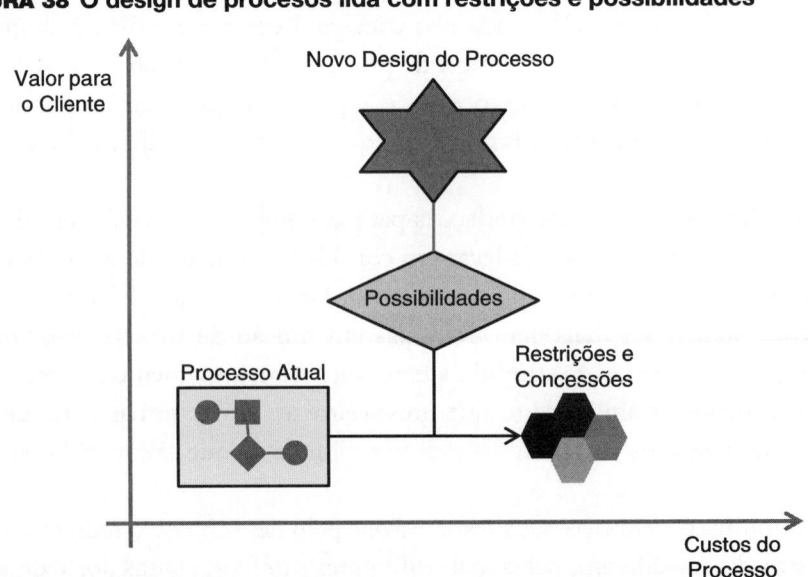

FIGURA 38 O design de procesos lida com restrições e possibilidades

processos enfatiza o pensamento criativo (imaginar o que seria possível para contornar as restrições e explorar as possibilidades).

No processo de criação de uma imagem das experiências dos clientes (ou dos usuários do processo), a abordagem do design de processos segue um fluxo de aprendizagem baseado em novos estados mentais: no pensamento divergente, combinado com a análise da situação, e no pensamento convergente, que realiza uma síntese do que é possível, para, em seguida, realizar a melhor alternativa. Esse trabalho de design de processos é inspirado na recomendação de Linus Pauling, ganhador do Prêmio Nobel de Química (1954) e da Paz (1962), principalmente por seus estudos sobre a biologia molecular e das ligações químicas: "A melhor maneira de se ter uma boa ideia é ter uma profusão de boas ideias."

O pensamento divergente explora pontos de vista diferentes e é utilizado na busca de informações (sobre os clientes do processo) para a realização da análise sobre as experiências das pessoas e o desenvolvimento de múltiplas alternativas, antes de selecionar uma opção. O pensamento convergente, por sua vez, busca um ponto comum entre as alternativas, realizando uma síntese para se chegar à melhor solução e à escolha mais criativa em termos de valor (veja a Figura 39).

Um dos aspectos mais importantes do design thinking aplicado aos negócios é à importância dada ao pensamento que leva à ação. Inúmeros empresários, executivos e colaboradores das empresas dão grande ênfase ao fazer. Mais especificamente, perguntam: o que devo fazer? A prática e a ação são inerentes ao trabalho nas organizações. Entretanto, a ação deve ser direcionada para as

FIGURA 39 O Design de Processos e os Processos Mentais

Fonte: Adaptado de Tim Brown. *Design Thinking*.

coisas certas, como a execução da estratégia, o relacionamento com os clientes e a inovação de valor. Fazer as coisas erradas, ou fazer as coisas certas de modo errado, destrói o valor nas organizações. E, muitas vezes, isso ocorre porque as pessoas estão trabalhando nos processos de negócios errados.

Para estimular a integração entre o pensamento e a ação, Dorothy Leonard e Walter Swap, no livro *Centelhas incandescentes*, recomendam a utilização de três tipos de inteligência: a criativa, a analítica e a prática. "Inteligência criativa é a capacidade de gerar ideias novas e incomuns. Inteligência analítica é a capacidade de analisar essas ideias e tomar decisões com base nessa análise. Inteligência prática é a capacidade de ver as relações entre as ideias e as situações da vida real." Como veremos, esses três tipos de inteligência são fundamentais para o processo de se retratar a experiência das pessoas por meio dos processo internos de negócios.

Roger Martin, em seu livro *Integração de ideias*, propõe um novo conceito para apoiar a tomada de decisões na empresa e potencializar seus resultados. Trata-se do ***pensamento integrador*** definido como "a habilidade de lidar construtivamente com a tensão entre ideias opostas e, em vez de escolher uma à custa de outra, gerar uma solução criativa sob a forma de uma nova concepção, que tenha elementos das ideias opostas, mas que seja superior a cada uma delas", conforme representado na Figura 40.

O pensamento integrador é fundamental, por exemplo, para se superar o isolamento existente entre a formulação e a execução da estratégia, ou ainda para transformar o desenho de um processo não em uma descrição de atividades, mas sim, na forma como a organização cria valor para os clientes (externos e internos).

Experimentar a solução do design de processos significa adotar o ponto de vista do cliente, principalmente porque uma experiência vai muito além da entrega de uma simples funcionalidade – ela deve significar uma conexão com as necessidades latentes ou declaradas dos clientes. Dessa forma, um desenho de processo também pode ser considerado a codificação criativa da experiência do cliente pela organização.

Como a experiência do cliente pode ter amplo significado, uma boa alternativa é traduzir o design do processo no equivalente ao protótipo de um produto. Pode parecer estranho, mas a prototipação é essencial na metodologia do design thinking. Como um design de processo não pode ser reproduzido como um objeto físico, uma boa solução é a criação de uma imagem visual que possa ser explicada na forma de uma narrativa – como se fosse a história vivenciada pelas pessoas ligadas ou afetadas pelo processo.

AS DISCIPLINAS DA EXECUÇÃO DA ESTRATÉGIA

FIGURA 40 O design de processos e os processos mentais

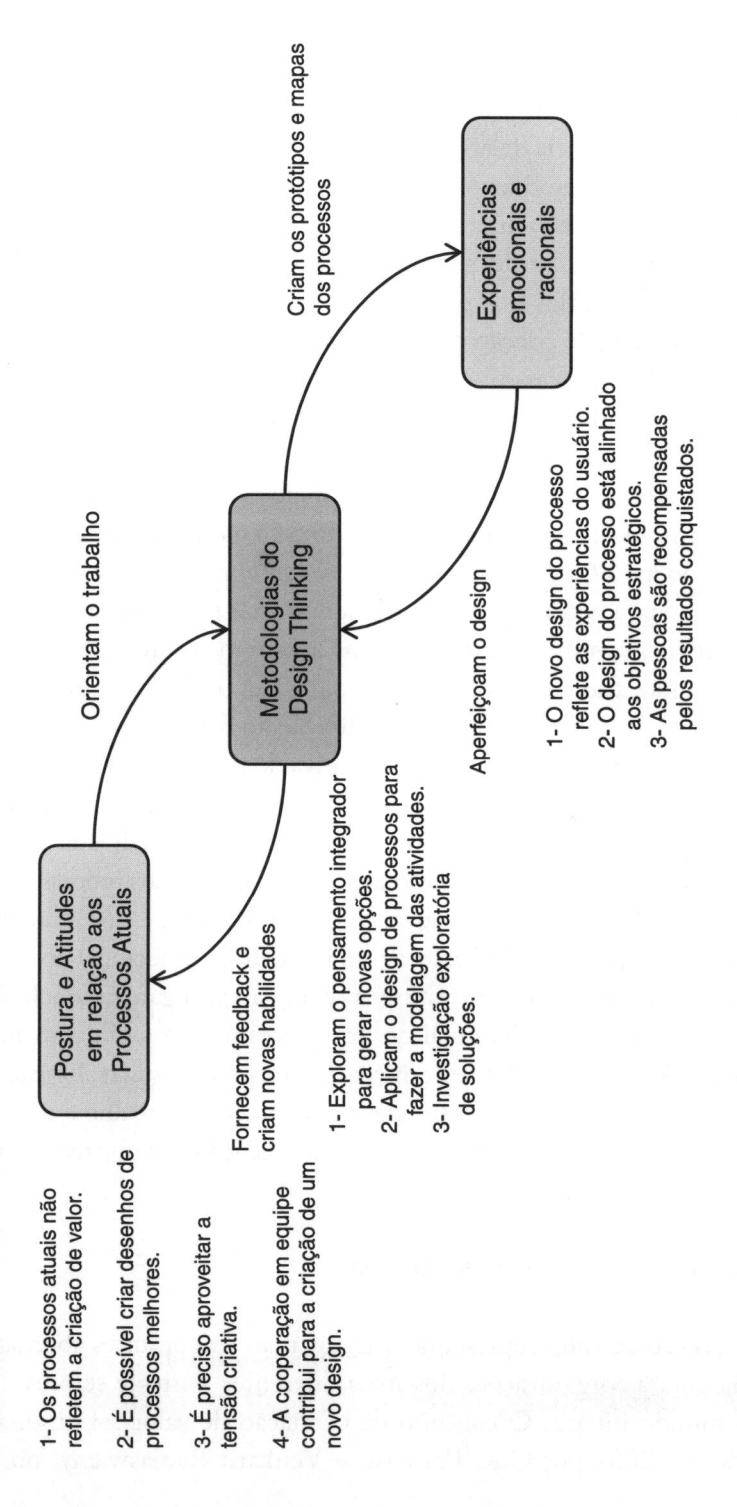

```
┌─────────────────┐                                    ┌─────────────────┐
│  Postura e      │                                    │  Experiências   │
│  Atitudes       │     Orientam o trabalho            │  emocionais e   │
│  em relação aos │ ─────────────────────────▶         │  racionais      │
│  Processos      │                                    │                 │
│  Atuais         │ ◀──── Fornecem feedback e          └─────────────────┘
└─────────────────┘       criam novas habilidades            ▲   │
                                                             │   │ Criam os protótipos e mapas
                                                             │   │ dos processos
                          ┌─────────────────┐                │   ▼
                          │  Metodologias do│ ───────────────┘
                          │  Design Thinking│
                          │                 │ ◀───── Aperfeiçoam o design
                          └─────────────────┘
```

1- Os processos atuais não refletem a criação de valor.

2- É possível criar desenhos de processos melhores.

3- É preciso aproveitar a tensão criativa.

4- A cooperação em equipe contribui para a criação de um novo design.

1- Exploram o pensamento integrador para gerar novas opções.
2- Aplicam o design de processos para fazer a modelagem das atividades.
3- Investigação exploratória de soluções.

1- O novo design do processo reflete as experiências do usuário.
2- O design do processo está alinhado aos objetivos estratégicos.
3- As pessoas são recompensadas pelos resultados conquistados.

Fonte: Inspirado em Roger Martin. *A Integração de Ideias.*

Uma das principais vantagens de se criar um protótipo é que o fato de "ser visual nos permite analisar um problema de modo diferente do que se apenas nos basearmos em palavras e números", conforme explica Tim Brown. O protótipo mostra a sequência de atividades realizadas pelas pessoas ao interagirem com o processo, para produzir os resultados desejados. O protótipo, que também pode ser considerado uma forma de pensamento visual, deve ser a melhor representação do *briefing* do processo, elaborada a partir das observações e experiências dos usuários dos processos. O protótipo, na qualidade de construção de uma ideia de criação de valor, precisa ser produzido em colaboração com os usuários do processo.

O protótipo também pode ser considerado um mapeamento da jornada do cliente e da organização em busca de resultados comuns. E essa jornada pode ser comunicada com mais intensidade por meio de uma narrativa ou uma história, conforme já mencionamos. De acordo com os estudos de Stephen Denning, autor do livro *O poder das narrativas nas organizações*, uma narrativa pode ser considerada "um conjunto de ferramentas que poderiam ajudar a atingir vários objetivos, como motivar as pessoas a agirem, comunicar quem você e sua empresa são, transmitir valores, compartilhar conhecimento, acabar com fofocas e boatos e liderar a empresa em direção ao futuro".

Entretanto, deve-se destacar que a narrativa do processo não é um substituto do pensamento analítico, mas sim uma alternativa para se imaginarem novas perspectivas para a criação de valor para o cliente. Outra finalidade da narrativa é a possibilidade de explorar temas estratégicos associados aos processos internos da organização. Uma boa narrativa vai além dos números e dos indicadores de performance, tornando possível colocar um ingrediente emocional no design dos processos. A narrativa também estimula a mudança organizacional, servindo como trampolim da situação atual de um processo para a situação futura da organização, destacando os fatores críticos de sucesso para sua realização. A narrativa de um processo também estimula a cooperação, o trabalho em equipe e o compartilhamento do conhecimento para a consecução dos objetivos comuns.

D. A cocriação dos processos internos

A **cocriação de valor** representa uma das mais importantes abordagens da estratégia para as organizações dos mais diferentes portes e setores de atividade do mundo inteiro. O conceito de cocriação de valor foi originalmente idealizado em 2004 por C.K. Prahalad e Venkatit Ramaswamy, no livro *O* *futuro da competição*, e foi refinado, recentemente, com o novo livro, *A empresa cocriativa* (2010), de Venkatit Ramaswamy e Francis Gouillart.

A cocriação de valor, segundo Prahalad e Ramaswamy, pode ser definida como "a prática de desenvolver sistemas, produtos ou serviços por meio da colaboração com clientes, gestores, empregados e outros que tivessem interesse na empresa". Por meio da cocriação de valor, as empresas buscam novas formas de engajamento das pessoas, adotando um modelo mental voltado para as experiências personalizadas dos clientes.

A cocriação de valor procura dar uma nova amplitude aos tradicionais conceitos de cadeia de valor, do relacionamento com os clientes, da inovação de produtos e serviços e do desenho dos processos de negócios. Na cocriação de valor, mudam os papéis desempenhados pelos clientes, pelos empregados, pelos fornecedores, pelos parceiros de negócios e pelos públicos de interesse de uma organização. Agora, o campo de criação de valor da empresa é ampliado para incluir novas experiências de valor para os indivíduos, o contexto das interações entre os participantes da organização, as plataformas de engajamento e os relacionamentos em rede.

A cocriação de valor, quando bem realizada, produz importantes resultados financeiros, denominados de os **Quatro Poderes da Cocriação**, por Ramaswamy e Gouillart. Os quatro poderes da cocriação podem ser agrupados em dois grupos de benefícios, tanto para a organização como para os clientes, conforme mostra a Figura 41.

Na perspectiva da **organização**, os resultados financeiros são:

- Maior capital estratégico e retornos para a organização.
- Menores riscos e custos para as organizações.

Na perspectiva do **cliente**, os resultados financeiros são:

- Novas experiências de valor para os indivíduos.
- Menores riscos e custos para os indivíduos.

De acordo com Ramaswamy e Gouillart, a nova empresa cocriativa exige uma grande mudança na mentalidade dos empresários e executivos, porque "a cocriação envolve profunda democratização e descentralização da criação de valor; a criação sai do modelo concentrado na empresa e passa para as interações com clientes, comunidades de clientes, fornecedores, parceiros e empregados, bem como para interações entre indivíduos". Dessa forma, as empresas cocriativas são centradas nas experiências dos clientes, dos dirigentes e empregados da organização e de todas as partes interessadas.

FIGURA 41 O modelo de cocriação de valor

- Novas Experiências de Valor para os Indivíduos
- Processos Internos do Cliente
- Menores Riscos e Custos para os Indivíduos

Cocriação de Valor

- Maior Capital Estratégico e Retornos para a Organização
- Processos Internos da Organização
- Menores Riscos e Custos para as Organizações

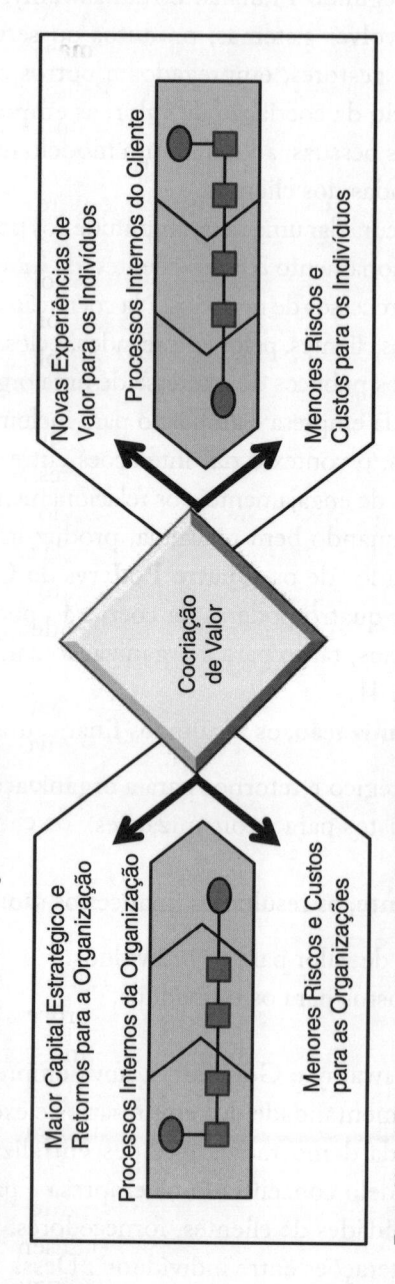

Fonte: Venkat Ramaswamy e Francis Gouillart. A Empresa Cocriativa.

Mas como a empresa cocriativa explora as experiências dos clientes? Segundo Ramaswamy e Gouillart, por meio da interação com produtos, do desenho de processos colaborativos e da experiência das pessoas. Para que a cocriação aconteça, é preciso primeiro criar **as plataformas de engajamento**, que facilitam a interação entre o cliente e a organização, disponibilizando recursos e funcionalidades para que as interações ocorram com custos competitivos e riscos reduzidos, tornando atrativo o valor criado.

As plataformas de engajamento apresentam diferentes formas e características, como os produtos em si, as lojas físicas, centrais de telemarketing, as reuniões presenciais, os espaços de comunidades (privadas ou abertas), a Internet, os telefones celulares e os dispositivos móveis. É importante destacar que, à medida que a escala das interações vai aumentando, a plataforma irá requerer suporte de tecnologia para tornar viável o processo.

As experiências das pessoas representam a base em que o valor é cocriado – nesse sentido, na empresa cocriativa, os produtos, os processos e as funções de gerenciamento da organização devem ser projetados, visando tornar as experiências emocionais dos clientes intensas e significativas. O foco da atenção deve voltar-se para a experiência das pessoas, e não apenas para o produto ou o serviço.

Os processos colaborativos representam uma grande evolução em relação aos processos tradicionais, em que os clientes recebiam passivamente os produtos. Nos processos tradicionais, havia uma grande distinção entre a produção e o consumo dos produtos. Nos processos colaborativos, a organização visa criar valor em conjunto com as pessoas. Dessa forma, acontece o engajamento de todas as pessoas envolvidas na cocriação de valor: os clientes, os empregados, os fornecedores, os parceiros de negócios e demais partes interessadas. No processo colaborativo, há um espaço para as pessoas contribuírem com suas experiências, seus conhecimentos e habilidades.

O processo colaborativo exige um novo conceito e um novo design da proposição de valor para o cliente, da cadeia de valor, do processo de inovação e dos processos internos da organização (produção, marketing, suprimentos, recursos humanos, tecnologia da informação). Nas plataformas de engajamento e nos processos colaborativos, as pessoas deixam de ser consideradas usuários (no sentido passivo e restrito) para se tornarem agentes ativos da cocriação de valor.

A abordagem do **design thinking** oferece importante contribuição para os processos de **cocriação de valor**, em especial para o desenvolvimento das plataformas de engajamento, para o aprimoramento das experiências das pessoas e para a inovação dos processos colaborativos. A principal crítica feita à abordagem tradicional dos processos é que ela prioriza o lado da entrega, onde os donos dos processos modelam as atividades de acordo com os requisitos definidos junto aos clientes. Dessa forma, os clientes têm uma participação passiva durante todo o processo, informando apenas quais são suas necessidades.

A interação de mão dupla, entre a organização e o cliente, é o elo perdido na abordagem tradicional do desenho dos processos. Na metodologia do design thinking, por sua vez, o engajamento e a interação entre o cliente e a organização são essenciais. Dessa forma, "os clientes dos processos já não são passivos – ou seja, não se limitam a informar necessidades e exigir especificações –, mas estão ativamente envolvidos e participam do design e da entrega da própria experiência. Esse modo de pensar abre a porta a uma nova filosofia de operações, em que o papel das empresas não se restringe mais a desenhar processos, no sentido tradicional, mas também inclui a criação de plataformas em que os processos de entrega e os do cliente se encontrem para cocriar uma experiência única para ambas as partes sempre que interagirem", conforme explicam Ramaswamy e Gouillart. Uma representação da complementaridade entre a abordagem do design de processos e a cocriação de valor é mostrada na Figura 42.

Um dos maiores desafios da cocriação de valor está relacionado com a integração das experiências, dos diferentes atores que interagem no processo. Uma experiência de cocriação é mais rica quando consegue representar e alinhar os interesses de diferentes pessoas, que interagem com as plataformas de engajamento. Cada pessoa envolvida no processo de cocriação é um conector de valores, que recebe, processa e entrega pacotes de atividades, para que o resultado final seja alcançado. Segundo a explicação de Ramaswamy e Gouillart, "as interações entre os principais envolvidos são os direcionadores de suas experiências. A visão de cada envolvido é a razão de sua interação. Ou seja, cada cocriação apresenta características de histórias de diferentes pessoas e é possível perceber como interagem". Dessa forma, é preciso que os líderes da empresa envolvidos nas plataformas de engajamento tenham uma visão sistêmica das interações que ocorrem no processo de cocriação de valor.

FIGURA 42 A complexidade entre o Design Thinking e a cocriação de valor

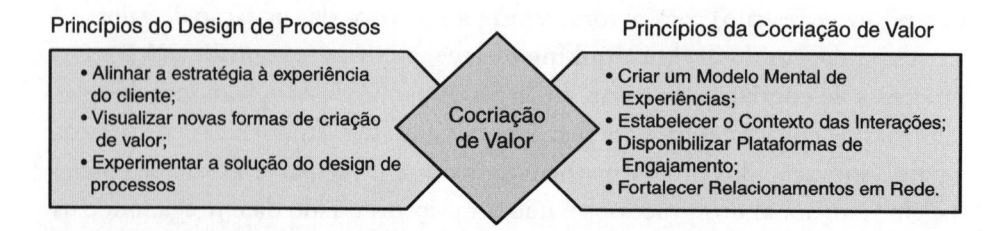

Princípios do Design de Processos

- Alinhar a estratégia à experiência do cliente;
- Visualizar novas formas de criação de valor;
- Experimentar a solução do design de processos

Cocriação de Valor

Princípios da Cocriação de Valor

- Criar um Modelo Mental de Experiências;
- Estabelecer o Contexto das Interações;
- Disponibilizar Plataformas de Engajamento;
- Fortalecer Relacionamentos em Rede.

Conforme explicado por Prahalad e Ramaswamy, é por meio das plataformas de engajamento construídas pela organização que o **capital estratégico** é acionado, gerando os seguintes benefícios para a equipe de colaboradores da empresa:

- Eleva o conhecimento sobre os clientes por meio de um relacionamento mais próximo e direto.
- Cria novas ideias para a exploração de valor.
- Avalia mais rapidamente o potencial de um novo produto ou serviço.
- Eleva a confiança, fortalecendo o relacionamento entre a empresa e os consumidores.
- Torna a experiência de compra tão atrativa que é considerada um fator de fidelização dos clientes.

A cocriação de valor como um novo paradigma dos negócios demanda um novo entendimento sobre o significado da estratégia. Na atual economia globalizada, com grandes descontinuidades e o surgimento de cisnes negros, as regras do jogo competitivo mudam constantemente, exigindo que a estratégia competitiva seja encarada como um processo aberto e como uma jornada de descoberta de novas oportunidades. De acordo com Prahalad e Ramaswamy, "a estratégia é um processo de experimentação contínua, de redução do risco, de compressão do tempo, de minimização dos investimentos e da maximização do impacto no mercado. A estratégia deve ser um processo de inovação e descoberta".

Na filosofia da cocriação de valor, **a estratégia** deve estar direcionada para: a descoberta de novas oportunidades de negócios, a eficácia na alocação de recursos, a redução dos investimentos próprios (captando recursos da rede de parceiros) e o aumento do impacto das atividades criadoras de valor. Além disso, a cocriação de valor, para ser bem-sucedida, precisa construir e acessar um **novo capital estratégico**, que reflita as mudanças ocorridas na natureza do valor. Como já mencionado, agora o valor é extraído das experiências dos consumidores.

O capital estratégico, por sua vez, é constituído pela empresa, pelos consumidores e pela rede de parceiros – ele precisa ser explorado no novo espaço competitivo das empresas, que utilizam a cocriação de valor como vantagem competitiva. O novo capital estratégico é desenvolvido no espaço compreendido entre as competências que a organização consegue acionar e as inovações que ela consegue introduzir, para tornar as experiências dos clientes mais ricas, conforme mostra a Figura 43.

De acordo com Prahalad e Ramaswamy, segundo a visão da cocriação, o objetivo da estratégia deve estar voltado para a descoberta de novas fontes e oportunidades de criação de valor, acionando recursos, competências e infraestrutura que somente poderão ser explorados por meio de uma rede ampliada de parceiros de negócios. Os líderes devem utilizar a estratégia como um fator de inclusão de pessoas, organizações, conhecimentos, capital e processos. Nas palavras de Prahalad e Ramaswamy, "os consumidores são os cocriadores de valor. Diálogo, acesso, avaliação do risco e transparência são os elementos básicos da cocriação de valor. Os produtos e serviços são parte de um ambiente de experiências em que cada consumidor coconstrói suas próprias experiências. Os ambientes de experiência são projetados para o aprimoramento dessas experiências". Entretanto, é preciso fazer mais uma observação: para a efetiva mobilização das pessoas da organização e, para que não haja perda de foco, a estratégia de cocriação deve ser desenvolvida a partir de temas estratégicos, identificando aqueles que possam ser considerados essenciais para o enriquecimento das experiências de cocriação dos clientes.

FIGURA 43 O capital estratégico e o novo espaço competitivo

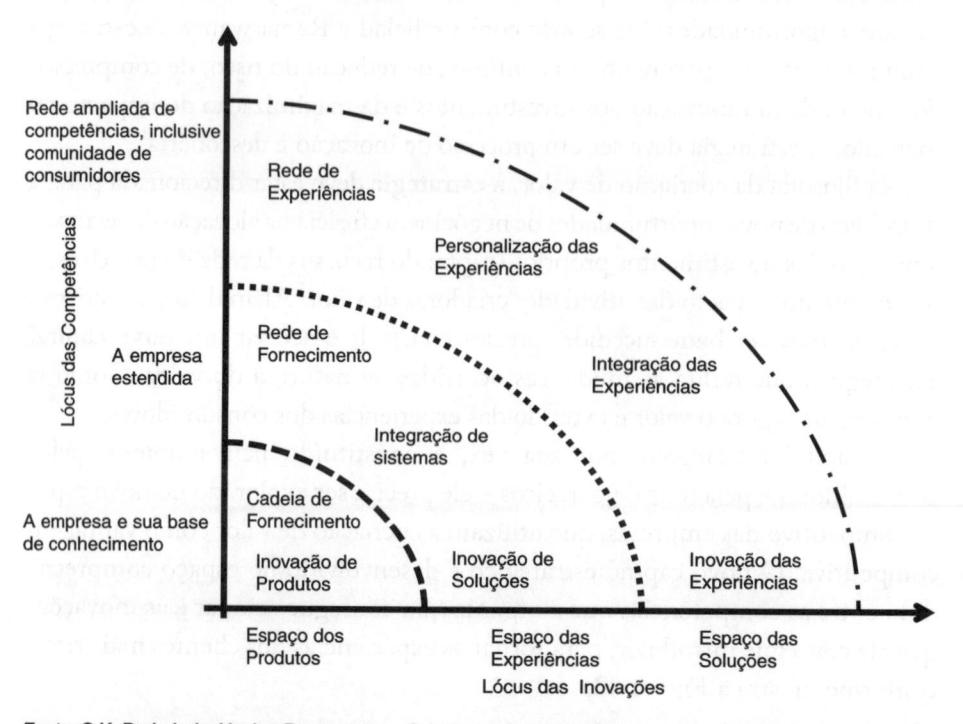

Fonte: C.K. Prahalad e Venkat Ramaswamy. *O futuro da competição*.

IV. A disciplina do engajamento do capital humano

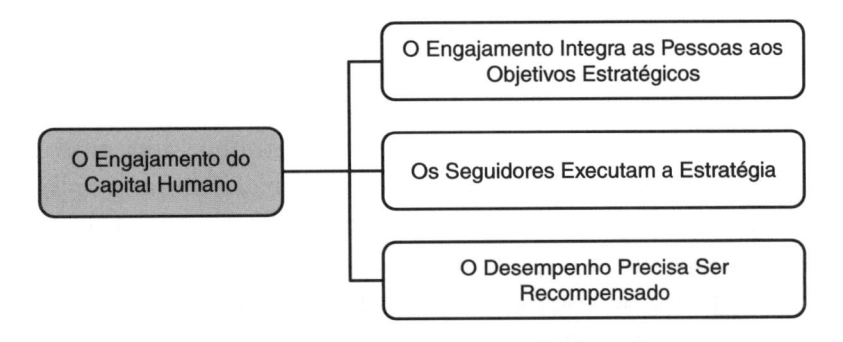

- O Engajamento do Capital Humano
  - O Engajamento Integra as Pessoas aos Objetivos Estratégicos
  - Os Seguidores Executam a Estratégia
  - O Desempenho Precisa Ser Recompensado

A. O engajamento do capital humano: Visão geral

Na perspectiva das pessoas focadas na estratégia, a **disciplina do engajamento do capital humano** mostra o papel desempenhado pelas pessoas no processo da estratégia (formulação e execução). Após uma longa jornada de criação do plano estratégico, marcada por grandes desafios, intenso trabalho de análise e síntese, superação e alinhamento de pontos de vista contraditórios e dificuldades para reunir as pessoas para realizar o trabalho, chega o momento de se dar início à execução da estratégia. E, afinal, o que a direção da empresa tem, efetivamente, à sua disposição para a realização do trabalho? A resposta é clara: **as pessoas** – o capital humano sem o qual os recursos da empresa, como capital, instalações de produção, equipamentos, conhecimentos e tecnologia da informação não criam valor por si mesmos.

O sucesso (ou a decepção) com o plano estratégico da empresa depende, na essência, do engajamento das pessoas com o processo de formulação e de execução da estratégia. Quando falamos de pessoas, estamos nos referindo ao presidente, aos diretores, aos gerentes e aos colaboradores da organização. Diretores que não conhecem a estratégia serão incapazes de orientar os gerentes sobre o trabalho a ser realizado. Empregados que não conseguem identificar como seu trabalho contribui para os objetivos estratégicos serão sempre subutilizados.

Uma importante questão é colocada pelos especialistas em gestão empresarial e merece nossa reflexão: o que vem em primeiro lugar, a estratégia competitiva e depois a força de trabalho com o perfil de competências necessário; ou as pessoas vêm em primeiro lugar, para que seja possível formular e executar com sucesso a estratégia competitiva?

De acordo com os especialistas em gestão de pessoas Richard Beatty, Brian Becker e Mark Huselid, autores dos livros *Gestão estratégica de pessoas com o scorecard* e *Equipes fora de série*, **a estratégia vem em primeiro lugar**. Para os autores, a decisão sobre pessoas é uma decisão sobre o negócio – e não uma atividade exclusiva da área de recursos humanos da empresa. Para Beatty, Becker e Huselid, as pessoas são a nova fonte de vantagem competitiva e isso requer "a estratégia da força de trabalho correta, mas isso não significa simplesmente colocar as pessoas em primeiro lugar; significa colocar a estratégia em primeiro lugar e desenvolver uma força de trabalho que execute essa estratégia". Para justificar seu ponto de vista, os autores complementam: "O cargo é onde a estratégia da força de trabalho e a estratégia corporativa se cruzam, onde o talento é convertido em impacto estratégico." Em síntese, para Beatty, Becker e Huselid, o talento e as competências das pessoas somente têm valor estratégico quando impulsionam a execução da estratégia competitiva da empresa.

Jim Collins, autor do livro *Empresas feitas para vencer*, ao procurar identificar por que algumas empresa têm, consistentemente, um resultado melhor do que seus concorrentes diretos, afirma: **as pessoas vêm em primeiro lugar.** Segundo Collins, nas empresas pesquisadas, sua análise demonstrou que não foi a estratégia em si que fez a diferença, mas sim o perfil das pessoas que, desde o início, estavam envolvidas com o processo da estratégia. Esse fato o levou a afirmar que os líderes das empresas feitas para vencer "primeiro colocaram as pessoas certas no barco, tiraram as pessoas erradas e colocaram as pessoas certas nos lugares certos. Só depois é que decidiram para onde o barco deveria rumar. O velho adágio *as pessoas são seu ativo mais importante* está errado. As pessoas não são seu ativo mais importante. As pessoas certas é que são". Para Collins, os líderes que transformaram as empresas boas em empresas excelentes escolheram primeiro as pessoas pelos seguintes motivos:

- O foco em quem, e não com o quê, possibilita rápida e constante adaptação da organização às mudanças da sociedade e do ambiente competitivo.
- O problema da motivação e do engajamento das pessoas com a estratégia é praticamente resolvido com o perfil correto das pessoas, facilitando o processo de criação de valor.
- A organização pode ter desenvolvido uma estimulante visão estratégica ou descoberto uma grande oportunidade de negócios, mas, se não puder contar com as pessoas certas, a estratégia não se concretizará.

A questão de quem vem primeiro – a estratégia ou as pessoas – é de difícil solução, uma vez que a estratégia não é uma ciência exata. É uma pergunta semelhante a quem veio primeiro o ovo ou a galinha. Entretanto, em nossa experiência com empresários e executivos, notamos que pessoas criativas são capazes de criar e executar excelentes estratégias. Por outro lado, pessoas medianas (ou desengajadas), inclusive da alta administração da empresa, não são capazes nem de formular uma estratégia nem de executar – mesmo que tenham à sua disposição capital, tecnologia e infraestrutura.

Conclusão: o processo da estratégia (formulação e execução) começa de forma integrada, com o envolvimento de pessoas com um perfil de competências diferenciado e engajado para entregar os resultados determinados com a estratégia. Nas palavras de Lawrence Hrebiniak, "o sucesso estratégico exige uma visão simultânea do planejamento e da realização. Os gerentes devem pensar na execução inclusive quando estão formulando planos. A execução não é algo com que podemos nos preocupar mais tarde". As pessoas corretas (o quem, proposto por Jim Collins) permitem estabelecer o vínculo contínuo entre a formulação e a execução da estratégia.

De acordo com a abordagem das pessoas focadas na estratégia, **a disciplina do engajamento do capital humano** é formada pelos seguintes princípios: o engajamento integra as pessoas aos objetivos estratégicos, os seguidores executam a estratégia e o reconhecimento está vinculado aos resultados estratégicos da empresa.

B. O engajamento integra as pessoas aos objetivos estratégicos

Se o capital humano é uma das principais fontes da vantagem competitiva, chama a atenção a forma superficial como os empresários e os executivos abordam a questão das pessoas em suas organizações. Diante das pressões do dia a dia, como o aumento das vendas, o atendimento aos clientes, a melhoria da rentabilidade e o cumprimento do orçamento, o capital humano tem sido relegado a um segundo plano, apesar das declarações de boas intenções da direção da empresa.

No corre-corre diário, os líderes da organização muitas vezes consideram suficiente informar, comunicar e alinhar as pessoas em relação ao processo da estratégia e aos objetivos estratégicos. Não há um preocupação verdadeira com que a estratégia seja interiorizada pelo capital humano da empresa. Como nos alertou George Bernard Shaw, "o maior problema da comunicação é a ilusão de consumação. O simples fato de a mensagem ter sido enviada não significa que foi recebida". É nesse momento que surgem as questões relativas ao engajamento e ao alinhamento das pessoas em relação à estratégia competitiva.

O engajamento e o alinhamento das pessoas são coisas completamente diferentes. O **alinhamento** é mais restrito e significa que as pessoas sabem quais são os objetivos estratégicos da empresa – elas foram informadas por meio de uma reunião, da intranet, de newsletter, de um comunicado ou de quadros afixados nas paredes, quais são os objetivos estratégicos de suas áreas e da organização. Isto é, as pessoas foram niveladas e alinhadas em relação ao que a empresa pretende fazer – mas elas não foram orientadas e educadas sobre como isso irá acontecer. O envolvimento em termos de conhecimentos, habilidades e atitudes ainda não foi definido.

Robert Kaplan e David Norton, em seu livro *Alinhamento*, nos oferece uma definição do que seja alinhamento. Para eles, "organizações em todo o mundo têm buscado colocar a estratégia no centro de seus modelos de gestão. O propósito é assegurar que a estratégia como instrumento de comunicação e de gestão chegue a todos os níveis da organização e seja compartilhada. A essa tarefa de assegurar sinergia entre equipes processos, unidades de negócios e parceiros externos, denominamos de alinhamento". Em complemento a essa ideia, nossa mensagem é que **as pessoas estão no centro da estratégia** – as pessoas estão focadas na estratégia.

Enquanto o alinhamento ocorre de forma rápida devido aos meios utilizados e ao interesse dos executivos em se livrarem desse trabalho, o engajamento é algo que ocorre gradativamente, à medida que o nível de consciência das pessoas vai se elevando, as competências são dominadas e, principalmente, as pessoas são educadas sobre como proceder para que a estratégia seja executada.

Para Jack Welch, o engajamento das pessoas deve ser considerado uma das principais tarefas da agenda dos executivos. Conforme suas palavras, "o engajamento dos funcionários vem primeiro. Não é preciso dizer que nenhuma companhia, seja pequena, seja grande, pode alcançar sucesso em longo prazo sem colaboradores motivados, que acreditem na missão e compreendam como alcançá-la". Wiliam Macey, juntamente com outros autores, no livro *Muito além do comprometimento*, por sua vez, oferece uma importante contribuição sobre a importância do engajamento no processo de formulação e execução da estratégia.

De acordo com Macey, o sentimento de engajamento das pessoas não ocorre se não estiver associado a uma causa, a um propósito ou a um objetivo estratégico. Dessa forma, "o engajamento não se refere a um jogo de resultado zero, isto é, conseguir mais dos funcionários com menor custo. Focar no engajamento dos funcionários significa encarar o desafio de fazer que tanto a empresa quanto os funcionários possam beneficiar-se ao mesmo tempo – um cenário no qual todos ganham, com uma eficiência organizacional melhorada em conjunto com o aumento do bem-estar dos colaboradores". Macey, inclusive, propõe o que denomina de cadeia de valor do engajamento dos empregados, como mostrado na Figura 44.

FIGURA 44 Cadeia de valor do engajamento dos empregados

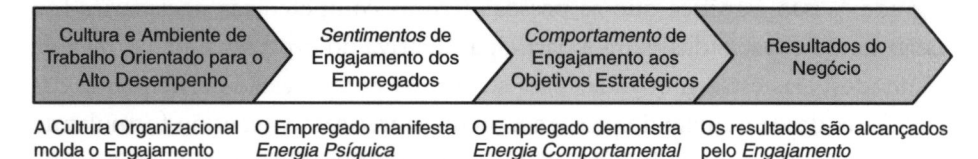

Cultura e Ambiente de Trabalho Orientado para o Alto Desempenho	Sentimentos de Engajamento dos Empregados	Comportamento de Engajamento aos Objetivos Estratégicos	Resultados do Negócio
A Cultura Organizacional molda o Engajamento	O Empregado manifesta Energia Psíquica	O Empregado demonstra Energia Comportamental	Os resultados são alcançados pelo Engajamento

Fonte: Adaptado de William Macey et al. *Muito além do comprometimento.*

A cada dia, cresce o entendimento, entre os especialistas em negócios, os profissionais de recursos humanos e os psicólogos, de que o engajamento das pessoas representa um importante fator para as empresas atingirem seus objetivos estratégicos. Os estudos de Tamara Erickson revelam que "aumentar o engajamento – encontrar formas de encorajar os indivíduos a investir mais energia psíquica em seu trabalho – é simplesmente a alavanca mais poderosa que as corporações possuem para melhorar a produtividade". O engajamento das pessoas tem duas dimensões: a energia psíquica e a energia comportamental.

A energia psíquica é percebida quando o empregado, ou uma equipe, tem a motivação – na forma de esforço intencional e senso de urgência – para se concentrar em um objetivo estratégico, claramente definido e compartilhado, como elevar a fidelização dos clientes, criar produtos inovadores, melhorar a eficiência operacional e dominar novas competências. Quando o profissional está engajado, é possível perceber que está completamente concentrado, entusiasmado e empenhado no resultado a ser produzido. O profissional engajado não cai na armadilha de se dispersar em outras iniciativas de menor valor para a empresa.

A energia comportamental é demonstrada pelo grande envolvimento de uma pessoa, ou de um grupo, na consecução de um resultado. O empenho do indivíduo e do grupo é visível para os demais empregados da organização. A energia comportamental torna as pessoas proativas, persistentes em relação aos obstáculos e ao tempo de maturação de um resultado, e mais facilmente adaptadas às mudanças, permitindo que desenvolvam novos conhecimentos e habilidades.

Deve-se destacar que tanto a energia psíquica, quanto a energia comportamental são estimuladas (ou inibidas) pelo ambiente de trabalho e pela cultura da organização. De acordo com Macey, uma cultura organizacional estimula o engajamento quando estão presentes os seguintes fatores: os empregados têm a capacidade de se engajar e a motivação e a liberdade para se engajar, e sabem como se engajar.

Do ponto de vista do processo da estratégia (formulação e execução integrados), isso significa que as pessoas têm as competências necessárias (ou estão sendo capacitadas) para a participação ativa no processo e na entrega de resultados; elas estão motivadas para se engajar porque estão participando das atividades desde o início do processo, ou mais precisamente, estão formulando a estratégia que irão implementar; elas tomam a iniciativa de apresentar novas ideias, novas metodologias, críticas e sugestões para refinar a estratégia competitiva; e sabem como se engajar, porque percebem a relação de causa e efeito existente entre o que fazem e os resultados alcançados pela organização. Em síntese, ocorre uma integração entre as expectativas e os objetivos do indivíduo com os objetivos estratégicos da organização.

Conforme já mencionado, as pessoas representam um dos principais fatores da vantagem competitiva, ou mais precisamente o engajamento das pessoas com a estratégia produz os resultados esperados pela alta administração da empresa. Parece simples, mas em inúmeras empresas notamos total falta de compromisso das pessoas, quase uma alienação, em relação à execução da estratégia. Os empresários e os executivos sabem que, para conquistar resultados empresariais superiores aos atuais, as pessoas precisam mudar de mentalidade (crenças e modelos mentais) e comportamento, a começar pela direção, mas isso dificilmente acontece. Qual é a causa-raiz dessa situação? Cada vez mais os especialistas em negócios apontam a **cultura organizacional** como o principal fator que estimula ou inibe a mudança nas organizações.

De acordo com Rogers Connors e Tom Smith, no livro *Mude a cultura de sua empresa e vença o jogo*, a cultura organizacional influencia, fortemente, os resultados que a organização está obtendo com sua estratégia competitiva. Todas as empresas, na produção de resultados empresariais, se encontram na seguinte situação: **ou os líderes gerenciam a cultura, ou a cultura irá gerenciar a organização**. Conforme eles explicam, "quer os gestores percebam ou não, todos os dias criam experiências que ajudam a moldar a cultura organizacional. Ao promover alguém, implementar novas políticas, interagir nas reuniões, reagir a feedbacks, essas experiências promovem crenças sobre como fazemos as coisas aqui, e essas crenças, por sua vez, direcionam as ações adotadas pelas pessoas. Coletivamente, suas ações, com poucas exceções, produzem seus resultados". Dessa forma, ao invés de ser um conceito abstrato, como muitos empresários e executivos pensam, a cultura é algo real, que se manifesta nos resultados empresariais.

O impacto que a cultura organizacional provoca nos objetivos estratégicos foi explicado por Edgar Schein, considerado um dos maiores especialistas no assunto, em vários de seus livros, em especial *Cultura organizacional e liderança*. Segundo Schein, para tornar uma empresa mais eficiente e eficaz, precisamos entender o papel desempenhado pela cultura na criação de valor para os stakeholders. Em suas palavras, "a cultura importa porque é um poderoso e muitas vezes ignorado conjunto de forças latentes que determinam o comportamento, a maneira como se percebem as coisas, o modo de se pensar e os valores tanto individuais como coletivos. A cultura organizacional em particular importa porque os elementos culturais determinam a estratégia, os objetivos e o modo de operação da empresa".

Mas lidar com a cultura organizacional implica lidar com a complexidade. Não é possível mudar a cultura por um decreto, ou por um simples ato de vontade da direção da organização. Para Schein, a cultura organizacional é o reflexo das crenças compartilhadas e consideradas certas pelos líderes da organização ao longo de sua história, e é reflexo do sucesso das iniciativas estratégicas, ou até mesmo seu fracasso.

Nesse sentido, para Schein, "o maior perigo ao se tentar entender a cultura é o de supersimplificá-la. É tentador – e, até certo ponto, válido – dizer que a cultura é apenas o jeito como fazemos as coisas por aqui, os ritos e rituais de nossa empresa, o clima da empresa, o sistema de prêmios, nossos valores básicos, e por aí vai. Todos esses aspectos são manifestações de cultura, mas nenhum deles é a cultura no nível em que ela importa". Quem quiser entender melhor o significado de cultura organizacional precisa perceber que ela existe em diferentes níveis: dos artefatos, dos valores assumidos e das certezas básicas fundamentais, que, direta ou indiretamente, afetam os resultados da empresa, conforme mostra a Figura 45.

Outro tema ressaltado por Schein é que não existe uma cultura certa ou uma cultura errada, para o melhor ou para o pior, mas sim em relação ao que a empresa pretende realizar com sua estratégia e em relação às restrições ou às oportunidades existentes no ambiente competitivo. Uma cultura pode ser considerada correta se a organização estiver conseguindo atingir seus objetivos

FIGURA 45 Os níveis da cultura organizacional

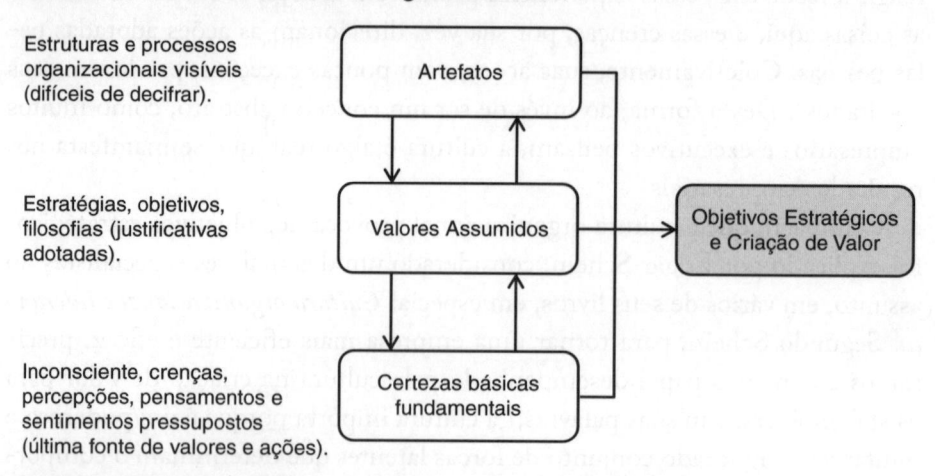

Estruturas e processos organizacionais visíveis (difíceis de decifrar). → Artefatos

Estratégias, objetivos, filosofias (justificativas adotadas). → Valores Assumidos → Objetivos Estratégicos e Criação de Valor

Inconsciente, crenças, percepções, pensamentos e sentimentos pressupostos (última fonte de valores e ações). → Certezas básicas fundamentais

Fonte: Adaptado de Edgar Schein. *Guia de sobrevivência da Cultura Corporativa.*

estratégicos. Por outro lado, podemos afirmar que, se uma empresa está apresentando resultados desfavoráveis, ou ainda, se estiver operando abaixo de seu potencial de criação de riqueza (a chamada baixa performance satisfatória), será preciso realizar uma mudança organizacional, ou melhor, uma mudança na cultura organizacional.

Uma importante recomendação é que a cultura organizacional não pode ser mudada em abstrato – **ela somente poderá ser gradativamente alterada a partir de um problema concreto**. No nosso caso, no processo de formulação e execução da estratégia de forma integrada. Nesse sentido, é importante identificar qual é o estado futuro da organização e quais são os principais obstáculos a serem superados. Mas, para que a mudança seja bem-sucedida, os líderes da organização precisam conquistar credibilidade, ter clareza do que precisa ser feito e das prioridades, bem como ser capazes de articular uma visão inspiradora.

Por outro lado, é preciso reconhecer que o processo de mudança organizacional é afetado tanto por inseguranças (e medos) associados à **ansiedade de aprendizado** como pelas **reações defensivas** às mudanças, como mostra a Figura 46.

Ainda é preciso destacar que, no processo de engajamento das pessoas e de mudança da cultura organizacional, os líderes desempenham papel fundamental – são os responsáveis pelos resultados alcançados, no conceito de *accountability*. De acordo com recomendação de Roger Connors e Tom Smith, "o papel contínuo da liderança é desenvolver a competência de liderança para acelerar a mudança de forma eficaz e sustentar a cultura ao longo do tempo. Ninguém pode ser excluído. A construção da cultura envolve – e deve envolver – todos os líderes em sua organização". A mudança organizacional, no sentido do engajamento das pessoas em relação à estratégia competitiva, evolui gradativamente, praticamente pessoa a pessoa, líder a líder, empregado a empregado. Mas há um pré-requisito: uma clareza dos resultados empresariais a serem alcançados pela estratégia, seja por meio do mapa estratégico, seja a partir do plano estratégico.

FIGURA 46 Resistências às mudanças da cultura organizacional

Resistência à Mudança Organizacional e à Execução da Estratégia devido a:	
Ansiedade de Aprendizado	**Resistências Defensivas**
▪ Medo de se tornar temporariamente incompetente enquanto é capacitado no processo da estratégia; ▪ Medo de perder o senso de identidade ao adotar novas atitudes, valores e comportamentos exigidos no processo da estratégia; ▪ Medo de ser punido pela organização por demorar muito em se engajar com a estratégia, ou por escapar dos trabalhos do dia a dia.	▪ Negação defensiva: os líderes não querem fazer isso mesmo. Essa iniciativa vai passar e a empresa voltará ao normal; ▪ Fuga do problema: a estratégia não se aplica a mim. Se estamos nessa situação, isso se deve aos outros departamentos; ▪ Postura oportunista: o que eu ganho com minha participação na execução da estratégia.

Fonte: Adaptado de Edgar Schein. *Guia de sobrevivência da cultura corporativa.*

C. Os seguidores executam a estratégia

No processo de formulação e execução da estratégia, os principais analistas de negócios e a mídia especializada têm dado forte ênfase ao papel desempenhado pelo líder para o sucesso da empresa. Personalidades como Akio Morita, Sam Walton, Jack Welch, Louis Gerstner Jr., Herb Kelleher, Bill Gates e Steve Jobs são retratados como exemplos de líderes que transformaram suas empresas em grandes impérios de negócios.

Entretanto, sem desmerecer o valor do talento desses líderes, é preciso formular uma nova questão: os **líderes** conseguiram esses resultados extraordinários sozinhos ou se valeram da contribuição de incontáveis e anônimos **seguidores**? Na perspectiva das pessoas focadas na estratégia, a resposta é muito clara: os líderes foram bem-sucedidos porque conquistaram o apoio de seus seguidores.

Assim como na literatura dos negócios há um grande hiato entre as atividades de formulação e de execução da estratégia, há uma estranha separação entre o trabalho do líder e o trabalho dos seguidores na consecução dos objetivos estratégicos da organização. A frase *as pessoas são a fonte da vantagem competitiva das empresas* precisa ser reformulada: **os líderes e os seguidores**, atuando de forma integrada, são a fonte da vantagem competitiva das empresas.

Mais precisamente nos dias de hoje, não é mais possível imaginar o processo de estratégia (da formulação à execução) sem a participação do capital humano da organização – os líderes e os seguidores. E podemos afirmar, sem medo de errar, que inúmeras falhas de execução da estratégia ocorrem não somente pela falta de envolvimento dos líderes, mas principalmente pela falta de engajamento dos seguidores.

Mas qual é o significado de seguidores do ponto de vista das pessoas focadas na estratégia? Antes de responder a esta questão, é importante ressaltar que uma organização é formada por **líderes de líderes**, isto é, as pessoas podem desempenhar tanto o papel de líderes como o papel de seguidores ao mesmo tempo. Para exemplificar, um diretor de marketing, pela sua posição na hierarquia, é o líder das iniciativas de marketing da empresa, mas pode desempenhar o papel de seguidor (membro) de uma equipe de projeto de inovação liderada por um especialista em pesquisa e desenvolvimento; um empregado da linha de frente pode tornar-se o líder na avaliação da experiência de compra dos clientes; e um profissional de tecnologia da informação pode tornar-se líder da implementação de um sistema integrado de gestão.

Robert Kelley, autor do clássico livro *O poder dos seguidores*, foi um dos pioneiros a mostrar como a maioria das pessoas em nossa sociedade (e nas organizações) passa a maior parte do tempo trabalhando como seguidores, e não como líderes. E o que é mais importante: suas pesquisas demonstram que os seguidores contribuem mais para o sucesso das organizações do que os próprios líderes. Mas Kelley também teve a preocupação de ressaltar que estava falando a respeito dos **seguidores exemplares** – e não dos seguidores alienados. Em suas palavras, "a questão não é se devemos ter seguidores, mas que tipo de seguidores queremos. Acho que o que queremos são os bons seguidores – pessoas que tomam as atitudes certas com grande habilidade e realização. Não queremos subordinados que não pensam, que requerem muita atenção".

Dessa forma, chama a atenção o fato de os líderes, de inúmeras organizações, não terem a mínima habilidade (inteligência emocional) para se relacionar com seus subordinados e desenvolver seguidores. Como um seguidor pode realizar bem seu trabalho se tem uma visão limitada de como desempenhar seu papel e contribuir para a execução da estratégia da organização? Em consequência, os seguidores acabam se tornando pessoas subutilizadas, desmotivadas, sobrecarregadas de tarefas erradas, e não engajadas com os resultados que a empresa pretende alcançar. Bem ao contrário das descobertas de Kelley: "Os seguidores participam com entusiasmo, inteligência e autoconfiança – mas sem brilho – da busca pelos objetivos das organizações. Longe de serem as ovelhas, estão unidos por suas decisões individuais de fazerem um sonho particular ou coletivo tornar-se realidade."

Provavelmente uma das maiores falácias da gestão empresarial da atualidade é a supervalorização do papel dos líderes, combinada com a baixa confiança na contribuição dos seguidores no processo de execução da estratégia. Esse fato pode ser exemplificado pelos comentários de Warren Bennis em seu livro *A essência do líder*, sobre as diferenças existentes entre o gerente (um seguidor) e o líder, conforme se vê na Figura 47. Bennis, considerado um dos maiores especialistas em liderança, afirma que "um dos principais dons do líder é a capacidade de usar sua experiência para crescer no cargo". Curiosamente, Bennis deu pouca ênfase ao trabalho do líder em formar e desenvolver os seguidores.

No processo de estratégia, tanto o trabalho do líder como o do gerente (seguidor) são importantes para o sucesso da organização. As atividades sob

FIGURA 47 As diferenças entre líderes e gerentes (seguidores)

- O gerente administra; o líder inova.
- O gerente é uma cópia; o líder é original.
- O gerente mantém; o líder desenvolve.
- O gerente se concentra nos sistemas e na estrutura; o líder se concentra nas pessoas.
- O gerente se vale do controle; o líder inspira confiança.
- O gerente tem uma visão de curto alcance; o líder tem uma perspectiva de longo alcance.
- O gerente pergunta como e quando; o líder pergunta o quê e por quê.
- O gerente tem seus olhos voltados para os resultados materiais imediatos; os olhos do líder estão postos no horizonte.
- O gerente imita; o líder dá origem.
- O gerente aceita o *status quo*; o líder o desafia.
- O gerente é o clássico bom soldado; o líder é dono de si mesmo.
- O gerente faz as coisas corretamente; o líder faz o que deve ser feito.

Fonte: Warren Bennis. *A essência do líder*.

a responsabilidade dos seguidores, como a estabilidade, a melhoria contínua, o controle, o monitoramento e os resultados de um processo operacional, são fundamentais para a elevação da produtividade da organização e a melhor exploração dos negócios atuais da empresa. Igualmente importantes são as atividades geralmente atribuídas aos líderes, como a visão de futuro, a carta de princípios, a inovação de valor, a exploração de novos espaços competitivos, a fusão e a aquisição de empresas. Essas duas atividades dos líderes e dos seguidores estão integradas entre si, não podendo ser consideradas tarefas isoladas. A gestão dos processos internos, a gestão de projetos estratégicos e a gestão das atividades de serviços compartilhados são inerentes tanto ao trabalho dos líderes como ao dos seguidores no processo de execução da estratégia.

O crescente reconhecimento da importância dos **seguidores** (que também poderiam ser denominados de **realizadores**) pode ser visto no conceito de **followership**, difundido por Barbara Kellerman em seu livro *Como os seguidores fazem os líderes*. De acordo com Kellerman, a palavra *followership* pode ser definida como "a resposta daqueles que se encontram em posições subordinadas (os seguidores) àqueles em posições superiores (os líderes), o que implica uma relação (hierarquia) entre subordinados e superiores, e uma resposta (comportamento) dos primeiros aos últimos". A ideia de *followership* mostra como os seguidores influenciam os líderes e se tornam os verdadeiros agentes de mudança nas organizações. Numa palavra, tanto os seguidores quanto os líderes, quando focados na estratégia, desempenham importante papel na criação de valor e na sustentabilidade da empresa.

Kellerman, para demonstrar os diferentes tipos de atitudes e comportamento, segmentou os seguidores em várias categorias: o isolado, o expectador, o participante, o ativista e o fanático, mas, para os objetivos deste livro, iremos nos concentrar apenas no tipo isolado, no participante e no ativista, fazendo algumas adaptações para a abordagem das pessoas focadas na estratégia.

O **isolado** é o seguidor não participativo e não engajado, é quase alienado e permite que os outros tomem decisões por eles. É um expectador do que acontece na empresa e não gosta de participar dos grupos de trabalho. Ele é desinformado e não consegue perceber como será beneficiado se a organização atingir seus objetivos estratégicos. O seguidor isolado não desenvolve nenhum tipo de relacionamento com os líderes ou com os gerentes e, geralmente, é ignorado – representa um forte potencial de problemas para a empresa. Para o isolado, seu trabalho não faz nenhuma diferença para a organização.

O **participante** representa o maior número de seguidores e está relativamente envolvido com as metas da organização. O participante se contenta em receber ordens, gosta de trabalhar de modo independente dos outros empregados e, por isso, pode ignorar importantes informações para a tomada de decisão (sua ou dos líderes). Em geral, o participante apoia os líderes da organização, porém também pode boicotar as iniciativas de mudança.

O **ativista** é o seguidor motivado a fazer diferença na organização – são os profissionais mais engajados. O ativista apresenta pensamento crítico, dedica muito tempo ao relacionamento com os líderes e com as demais pessoas da empresa. O ativista, em geral, participa ativamente dos principais processos operacionais e, nos projetos estratégicos, participa como líder ou como membro da equipe. O seguidor ativista se interessa em saber como seu trabalho se conecta com a execução da estratégia competitiva.

Apesar de os seguidores apresentarem menos poder, autoridade e influência que os líderes, não podem ser considerados um grupo amorfo de empregados. É nesse momento, em especial no processo da estratégia, que os líderes podem e devem engajar os **seguidores** (**realizadores**, ou ainda **executores**) em relação aos objetivos estratégicos da organização. Dessa forma, eles podem transformar-se em agentes de mudança, contribuindo para que a estratégia se transforme numa competência organizacional.

Vale também a pena destacar a visão que os seguidores têm a respeito dos líderes. De acordo com Robert Kelley, para os seguidores, inúmeros líderes têm habilidades questionáveis para comandar pessoas e organizações, não podem ser considerados um modelo de desempenho a ser imitado e, em função de seu comportamento, não inspiram confiança junto à equipe de colaboradores.

Esses líderes criticados pelos seguidores podem ser considerados diminuidores. De acordo com Liz Wiseman e Greg McKeown, autores do livro *Multiplicadores*, os líderes, em função de sua capacidade de mobilizar recursos para a criação de valor, podem ser colocados em dois grupos: os **multiplicadores** e os **diminuidores**.

Tomando como referência as definições de Wiseman e McKeown, podemos dizer que **os multiplicadores** são os líderes capazes de formar e desenvolver pessoas, e conseguem fazer emergir a inteligência, o conhecimento e o talento dos realizadores (seguidores). Os multiplicadores criam condições para que os seguidores alcancem resultados extraordinários com seu trabalho. Os multiplicadores têm visão estratégica e conseguem engajar as pessoas nas atividades de execução da estratégia. A mentalidade dos multiplicadores é fazer mais (valor) com mais (recursos).

Os **diminuidores,** por sua vez, são os líderes tão centrados em si mesmos e em seus interesses que subestimam a inteligência das outras pessoas, reprimem as iniciativas dos seguidores e exercem forte controle nos objetivos errados. Os diminuidores praticam a microgestão, não conseguem inspirar confiança e são incapazes de engajar o capital humano da organização nas atividades de execução da estratégia. A mentalidade dos diminuidores é fazer mais (trabalho) com menos (recursos).

Durante o processo da estratégia, quando as empresas precisam tomar decisões cruciais em relação à alocação de recursos, no uso e transferência de competências essenciais e no investimento ou desinvestimento de capital – sem falar na criação de sinergia –, a identificação do perfil dos líderes, se eles são multiplicadores ou diminuidores do capital humano da organização, pode fazer toda a diferença para a criação ou a destruição de valor. Líderes com o perfil errado (diminuidores), combinados com seguidores alienados, não permitirão à organização formular e executar com sucesso sua estratégia competitiva. A situação oposta – líderes multiplicadores combinados com seguidores engajados – favorece em muito a possibilidade de a organização tornar realidade sua visão de futuro.

Outra questão associada às pessoas focadas na estratégia diz respeito à **colaboração** dos líderes e dos seguidores das diferentes áreas, ou unidades de negócios da empresa. Esse problema foi muito bem equacionado por Morten Hansen em seu livro *Colaboração*, no qual explora algumas das armadilhas que envolvem a colaboração e o desinteresse em colaborar. Hansen nos chama a atenção para o fato de que a colaboração de forma equivocada pode acarretar prejuízo, e não benefícios para a organização. Segundo a definição de Hansen, "a colaboração transfuncional ocorre quando profissionais de diferentes unidades trabalham juntos – em equipes transfuncionais – em uma tarefa compartilhada, ou ajudam-se mutuamente de forma significativa". A principal finalidade da colaboração não se restringe à integração das pessoas, mas sim à produção de melhores resultados para a organização em conjunto.

A **colaboração disciplinada**, entre áreas de negócios, é extremamente importante para o trabalho de formulação e execução da estratégia. No atual mundo globalizado, a complexidade dos negócios assumiu tamanha dimensão que é praticamente impossível uma pessoa (por mais talentosa que seja) ou um grupo de indivíduos isoladamente conduzir com sucesso um negócio. No trabalho da estratégia (formulação e execução), a colaboração é fundamental para a realização de inúmeras atividades, como criação da visão de futuro, definição da missão, elaboração da proposta de valor para o cliente, exploração das vantagens competitivas, definição dos temas estratégicos, escolha dos objetivos estratégicos e, principalmente, implementação dos projetos estratégicos e gestão dos processos operacionais.

No processo de estratégia, tanto os líderes como os seguidores devem trabalhar em conjunto para superarem os principais obstáculos internos em relação à colaboração entre pessoas de áreas diferentes da organização. Segundo Hansen, as principais barreiras à colaboração estão associadas a: falta de vontade de as pessoas de determinada área se aproximarem de colegas de outras áreas da organização; falta de motivação e de incentivos para a colaboração; dificuldade de se encontrarem a informação e as pessoas que dominam a informação na organização; e dificuldade das pessoas em transferir melhores práticas, conhecimentos e tecnologia para quem não conhecem.

Uma das principais desculpas que encontramos no início do processo de execução da estratégia para a **não colaboração** de líderes e seguidores é que eles estão muito atarefados e muito pressionados para concluir as atividades operacionais do dia a dia. Dessa forma, eles alegam não ter tempo para participar de um projeto estratégico, ou ainda, das atividades de desenho ou redesenho de um processo interno – o que representaria mais trabalho para eles. É nesse momento que a alta administração da empresa deve reforçar e orientar os líderes e os seguidores sobre a importância do engajamento com a estratégia (atividade que deveria estar em curso) e sobre a definição das prioridades, em termos de trabalho e de tempo dedicado, no nível da organização e, não apenas da área funcional.

Vijay Govindarajan e Chris Trimble, em seu livro *O outro lado da inovação*, ao analisarem os desafios que a atividade de inovação enfrenta na organização, nos oferecem uma boa pista do que também pode ocorrer no processo da estratégia. Eles nos chamam a atenção para o fato de as empresas, depois de serem constituídas e apresentarem um bom nível de crescimento, se tornarem cada vez mais conservadoras e buscarem a estabilidade de suas operações em andamento – o que pode entrar em conflito com as iniciativas de inovação e de mudança organizacional. Além disso, continuam os autores, o crescimento das vendas vem sempre acompanhado pelas exigências de maior rentabilidade pelos acionistas e investidores da empresa.

Para os autores, "a pressão por lucros confiáveis, em cada e em todos os trimestres, é a força que dá forma e molda a empresa à medida que crescem e amadurecem. Inevitavelmente, as empresas evoluem para o que chamamos Máquinas de Desempenho". Esse modelo de gestão pretende transformar as organizações em máquinas de eficiência operacional, em que os processos, as operações e o trabalho devem ser previsíveis, repetitivos e geradores de resultado – essa mentalidade, quase sempre, inibe a inovação e a criação de um novo design de processos.

Guardadas as devidas proporções, o mesmo podemos dizer do processo da estratégia: uma vez que as atividades operacionais do dia a dia estejam funcionando a contento (mesmo que isso seja a baixa performance satisfatória), ocorre certa resistência em se sair do **concreto**, isto é, **uma atividade operacional que produz resultados agora** para investir no **abstrato**, isto é, na **execução da estratégia, que poderá (ou não) produzir resultados no futuro**.

Para solucionar esse dilema, os autores sugerem a constituição de um arranjo organizacional que vá além do modelo da **máquina de desempenho**, um design que integre (na atividade de inovação e no processo da estratégia) as **equipes dedicadas** (de projetos ou de processos) com o **pessoal compartilhado** da organização como um todo, conforme mostra a Figura 48. Dessa forma, o "i" de ideia e de inovação se torna concreto com o "i" de implementação.

A proposta de Govindarajan e Trimble lança um novo desafio, tanto para os líderes como para os seguidores: "Cada iniciativa de inovação requer uma equipe com um modelo organizacional próprio e um plano que seja revisado apenas por meio de um rigoroso processo de aprendizagem." Mais especificamente, a equipe do projeto é composta pela equipe dedicada mais o pessoal compartilhado; a equipe dedicada é criada especificamente para o projeto estratégico; e o pessoal compartilhado mantém as atuais responsabilidades operacionais e apoia a implementação dos projetos estratégicos.

FIGURA 48 A equipe dedicada de execução da estratégia

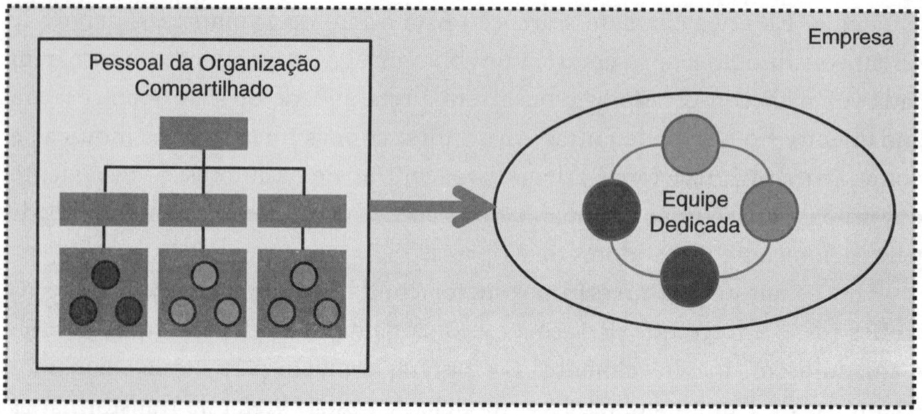

Fonte: Vijay Govindarajan e Chris Trimble. *O outro lado da inovação*.

Ainda assim, resta uma pergunta: Quem são os executores da inovação ou da estratégia? Fernando Trías de Bes e Philip Kotler, em seu livro *A bíblia da inovação*, oferecem uma solução: são os **executores** que tornam possível transformar ideias em resultados de negócios. Os executores são as pessoas que cuidam de todas as atividades relacionadas com a implementação e a execução. Sua função é implementar, isto é, tornar realidade os projetos estratégicos, criando valor para a organização e para o mercado.

Na perspectiva das pessoas focadas na estratégia, os executores são definidos da seguinte forma: os **executores** são os **líderes multiplicadores**, que engajam os **seguidores exemplares**, para que, num trabalho de **colaboração disciplinada**, realizado por **equipes dedicadas**, apoiados pelo **pessoal da organização**, exerçam plenamente o processo da estratégia (formulação e execução). Em síntese, os executores são as pessoas focadas na estratégia.

D. O desempenho precisa ser recompensado

Uma das principais características, tanto das empresas privadas como das instituições públicas, é que elas são organizações orientadas para a criação de valor – e os resultados derivados dessa criação de valor precisam ser recompensados. Entretanto, um fato chama a atenção dos analistas: o elevado número de pessoas que, mesmo trabalhando nessas organizações, não conhecem quais são seus objetivos estratégicos. Dessa forma, como é possível esperar que elas tenham participação ativa na obtenção dos resultados? De acordo com uma pesquisa da Gallup Consulting, 49% dos empregados entrevistados, no mundo inteiro, podem ser considerados não engajados – no Brasil, esse número sobe para 61%. A conclusão é simples: a menos que os empresários e executivos encontrem uma forma de explicar, claramente, quais são os objetivos da organização e como o trabalho do indivíduo pode contribuir, os resultados da organização estarão sempre abaixo de seu potencial.

Essas empresas sofrem do que poderíamos denominar **baixa performance satisfatória**, isto é, elas estão operando abaixo de seu atual potencial máximo de geração de valor. De acordo com Sumantra Ghoshal e Crhistopher Bartlett, faltam a elas "a criação do senso de ambição compartilhada, sua sustentação mediante os vínculos de identidade coletiva (em apoio à ambição compartilhada) e a manifestação de ambos os requisitos num sentimento de comprometimento e de ação pessoal". A falta de vínculo entre as atividades operacionais do dia a dia e a estratégia impede que elas tenham consciência do que é preciso fazer para alcançar a melhoria radical do desempenho.

A alta administração das empresas que atuam em baixa performance satisfatória parece não ter compreendido que "o desempenho corporativo superior sustentado se baseia na capacidade de administrar a tensão entre duas forças aparentemente contraditórias: a necessidade de melhoria permanente do desempenho operacional e da produtividade por meio da racionalização constante das atividades existentes e a necessidade de crescimento e expansão pela revitalização contínua da estratégia, da organização e das pessoas", conforme nos explicam Sumantra Ghoshal e Betania Tanure em seu livro *Estratégia e gestão empresarial*.

É exatamente o vínculo existente entre a performance superior e o engajamento das pessoas que as disciplinas da execução da estratégia pretende explorar. Nossa intenção é mostrar que o desempenho do líder e do seguidor é a manifestação do que eles são capazes de fazer quando estão participando de um projeto estratégico, operando um processo interno ou ainda trabalhando numa atividade de serviço de apoio. Entretanto, o resultado para a organização somente será produzido se, antes, eles souberem claramente qual é a finalidade do trabalho que estão realizando. O indivíduo precisa entender qual é seu papel na criação de valor para a empresa.

Entretanto, há um crescente entendimento entre os especialistas em gestão, inclusive dos profissionais da área de recursos humanos, no sentido de que a tradicional descrição de cargos raramente está vinculada aos objetivos estratégicos da organização. Vários motivos explicam esse fato. Entre eles, podemos citar: os cargos foram criados antes de a estratégia competitiva ser definida; os cargos foram criados para explicar as relações de comando e subordinação – e não para a execução da estratégia; e a atualização do escopo de um cargo ocorre de forma mais lenta do que as mudanças em curso no ambiente competitivo.

Uma nova forma de explicitar o papel que os indivíduos desempenham no processo de formulação e de execução da estratégia é a definição de **funções estratégicas**. Porém, antes de prosseguir, é importante destacar que um dos maiores desafios da direção da empresa é a criação de um design organizacional que esteja a serviço da estratégia. Mais precisamente, a arquitetura organizacional precisa ser customizada para a formulação e, principalmente, para a execução da estratégia.

Para que essa condição seja atendida, é preciso associar cada **objetivo estratégico** da empresa a uma **função estratégica**. Nesse sentido, podemos afirmar que uma função estratégica especifica o perfil de competências (conhecimentos, habilidades e atitudes) que o indivíduo deve dominar para produzir os resultados esperados pelo plano estratégico. Nossa recomendação é que as funções estratégicas sejam definidas, principalmente, a partir do mapa estratégico da organização ou ainda tomando-se como referência o plano estratégico e os objetivos a ele associados.

Dessa forma, as funções estratégicas são identificadas de acordo com as seguintes etapas:

- **Primeira etapa:** Criar o mapa estratégico da organização, seguindo a metodologia do Balanced Scorecard. A finalidade dessa atividade é definir os objetivos estratégicos nas quatro perspectivas de valor: a financeira, a dos clientes, a dos processos internos e a do aprendizado e crescimento (capital humano).
- **Segunda etapa:** Tomando como referência os objetivos estratégicos definidos na primeira etapa, criar as funções estratégicas que possibilitarão a criação de valor pela estratégia e a entrega dos resultados determinados, no horizonte de tempo do plano estratégico.
- **Terceira etapa:** Uma vez definidas as funções estratégicas, o próximo passo é a definição do perfil de competências, traduzidos pelos conhecimentos, habilidades e atitudes que o responsável pela função estratégica deverá possuir (ou desenvolver), para que se realizem os objetivos estratégicos e as metas intermediárias da organização.

A principal vantagem da criação das funções estratégicas é que elas atendem a uma das principais recomendações dos especialistas em gestão de negócios: o design organizacional (ou a estrutura, ou ainda, a arquitetura organizacional) deve ser customizado e estar a serviço da execução da estratégia. Outro ponto a ser destacado é que o profissional responsável pela função estratégica sabe de antemão qual é o trabalho que ele e sua equipe precisam realizar para produzir os resultados esperados com a execução da estratégia – no conceito de *accountability*. Ele também está ciente do perfil de competências que precisa dominar se quiser desempenhar com eficiência a função estratégica sob sua responsabilidade.

Em síntese, a estratégia é traduzida no mapa estratégico, que determina quais são os objetivos estratégicos da organização associados a projetos estratégicos, que, em seu conjunto, determinam qual é a função estratégica e o perfil de competências a ela associados, conforme mostram as Figuras 49 e 50.

FIGURA 49 Os objetivos estratégicos definem as funções estratégicas

Perspectiva	Objetivo Estratégico (Exemplos)	Função Estratégica (Exemplos)
Financeira	F-1 Elevar o Retorno sobre o Capital.	▪ Diretor Financeiro.
	F-2 Elevar a Produtividade dos Ativos.	▪ Diretor Financeiro.
Do Cliente	C-1 Desenvolver Novos Nichos de Mercado.	▪ Gerente de Novos Mercados de Seguros.
	C-2 Reduzir riscos para o Cliente.	▪ Especialista em Riscos e Ramos de Seguros.
Dos Processos Internos	PI-1 Ampliar a Rede de Distribuição.	▪ Gerente de Canais de Seguros.
	PI-2 Desenvolvimento de Novos Produtos.	▪ Gerente de Desenvolvimento de Produtos de Seguros.
Da Aprendizagem e de Crescimento	AC-1 Alinhar Pessoas à Estratégia.	▪ Gerente de Seguro Garantia.
	AC-2 Atrair, Desenvolver e Reter Talentos.	▪ Gerente de Desenvolvimento de Pessoas.

FIGURA 50 As funções estratégicas determinam o perfil de competências

Objetivo Estratégico	Função Estratégica (Exemplos)	Perfil de Competências (Exemplos)
C-1 Desenvolver Novos Nichos de Mercado.	▪ Gerente de Novos Mercados de Seguros.	a) Conhecimentos: ▪ Sobre o mercado e sobre os clientes; ▪ Sobre a carteira de produtos. b) Habilidades: ▪ Percepção de oportunidades de negócios; ▪ Saber demonstrar os benefícios dos produtos. c) Atitudes: ▪ Inspirar confiança; ▪ Compromisso com os resultados.

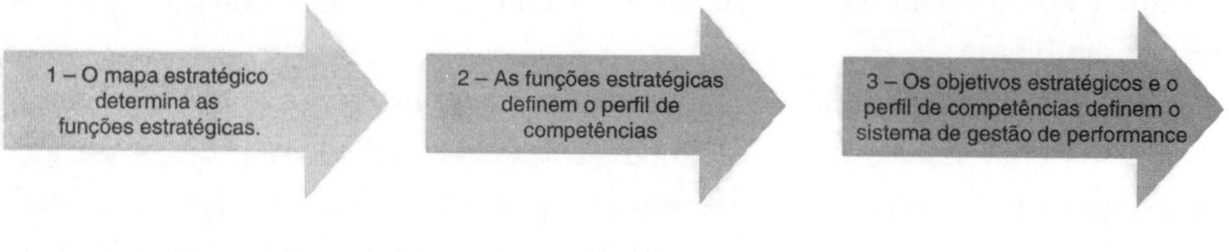

1 – O mapa estratégico determina as funções estratégicas.

2 – As funções estratégicas definem o perfil de competências.

3 – Os objetivos estratégicos e o perfil de competências definem o sistema de gestão de performance.

Conforme já mencionamos, uma vez que a alta administração da empresa tenha definido quais são as funções estratégicas, o próximo passo é a definição do perfil de competências, envolvendo os executivos de linha e os profissionais da área de recursos humanos.

O conceito de **função estratégica** pode ser refinado e explorado pelas organizações no processo da estratégia, identificando-se as **pessoas com a qualificação em forma de T** (as denominadas T-Shaped Persons). De acordo com Dorothy Leonard-Barton, essas pessoas são especialistas em determinada área técnica (a linha vertical do T), como engenharia automotiva, ciências da computação, consumidores de baixa renda, engenharia genética, securitização de recebíveis, produtos financeiros de base imobiliária e design thinking. Além disso, elas também são capazes de desenvolver novas qualificações que as tornam mais generalistas (a linha horizontal do T), como agregar competências em gestão estratégica, inteligência emocional, liderança, relacionamento com os clientes, comunicação empresarial e responsabilidade social empresarial.

Segundo Dorothy Leonard-Barton, "à medida que os indivíduos ganham experiência, alguns começam a incorporar qualificações personalizadas aparentemente opostas, em especial uma combinação de profundo conhecimento técnico e prática. Essas pessoas são extremamente competentes para administrar a integração de conjuntos muitos diversos de conhecimentos, pois falam duas ou mais línguas profissionais e podem ver o mundo de duas ou mais perspectivas". Dessa forma, torna-se muito importante para a alta administração das empresas identificar as pessoas com a qualificação em forma de T, principalmente quando estão procurando profissionais para ocupar as funções estratégicas, ou integrar uma equipe de projetos estratégicos.

A efetividade da execução da estratégia se eleva, em muito, quando conseguimos integrar no perfil de competências das pessoas que irão ocupar as funções estratégicas os profissionais com a qualificação em forma de T. Dessa forma, é possível ir além dos tradicionais mapas de competências construídos pelas áreas de recursos humanos, porém totalmente desvinculados da estratégia competitiva da empresa. Acreditamos que, por meio da abordagem das pessoas focadas na estratégia, é possível evoluir, gradativamente, para uma cultura organizacional, que valoriza a alta performance, os resultados dos negócios e está comprometida em tornar a formulação e a execução da estratégia uma competência da organização.

Agora, podemos abordar um dos desafios mais críticos enfrentados pelas organizações no processo da estratégia. Trata-se da vontade, do interesse e da motivação de o indivíduo se engajar (ou não) nos projetos de execução da estratégia. De acordo com os especialistas em capital humano, há três dimensões a serem consideradas quando analisamos o desempenho das pessoas na organização:

- O indivíduo precisa encontrar um sentido para o trabalho que realiza na empresa: a visão, a missão e os valores da organização precisam estar alinhados com seus valores pessoais, e ele precisa estabelecer uma conexão do que faz com os resultados e com a estratégia da organização.
- O indivíduo precisa ter consciência do que a organização espera que ele faça no dia a dia, quais são as prioridades e como ele atingirá os resultados esperados com seu trabalho individual ou em equipe.
- O indivíduo tem o poder de escolha para decidir se tem interesse em dedicar tempo à busca de novos conhecimentos, habilidades, experiências e transformações.

Essas dimensões que afetam o desempenho das pessoas na organização podem ser agrupadas em três direcionadores do comportamento: o saber agir, o querer agir e o poder agir.

O **saber agir** está associado à formação educacional e profissional do indivíduo, às competências individuais, às vivências de situações empresariais e aos projetos de desenvolvimento pessoal. No contexto da execução da estratégia, o saber agir depende do nível de consciência estratégica do empregado e do domínio de competências relacionadas com a estratégia da organização.

O **querer agir** está associado ao engajamento do indivíduo, ao significado do desafio imposto pela atividade a ele, ao grau de confiança existente no ambiente na organização, aos riscos envolvidos com a iniciativa, ao reconhecimento e ao sistema de recompensas da empresa. O querer agir depende da percepção dos problemas associados à execução da estratégia, da compreensão de seu impacto nos objetivos estratégicos integrados entre si, por relações de causa e efeito, e ainda, de o esforço a ser despendido com sua iniciativa valer a pena ou não.

O **poder agir** está associado à autonomia do indivíduo em tomar decisões em um contexto capacitante da ação, ao desenvolvimento de novas competências, à rede de relacionamentos que cultivou e ao acesso à infraestrutura de recursos organizacionais. O poder agir é influenciado pelo perfil dos líderes existentes na organização (multiplicadores ou diminuidores), pela capacidade do empregado em mobilizar e combinar recursos organizacionais, e também pelo senso dos limites impostos à sua ação e pelo senso da oportunidade da ação e de seu timing.

Uma boa alternativa para promover o engajamento das pessoas com os objetivos estratégicos da organização é a criação da **proposta de valor para o empregado**. Assim como as empresas se preocupam em definir uma proposta de valor para o cliente, isto é, a promessa que uma empresa faz aos clientes de entregar determinada combinação de valores, como preço, qualidade, desempenho, seleção, conveniência e uma extraordinária experiência de compra, também precisam desenvolver uma proposta de valor para o empregado.

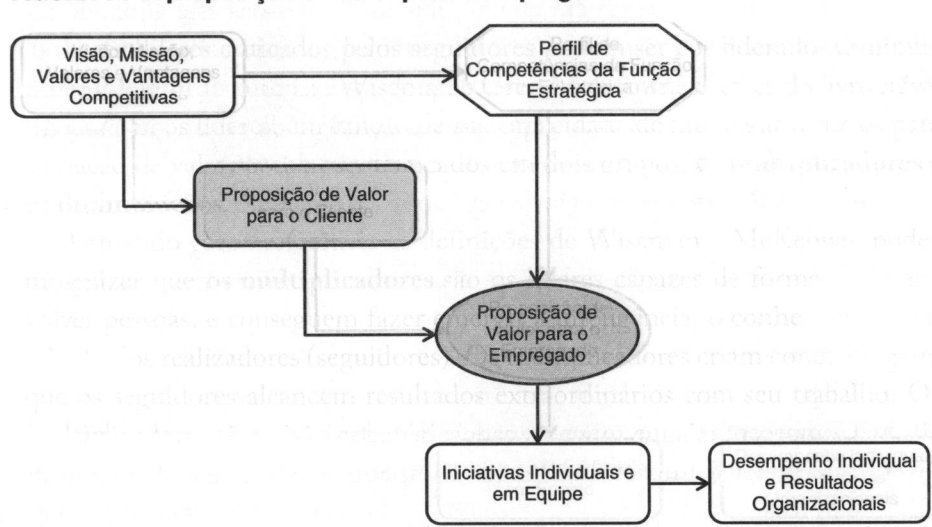

A finalidade da **proposição de valor para o empregado** é conquistar as pessoas diferenciadas que têm o perfil de competências necessárias à execução da estratégia empresarial, que possuem a qualificação em forma de T e têm a vontade de se engajar no propósito maior da organização. A proposição de valor para o empregado tem por objetivo construir um portfólio de talentos na empresa que contribua, efetivamente, para o desenvolvimento e o fortalecimento de suas vantagens competitivas.

A **proposição de valor para o empregado** (líderes multiplicadores e seguidores exemplares) pode ser definida como o conjunto de diferenciais, desafios e sentido de trabalho, que é reforçado por uma cultura de reconhecimento e um sistema de recompensas que atrai o indivíduo com talento e o motiva a ter uma consciência e um comportamento estratégico alinhados à execução da estratégia de negócios da empresa (veja a Figura 51).

FIGURA 51 A proposição de valor para o empregado

Dessa forma, a **proposição de valor para o empregado** é a promessa que uma empresa faz, para os profissionais diferenciados e com maior talento, de oferecer uma combinação de trabalho significativo, clima organizacional saudável, remuneração pelo desempenho associado aos resultados, princípios éticos junto aos stakeholders, conjunto de benefícios, perspectivas de desenvolvimento pessoal e responsabilidade social empresarial. Em troca desse conjunto de valores, a organização espera que os empregados dominem o perfil de competências e o engajamento necessário para a execução da estratégia empresarial. A proposição de valor do empregado procura chamar a atenção de pessoas talentosas, criando uma imagem que posiciona a empresa como uma das melhores para se trabalhar, devido à sua cultura e ao seu direcionamento estratégico.

A proposição de valor do empregado é parte integrante da estratégia de diferenciação da empresa, e estimula, valoriza e reconhece, principalmente, as seguintes competências do indivíduo: liderança pessoal, intimidade com a estratégia de negócios e disciplina da execução da estratégia.

A **liderança pessoal** é a competência do indivíduo em se engajar ativamente do processo de condução da empresa até seu destino estratégico, através de seu comprometimento com a visão, de sua consciência estratégica, de seu relacionamento com as pessoas e de sua capacidade de produzir resultados de negócios. Outro importante atributo da liderança pessoal é a habilidade do indivíduo em identificar, desenvolver e formar líderes em todos os níveis da organização.

A liderança pessoal demonstra qual o papel do indivíduo na criação de uma comunidade estratégica em que o trabalho das pessoas está alinhado aos objetivos estratégicos, as pessoas se comportam de acordo com os valores da organização, os indivíduos são capazes de mobilizar recursos (capital humano, capital estrutural e capital financeiro) para a execução da estratégia e são desenvolvidas as estratégias para a inovação e a criação de valor.

A **intimidade com a estratégia** de negócios é a competência do indivíduo em:

- Conhecer, em profundidade, as necessidades, expectativas e aspirações dos clientes.
- Conhecer e desenvolver o portfólio de produtos e serviços.
- Elaborar e executar a proposição de valor para o clientes.
- Compreender a dinâmica da cadeia de valor.
- Interpretar o impacto das forças competitivas no desenvolvimento da empresa.

- Desenvolver e dominar as competências essenciais do negócio.
- Formular e implementar estratégias de renovação empresarial.

A **disciplina da execução** é a competência do empregado em implementar, individualmente e em equipe, a estratégia de negócios na velocidade e na profundidade requeridas pelo desafio estratégico e o cenário dos negócios. A disciplina da execução requer do indivíduo a superação dos fatores emocionais (resistência às mudanças e bloqueios mentais) que prejudicam sua consciência e comportamento estratégico. A disciplina da execução desafia o indivíduo a realizar o pleno potencial de criação de valor da empresa, superando o gap existente entre a situação atual e a performance idealizada pelo destino estratégico.

O **sistema de recompensas do capital humano** da empresa representa um fator extremamente importante da proposição de valor para o empregado. Se o tradicional sistema de remuneração tem por finalidade remunerar o trabalho realizado, o sistema de recompensas tem por finalidade remunerar o desempenho e, principalmente, os resultados alcançados no processo de execução da estratégia. Nesse sentido, o sistema de recompensas está intimamente ligado ao atingimento dos objetivos estratégicos da organização, que, por sua vez, dependem do desempenho das pessoas, quando são líderes ou membros de equipes de projetos estratégicos, de processos internos de negócios ou ainda dos serviços de apoio compartilhados. Vale destacar que nossas recomendações têm por finalidade fazer com que os profissionais responsáveis pela área de capital humano das organizações reflitam sobre como aperfeiçoar os sistemas de remuneração (salário fixo, mais os salários varáveis, mais os incentivos) existentes em suas empresas – e que dependem de legislação específica.

Dessa forma, o sistema de recompensas do capital humano tem por objetivo:

- Mostrar como os empregados contribuem para a formulação e a execução da estratégia, para o atingimento dos objetivos estratégicos da empresa, para a conclusão dos projetos estratégicos, para a melhoria dos processos operacionais internos e dos serviços compartilhados.
- Explicar qual é o perfil de competências (conhecimentos, habilidades e atitudes) dos líderes e dos seguidores, exigido para ocupar e desempenhar a contento as funções estratégicas.
- Definir quais os indicadores de performance estão associados a cada uma das funções estratégicas.

- Explicar quais recompensas estão associadas ao atingimento dos objetivos, nos diferentes níveis da organização.
- Identificar o grau de prontidão estratégica e operacional das pessoas alocadas nas funções estratégicas.
- Elaborar e aplicar o plano de desenvolvimento do capital humano da empresa.
- Contribuir para o fortalecimento de uma cultura de alta performance na organização.

Nesse sentido, o sistema de recompensas do capital humano deve estar integrado ao que Richard Beatty, Brian Becker e Mark Huselid denominam de estratégia do capital humano. Para eles, assim como uma estratégia tem por objetivo promover a diferenciação dos produtos da empresa em relação aos dos concorrentes, uma estratégia do capital humano precisa estabelecer uma diferenciação entre os empregados da organização. Aqui não se trata de promover discriminação entre os indivíduos que trabalham para a empresa – o que seria uma violação dos direitos humanos. Mas sim reconhecer que pessoas diferentes, desempenhando papéis diferentes, produzem resultados diferentes para a empresa.

Beatty, Becker e Huselid acreditam que "uma estratégia de capital humano clara e convincente é elemento fundamental para a eficácia da execução da estratégia da empresa e que a natureza da estratégia do capital humano deve ser altamente diferenciada e ajustada às condições de cada organização". Para eles, o grande desafio da direção das empresas é fechar a lacuna existente entre a formulação da estratégia e sua execução por meio das pessoas. Dessa forma, propõem que a força de trabalho seja diferenciada nas categoria "A", "B" e "C".

Os atores "A" são as pessoas que apresentam alto desempenho e as mais indicadas para ocupar as funções estratégicas. Os atores "C" são as pessoas de desempenho mais baixo da organização, que não deveriam ocupar as funções estratégicas nem deveriam participar dos programas de capacitação da empresa – esses profissionais deveriam deixar a empresa. Para Beatty, Becker e Huselid, há um grande risco para as organizações se os atores "C" ocuparem as funções estratégicas "A", porque provavelmente os resultados esperados com a execução da estratégia não serão alcançados. Os atores "B" se constituem na maioria da força de trabalho das empresas – eles geralmente correspondem às expectativas da direção da empresa e contentam-se com a baixa performance satisfatória.

A principal mensagem de Beatty, Becker e Huselid é que a finalidade de uma estratégia do capital humano é impulsionar o processo de execução da estratégia para que a criação de valor aconteça. Dessa forma, é possível recompensar as pessoas pelos resultados que elas, individualmente e em equipe, conseguiram atingir. Eles também nos dão uma ideia do perfil das pessoas focadas na estratégia que as empresas devem procurar atrair: "Nossa estratégia consiste em construir uma marca de emprego diferenciado, ao buscar o empregado preferido e promover a diferenciação entre os melhores candidatos do mercado, levando-os a se autosselecionar antes mesmo de se apresentarem como candidatos. Queremos que todos os candidatos compreendam que essa é uma organização exigente, de alto desempenho, avaliando de antemão se são compatíveis com nossas características e se suas habilidades e motivação se encaixarão em nossa cultura organizacional. Para tanto, tentamos divulgar, por todas as maneiras possíveis, que essa é uma organização que valoriza o talento e o esforço excepcionais. Para esses empregados, oferecemos remuneração e oportunidades de desenvolvimento excepcionais. Não podemos e não queremos ser tudo para todos."

Nossa expectativa, ao escrever *Pessoas focadas na estratégia: As disciplinas da execução da estratégia*, consistiu em despertar a consciência das pessoas em relação à importância da estratégia. Esperamos que, quando for indagado a um indivíduo que trabalha em uma organização quem é o responsável pela formulação e a execução da estratégia, a resposta seja: **somos nós**, porque estamos focados na estratégia. É uma resposta muito diferente do que usualmente acontece, ou seja, *não sei*.

Para finalizar, gostaríamos de relembrar que, quando Steve Jobs retornou à Apple, em setembro de 1997, segundo os analistas, a empresa estava a dois meses da falência. As pessoas estavam empenhadas nas atividades operacionais do dia a dia, tentando produzir e vender uma família de produtos muito ampla. O problema é que os produtos da Apple eram inferiores aos dos concorrentes – e o que era pior: a empresa perdera sua magia. Steve Jobs percebeu que a Apple não contava com uma estratégia efetiva ou, o que é pior, estava executando a estratégia errada. Jobs eliminou rapidamente a linha de produtos e se concentrou em apenas duas linhas – a de desktops e a de notebooks. Focou a empresa em sua essência e no que era prioritário. Desenvolveu e executou um conjunto de ações coordenadas para explorar os nichos de mercado em que tinha vantagem competitiva. Jobs e sua equipe recuperaram a Apple e ele começou a imaginar qual seria a próxima janela de oportunidade, quais seriam as próximas possibilidades e como conduziria a empresa para a liderança de mercado. A nova estratégia foi formulada e executada de forma excelente, e os resultados são conhecidos: enriqueceram a vida das pessoas na nova era digital.

Referências

Baghai, Mehrdad. *A alquimia do crescimento*. Rio de Janeiro: Record, 1999.
Battelle, John. *A busca*. Rio de Janeiro: Campus/Elsevier, 2006.
Beatty, Richard et al. *Scorecard para recursos humanos*. Rio de Janeiro: Campus/Elsevier, 2005.
Becker, Brian et al. *Equipes fora de série*. Rio de Janeiro: Campus/Elsevier, 2009.
Bennis, Warren. *A essência do líder*. Rio de Janeiro: Campus/Elsevier, 2010.
Bishop, Matthew & Green, Michael. *A trajetória do colapso financeiro*. Rio de Janeiro: Campus/Elsevier, 2010.
Blanchard, Ken. *Liderança de alto nível*. Porto Alegre: Bookman, 2011.
Blenko, Marcia W. *A organização que decide*. Rio de Janeiro: Campus/Elsevier, 2010.
Bose, Partha. *Alexandre – O Grande. A arte da estratégia*. Rio de Janeiro: Best Seller, 2006.
Bossidy, Larry & Charan. *Execução*. Rio de Janeiro: Campus/Elsevier, 2002.
Brabandere, Luc de. *O lado oculto das mudanças*. Rio de Janeiro: Campus/Elsevier, 2006.
Brown, Tim. *Design Thinking*. Rio de Janeiro: Campus/Elsevier, 2010.
Bungay, Stephen. *O melhor ataque é a execução*. Rio de Janeiro: Campus/Elsevier, 2011.
Capodagli, Bill & Jackson, Lynn. *Nos bastidores da Pixar*. São Paulo: Saraiva, 2010.
Carroll, Paul. A derrocada da IBM. Rio de Janeiro: Ediouro, 1994.
Carroll, Paul L. & Mui, Chunka. *Lições de 1 bilhão de dólares*. Rio de Janeiro: Best Business, 2010.
Chatterjee, Sayan. *Estratégias à prova de falhas*. Porto Alegre: Bookman, 2006.
Collins, James C. & Porras, Jerry I. *Feitas para durar*. Rio de Janeiro: Rocco, 1995.
Collins, James C. *Empresas feitas para vencer*. Rio de Janeiro: Campus/Elsevier, 2002.
Collins, Jim. *Como as gigantes caem*. Rio de Janeiro: Campus/Elsevier, 2010.
Connors, Roger & Smith, Tom. *Mude a cultura de sua empresa e vença o jogo*. Rio de Janeiro: Campus/Elsevier, 2011.

Cunningham, Lawrence. *Os ensaios de Warren Buffett: Lições para investidores e administradores*. São Paulo: R.T.S. Rebouças, 2005.
Davies, Norman. *Europa na guerra*. Rio de Janeiro: Record, 2009.
Dearlove, Des. *O estilo Bill Gates de gerir*. São Paulo: Editora Gente, 2009.
Deiser, Roland. *Organizações inteligentes*. Rio de Janeiro: Campus/Elsevier, 2011.
Doz, Yves & Kosonen, Mikko. *Fast! Como usar a agilidade estratégica para vencer*. Porto Alegre: Bookman, 2010.
Dranove, David & Marciano, Sonia. *Estratégia*. São Paulo: Atlas, 2005.
Freeman, Allyn. *A liderança genial de Alfred Sloan Jr*. Rio de Janeiro: Qualitymark, 2009.
Freiberg, Kevin & Freiberg, Jackie. *Nuts! As soluções criativas da Southwest Airlines*. São Paulo: Manole, 2000.
Gallo, Carmine. *Faça como Steve Jobs*. São Paulo: Lua de Papel, 2010.
Gardner, Howard. *Cinco mentes para o futuro*. Rio de Janeiro: Artmed, 2007.
Gates, Bill. *A estrada do futuro*. São Paulo: Companhia das Letras, 1995.
Gerstner Jr, Louis V. *Quem disse que os elefantes não dançam?* Rio de Janeiro: Campus/Elsevier, 2003.
Ghemawat, Pankaj. *A estratégia e o cenário dos negócios*. Porto Alegre: Bookman, 2000.
Ghoshal, Sumantra & Bartlett, Christopher. *A organização individualizada*. Rio de Janeiro: Campus/Elsevier, 2000.
Ghoshal, Sumantra & Tanure, Betania. *Estratégia e gestão empresarial*. Rio de Janeiro: Campus/Elsevier, 2004.
Ghyczy, Tiha von et al. *Clausewitz e a estratégia*. Rio de Janeiro: Campus/Elsevier, 2002.
Gladwell, Malcolm. *O ponto de desequilíbrio*. Rio de Janeiro: Rocco, 2000.
Govindarajan, Vijay & Trimble, Chris. *O outro lado da inovação*. Rio de Janeiro: Campus/Elsevier, 2010.
Greenwald, Bruce & Kahn, Judd. *A estratégia competitiva desmistificada*. Rio de Janeiro: Campus/Elsevier, 2006.
Gubman, Edward L. *Talento*. Rio de Janeiro: Campus/Elsevier, 1999.
Hagstrom, Robert, G. *O jeito Warren Buffett de investir*. São Paulo: Saraiva, 2008.
Hanashiro, Darcy M. Mori (org.). *Gestão do fator humano*. São Paulo: Saraiva, 2008.
Hansen, Morten T. *Colaboração*. Rio de Janeiro: Campus/Elsevier, 2011.
Harpst, Gary. *Execução extraordinária*. Rio de Janeiro: Campus/Elsevier, 2009.
Herrero Filho, Emílio. *Balanced Scorecard e a gestão estratégica*. Rio de Janeiro: Campus/Elsevier, 2005.
Hrebiniak, Lawrence, G. *Fazendo a estratégia funcionar*. Porto Alegre: Bookman, 2006.
Johnson, Paul. *Churchill*. Rio de Janeiro: Nova Fronteira, 2010.
Kahney, Leander. *A cabeça de Steve Jobs*. Rio de Janeiro: Agir, 2009.
Kaplan, Robert S. & David P. Norton. *A execução premium*. Rio de Janeiro: Campus/Elsevier, 2009.
Kaplan, Robert S. & David P. Norton. *Alinhamento*. Rio de Janeiro: Campus/Elsevier, 2006.
Kaplan, Robert S. & David P. Norton. *Organização orientada para a estratégia*. Rio de Janeiro: Campus/Elsevier, 2001.
Kellerman, Barbara. *Como os seguidores fazem os líderes*. Rio de Janeiro: Campus/Elsevier, 2010.

Kelley, Tom. *A arte da inovação*. São Paulo: Futura, 2001.
Kelley, Robert. *O poder dos seguidores*. São Paulo: Siciliano, 1993.
Kiechel III, Walter. *Os mestres da estratégia*. Rio de Janeiro: Campus/Elsevier, 2011.
Kim, W. Chan & Mauborgne, Renée. *A estratégia do oceano azul*. Rio de Janeiro: Campus/Elsevier, 2005.
Kotter, John P. *Liderando a mudança*. Rio de Janeiro: Campus/Elsevier, 1997.
Kouzes, James & Posner, Barry. *O desafio da liderança*. Rio de Janeiro: Campus/Elsevier, 2003.
Leonard-Barton, Dorothy. *Nascentes do saber*. Rio de Janeiro: Fundação Getulio Vargas, 1998.
Lockwood, Thomas (org.). *Design Thinking*. New York: Allworth Press, 2010.
Lowe, Janet. *Jack Welch*. Rio de Janeiro: Campus/Elsevier, 2008.
Lowe, Janet. *Google*. Rio de Janeiro: Campus/Elsevier, 2009.
Lukacs, John. *O duelo Churchill x Hitler*. Rio de Janeiro: Jorge Zahar Editor, 2001.
Macey, William H. et al. *Muito além do comprometimento*. São Paulo: Gente, 2011.
McDonald, Lawrence. *Uma colossal falta de bom-senso*. Rio de Janeiro: Record, 2010.
Maquiavel, Nicolau. *O príncipe*. São Paulo: Jardim dos Livros, 2007.
Mandela, Nelson. *Conversas que tive comigo*. Rio de Janeiro: Rocco, 2010.
Martin, Roger. *Design de negócios*. Rio de Janeiro: Campus/Elsevier, 2010.
Martin, Roger. *Integração de ideias*. Rio de Janeiro: Campus/Elsevier, 2008.
McCracken, Grant. *Chief Culture Office*. São Paulo: Aleph, 2011.
Michaels, Ed et al. *A guerra pelo talento*. Rio de Janeiro: Campus/Elsevier, 2002.
Mintzberg, Henry. *Ascensão e queda do planejamento estratégico*. Porto Alegre: Bookman, 2004.
Mintzberg, Henry. *Managing. Desvendando o dia a dia da gestão*. Porto Alegre: Bookman, 2010.
Mittelstaedt Jr., Robert. *Seu próximo erro será fatal?* Porto Alegre: Bookman, 2006.
Moritz, Michael. *O fascinante império de Steve Jobs*. Universo dos Livros, 2010.
Neumeier, Marty. *A empresa orientada pelo design*. Porto Alegre: Bookman, 2010.
Paim, Rafael et al. *Gestão de processos*. Rio de Janeiro: Bookman, 2009.
Petroski, Henry. *A evolução das coisas úteis*. Rio de Janeiro: Jorge Zahar, 2007.
Pinchot, Gifford & Pellman, Ron. *Intraempreendedorismo na prática*. Rio de Janeiro: Campus/Elsevier, 2004.
Porter, Michael E. "O Que é Estratégia". In: Porter, Michael E. *Competição*. Rio de Janeiro: Campus/Elsevier, 1999.
Pfeffer, Jeffrey, & Sutton, Robert I. *A verdade dos fatos*. Rio de Janeiro: Campus/Elsevier, 2006.
Prahalad, C.K. & Ramaswamy, Venkat. *O futuro da competição*. Rio de Janeiro: Campus/Elsevier, 2004.
Project Management Institute. *Um guia do conhecimento em gerenciamento de projetos (Guia PMBOK)*. Newton Square, Pensylvania, 2008.
Ramaswamy, Venkat. *A empresa cocriativa*. Rio de Janeiro: Campus/Elsevier, 2010.
Raynus, Joseph. *Improving Business Process Performance*. Boca Raton: CRC Press, 2011.
Rumelt, Richard. *Estratégia boa, estratégia ruim*. Rio de Janeiro: Campus/Elsevier, 2011.
Sabbag, Paulo Yazigi. *Gerenciamento de projetos e empreendedorismo*. São Paulo: Saraiva, 2009.

Schein, Edgard H. *Guia de sobrevivência da cultura corporativa*. Rio de Janeiro: José Olympio, 2001.
Schroeder, Alice. *A bola de neve. Warren Buffett e o negócio da vida*. Rio de Janeiro: Sextante, 2008.
Sheth, Jagdish. *Os maus hábitos das boas empresas*. Rio de Janeiro: Bookman, 2008.
Slater, Robert. *Jack Welch: o executivo do século*. São Paulo: Campus/Elsevier, 1999.
Slater, Robert. *Salvando a IBM*. São Paulo: Makron, 2000.
Sloan Jr. *Meus anos com a General Motors*. São Paulo: Campus/Elsevier, 2001.
Stengel, Richard. *Os caminhos de Mandela*. São Paulo: Globo, 2010.
Stewart, Matthew. *Desmascarando a administração*. Rio de Janeiro: Campus/Elsevier, 2010.
Stiglitz, Joseph. *O mundo em queda livre*. São Paulo: Companhia das Letras, 2010.
Taleb, Nassim Nicholas. *A lógica do cisne negro*. Rio de Janeiro: Best Seller, 2008.
Tichy, Noel. *Controle seu destino antes que alguém o faça*. São Paulo: Educator, 1993.
Tichy, Noel & Cohen, Eli. *O motor da liderança*. São Paulo: Educator, 1999.
Tier, Mark. *Investimentos: Os segredos de George Soros & Warren Buffett*. Rio de Janeiro: Campus/Elsevier, 2004.
Trías de Bes, Fernando & Kotler, Philip. *A bíblia da inovação*. São Paulo: Lua de Papel, 2011.
Vise, David A. & Malseed, Mark. *Google*. Rio de Janeiro: Rocco, 2007.
Vries, Manfred F. R. Kets de. *Reflexões sobre caráter e liderança*. Porto Alegre: Bookman, 2010.
Wall, Stephen J. & Wall, Shannon. *Os novos estrategistas*. São Paulo: Futura, 1996.
Welch, Jack. *Jack Definitivo*. Rio de Janeiro: Campus/Elsevier, 2001. Wessel, David. *Os bastidores da crise*. Rio de Janeiro: Campus/Elsevier, 2009.
Wiseman, Liz & McKeown. *Multiplicadores*. Rio de Janeiro: Rocco, 2011.
Wozniak, Steve. *iWoz*. São Paulo: Évora, 2011.
Yunus, Muhammad. *O banqueiro dos pobres*. São Paulo: Editora Ática, 2006.
Yunus, Muhammad. *Um mundo sem pobreza*. São Paulo: Editora Ática, 2007.
Yunus, Muhammad. *Criando um negócio social*. Rio de Janeiro: Campus/Elsevier, 2010.

As Disciplinas da Execução da Estratégia

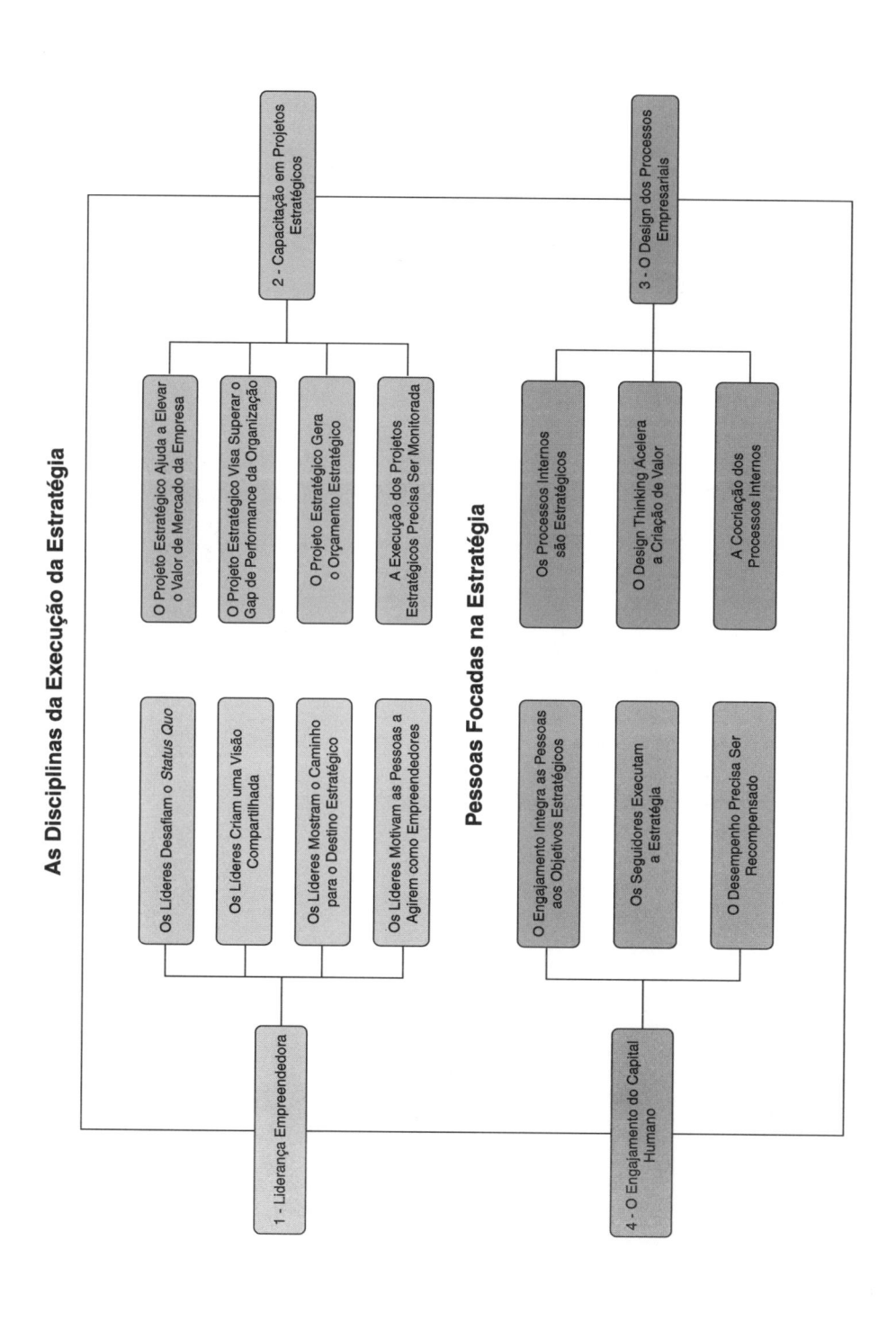

1 - Liderança Empreendedora
- Os Líderes Desafiam o *Status Quo*
- Os Líderes Criam uma Visão Compartilhada
- Os Líderes Mostram o Caminho para o Destino Estratégico
- Os Líderes Motivam as Pessoas a Agirem como Empreendedores

2 - Capacitação em Projetos Estratégicos
- O Projeto Estratégico Ajuda a Elevar o Valor de Mercado da Empresa
- O Projeto Estratégico Visa Superar o Gap de Performance da Organização
- O Projeto Estratégico Gera o Orçamento Estratégico
- A Execução dos Projetos Estratégicos Precisa Ser Monitorada

Pessoas Focadas na Estratégia

4 - O Engajamento do Capital Humano
- O Engajamento Integra as Pessoas aos Objetivos Estratégicos
- Os Seguidores Executam a Estratégia
- O Desempenho Precisa Ser Recompensado

3 - O Design dos Processos Empresariais
- Os Processos Internos são Estratégicos
- O Design Thinking Acelera a Criação de Valor
- A Cocriação dos Processos Internos

Este livro foi impresso nas oficinas da
Gráfica Kunst, em Petrópolis/RJ